와서는
안 될 것이
왔다

와서는 안 될 것이 왔다

홍득표 지음

대통령, 정치리더십, 정치인, 국회, 정당,
선거, 여론, 외교, 안보, 대북문제
등에 대한 국민적 관심사를 다루는 글

KSI 한국학술정보(주)

글을 쓴다는 것은 참 힘든 일이다. 자신의 생각을 조직하여 한 편의 글로 담아내는 일은 쉬운 일이 아니다. 자신만을 대상으로 쓰는 일기도 아니고, 많은 독자들을 상대로 정치문제와 관련된 글을 쓰는 것은 매우 부담스러운 일이 아닐 수 없다. 특정한 정치적 쟁점에 대한 자신의 입장이나 주장을 정리하여 독자들에게 전달하는 것은 매우 조심스럽다. 왜냐하면 우리나라 국민들은 정치와 교육문제에 관한한 모두가 나름대로 일가견(一家見)을 갖고 있기 때문이다.

자신의 생각과 다른 글을 대하면서 "이런 시각도 있구나.", "이런 주장을 하는 사람도 있구면." 하는 사회적 분위기가 형성되어 있다면 글을 쓰는 부담은 줄어 들 수 있을 것이다. 정치문제와 관련된 글을 쓰면서 독자들에게 많은 공감을 얻기 위해서 의도적으로 내용을 구성하지는 않지만 사회적 공기(公器)인 언론에 글을 쓰는 것은 많은 부담이 뒤 따르는 것은 사실이다.

정치문제와 관련된 칼럼을 쓰면서 항상 염두에 둔 한두 가지 원칙이 있다.

하나는 오랜 세월이 지난 뒤 다시 읽어봐도 시사성은 좀 떨어지더라도 쟁점을 바라보는 본질은 변함이 없어야 한다는 것이다. 예나 지금이나 문제를 진단하고 해법을 제시하는 인식과 시각은 반드시 일관성을 유지해야 한다는 것이었다. 본질을 유지한다는 것은 말이나 생각과 같이 쉬운 일을 아니다. 더구나 정치와 관련된 쟁점을 다루는 입장에서 논조의 일관성을 유지하는 것은 어려운 일이다. 왜냐하면 한국정치는 예측이 불가능하고 변화무쌍하기 때문이다. 시시각각 변하는 정치문제를 일관성 있는 원칙과 기준을 갖고 논의한다는 것은 많은 노력이 필요한 부분이다.

다른 하나는 시사문제를 다루면서 시류에 영합하지 않는다는 원칙이다. 정치적 이해 당사자들의 귀에 설사 거슬리는 쓴 소리가 되더라도 할 말은 분명하게 해야 한다는 것이다. 국가의 최고 권력자든 힘 있는 집단이든 북한이든 문제가 있다면 가차 없이 솔직하게 지적하고 비판하고 방향을 제시하자는 입장이었다. 설사 비위를 건드리는 글이 되더라도 할 말을 해야 하겠다는 것이었다. 하지만 민감한 정치문제나 최고 권력자에 대하여 쓴 소리를 하는 것은 매우 조심스럽지 않을 수 없다. 특히 대통령에 대하여 비판적인 글을 쓸 때면 신변에 문제가 없느냐고 아직도 걱정하는 목소리도 있었다. 가급적 부드러운 솜방망이를 들자는 생각에서 어휘도 취사선택하여 사용했지만 글재주가 무디다 보니 그렇지 못한 경우도 많은 부분 발견되었다. 사적인 감정이나 이해타산을 염두에 두고 문제를 제기한 것이 아닌 만큼 당사자들이 혜량하여 줄 것으로 믿는다.

대학교수로 재직하면서 조선일보, 동아일보, 중앙일보, 세계일보, 대한매일 등 중앙지와 인천일보, 기호일보, 충청일보, 새충청일보 등 지방지에 기고한 칼럼이 200여 편 가깝게 되면서 이를 묶어서 단행본으로 출간해야 하겠다는 마음을 먹은 지 꽤 되었다. 이 핑계 저 핑계 대고 요령을 피우다가 방학이 되어 원고를 정리할 수 있었다.

정치학자로서 우리나라의 정치문제, 구체적으로 대통령, 정치리더십, 정치인, 국회, 정당, 선거, 여론, 외교, 안보, 대북문제 등에 대한 국민적 관심사를 다루는 글을 쓴 것이다. 대부분 원고 청탁을 받을 당시의 국민적 관심사로 부각된 정치문제를 소재로 다루었다. 시사성이 있으면서 관심을 끌 수 있는 주제를 선정하는 것이 매우 어려웠다.

이번 칼럼집에는 지난 2002년부터 5년간 기고한 글 중에서 골랐다. 예외적으로 그 이전의 것 중 정권이 바뀌고 많은 세월이 흘렀어도 여전히 많은 시사점을 주고 있다고 판단한 글 4~5편을 골랐다. 언론에 기고했던 글을 손을 보지 않고 그대로 편집했음을 밝혀 둔다.

비학술도서를 흔쾌히 출판해 주신 한국학술정보(주)에 감사드린다.

한국 민주정치의 질적 향상을 염원하면서
홍 득 표 씀

contents

말로는 대양인들 못 끓이랴

말로는 대양(大洋)인들 못 끓이랴

지난해 12월 남해안으로 침투하다 격침된 북한의 잠수정이 3개월 만에 해군에 의하여 인양되었다는 소식을 접하면서 잠수함과 관련된 말이 떠올랐다. 세계 제2차대전 당시 미군과 영국군은 독일 잠수함의 함정 공격에 대한 대응책 마련에 고심하고 있었다. 그 해결책을 작전연구가에게 물었더니 "그것은 간단하다. 대양을 끓여라" 하는 것이었다. 한마디로 바닷물을 끓여서 잠수함의 공격을 방어하라는 것이었다.

정말 좋은 아이디어다. 그러나 문제는 어떻게 대양의 바닷물을 끓일 수 있느냐 하는 데 있다. "구슬이 서 말이라도 꿰어야 보배"라는 말도 있다. 이것은 정책집행의 중요성을 강조하기 위해서 인용한 말이다. 여야 간 평화적인 정권 교체가 이루어져 새 정부가 탄생한 지 1년이 지난 지금 대양을 끓이라는 말이 가슴에 와 닿는 이유는 무엇일까?

대양을 끓이라는 말은 쉽게 할 수는 있지만 실제로 대양을 끓이는 것은 불가능한 일이다. 마찬가지로 정부가 무엇을 하겠다고 말하는 것은 쉬워도 그것을 구체적인 정책으로 전환하고 집행하여 정책 효과를 거두기란 대단히 어려운 것이다.

국민의 정부는 출범 이후 외환위기 극복을 위해서 많은 노력을 기울인 결과 상당한 성과를 얻고 있다. 그러나 많은 분야에서 말이 앞서고 실천이 안 되는 경우를 목격하게 된다. 모든 정치는 언어, 모든 정치는 말, 정치는 말 시합이라는 말도 있다. 야당이나 시민단체는 말만 앞세우는 정치를 할 수 있지만 정권을 담당한 정부여당은 말보다는 실천이 앞서야 한다.

국민과의 약속을 지킨 것도 많지만 그렇지 않은 것도 많다. 금년 말까지 내각제 개헌을 하겠다는 대국민 약속의 이행에 대한 구체적 논의시기를 2−3개월 늦춘 이유는 무엇인가, 민주주의와 시장경제를 병행 발전시키겠다고 했는데 과거보다 시민사회의 자율성과 인권이 신장되고, 기업의 구조 조정과 빅딜과정에 시장경제원칙이 지켜지고 있는가, 1년 반 안에 국제통화기금(IMF) 체제를 졸업시키겠다는 약속시한은 연장할 필요가 없는가, 제2건국은 의도대로 추진되는가, 지역감정을 해소하겠다고 했는데 1년 전보다 그 골이 깊어지지는 않았는가, 부정부패를 뿌리 뽑겠다고 하면서 수억 원의 뇌물을 받은 혐의로 검찰의 소환명령을 받았으나 치외법권적 존재로 행세하여 법질서를 무너뜨린 정치인들의 사법처리는 어떻게 진행되는가, 작고 효율적인 정부를 만들겠다고 하면서 부처를 늘리려는 이유는 무엇인가?

내년 총선을 앞두고 대양을 끓이겠다고 나서는 정치인이 얼마나 될지 걱정스럽다. 지키지 못할 약속은 아니함 만 못하다. 약속을 지키지 않으면 정부는 불신을 받게 된다. 정치개혁이나 사법개혁이 제대로 추진될지 믿음이 가지 않는 이유도 여기에 있다.

한국은행은 작년 1인당 국민총소득이 6,823달러로 1991년 수준이라고 발표하였다. 누구나 작년보다 금년이 훨씬 더 살기 어렵다는 것을 피부로 느끼고 있다. 경제가 회복되고 있지만 수년 내 예전의 모습을 되찾을 것이라고 낙관하기는 아직 이르다. 이런 상황에서 국민에게 꿈과 희망을 줄 수 있는 것은 백 마디 말보다 작은 것 하나라도 묵묵히 실천하는 데 있다.

국민과의 약속을 지키는 정부, 열심히 일하는 정부, 많은 업적을 보여주는 정부는 말이 필요 없다. 군이 국정홍보를 강화할 이유도 없다. 우리 국민은 정부의 잘잘못을 판단할 수 있는 충분한 능력이 있기 때문이다. 적의 잠수함 침투를 방어하기 위해서 대양을 끓이겠다는 이론가보다는 그것을 행동으로 보여주는 실천가가 필요하다.

(1999. 3. 31. 조선일보)

웬 개헌 타령인가?

정 치권에서 개헌논쟁이 일고 있는 것을 보니 또 대통령 선거가 다가 오고 있는 모양이다. 헌법이 무슨 죄인지 선거 때만 되면 개헌타령이다. 한국정치의 퇴행적인 모습이 마치 헌법 탓인 양 헌법유죄론을 제기하고 있는 인상이다. 선거 때만 되면 제기되는 개헌타령, 개헌을 해도 또 다시 제기될 개헌론, 무슨 일이 생기면 남의 탓, 반대자의 탓, 언론의 탓, 법과 제도의 탓으로 돌리는 정치권의 행태 등을 생각하면 그냥 지나쳐 버릴 수도 있을 것이다. 그러나 개헌타령으로 정치권이 에너지를 소모하는 것을 보면 정말 안타까운 일이 아닐 수 없다.

헌법은 시대상황에 따라 얼마든지 개정할 수 있다. 그러나 문제는 1948년 7월 17일 제정·공포된 헌법이 아홉 차례나 개정되었지만 1987년 직선제 환원의 개헌을 제외하고 모두가 국민의 일반의지와는 동떨어진 집권자의 의도와 편의에 따라 좌우되었다는 사실이다. 이번에 제기되는 개헌론도 국가와 국민을 위한 것이 아니라 내년 대선을 앞두고 정파나 당파적인 이해관계, 집권의 유·불리, 자신의 정치적 입지 등과 관련이 있다는 의구심을 떨칠 수 없다.

현행 헌법의 5년 단임제와 4년 중임의 정·부통령제에 대한 장단점을 이론적으로 따지고 싶지 않다. 모든 제도는 완벽한 것이 없으며 장단점이 있기 때문이다. 한국의 정치문화에 적합한 제도가 어떤 것인지를 논리적으로 따지기 이전에 개헌타령의 잘못된 발상 몇 가지를 짚고 넘어가야 할 것 같다.

지금이 과연 개헌타령을 할 때인가? 채 2년도 남지 않은 대선 시간표에 맞추기 위해서 개헌론을 제기할 수 있지만 근본적으로 때가 아니라는 것이다. 산적한 국정현안을 해결하기 위해서 정치권이 머리를 맞대고 밤샘을 해도 될까 말까 한 상황에서 대선과 자신의 정치적 입지를 염두에 둔 개헌론을 제기하는 발상 자체가 문제라고 볼 수 있다. 김정일 국방위원장의 답방과 남북관계, 한·미 간의 불편한 관계, 일본의 역사교과서 왜곡, 불안한 환율 증시 물가, 의보재정 파탄, 공교육붕괴와 교육이민, 국민부채, 실업자, 4대 부문의 개혁, 언론탄압 등 해결해야 할 국정현안이 한두 가지가 아닌데 한가하게 잿밥에만 신경을 쓸 때인가 묻고 싶다.

또한 개헌의 필요성으로 내세우는 이유가 너무 일방적이다. 4년 중임의 정부통령제로 개헌하면 동서화합이 보장되고 레임덕 현상을 방지할 수 있다는 발상이 문제다. 그렇다면 역설적으로 지역감정이나 레임덕 현상이 5년 단임의 대통령제 때문인가 묻고 싶다. 동서화합론은 솔직히 집권가능성이 없는 정당이 정부통령후보를 지역적으로 안배하여 지역연합으로 정권을 잡겠다는 발상 그 이상도 그 이하도 아니라고 볼 수 있다. 지역연합은 지역감정에 바탕을 둔 것이다. 부통령은 아니지만 국무총리를 특정지역 출신인사를 임명한 적도 있었지만 지역감정이 누그러졌다는 이야기를 들어본 적이 없다.

레임덕도 마찬가지다. 대통령에 당선된 처음 4년 동안은 재선되기 위해서 열심히 일 하겠지만 중임 이후 레임덕 현상은 4년 내내 지속될 수도 있다. 또한 현직 대통령이 재선에 출마했을 경우 공정한 선거가 이루어지리라는 보장이 없다. 인기가 없는 무능한 대통령이 재선에 출마했을 때 현직의 프리미엄을 이용해 선거에 무리수를 둘 가능성이 높다. 현행 헌법 하에서 대통령으로 당선된 세분의 임기가 5년 단임이라 할 일을 못했다거나 못하고 있어 아쉽다는 소리를 들어보지 못했다. 오히려 임기가 빨리 끝나기를 기다렸다면 과장된 것일까? 이런 분들이 재선에 출마했을 경우 그냥 순순하게 정권을 넘겨주려고 할 것인가? 현직을 이용한 공권력의 동원, 여론조작, 언론통제 등등의 망령이 되살아 날 것이 뻔하다.

5년 단임의 대통령제를 채택하여 군부지배체제의 해체, 문민정부의 출범, 여야 간 평화적인 정권교체를 이루어 정치발전의 제도화 수준을 한 단계씩 높여가고 있다. 앞으로 수차례 반복적으로 여야 간 수평적인 정권교체가 이루어져야 비로소 정치발전의 제도화가 이루어진다는 정치발전론자들의 주장에 귀를 기울여야 할 것이다. 개헌타령보다 시급한 것은 국정현안의 해결 방안 모색과 정치인들의 의식개혁이 아닐까?

(2001. 4. 11. 조선일보)

진흙탕 정치판을 날렸으면

인간은 지식과 기술로 자연을 정복하고 자연과의 싸움에서 승리자가 되었다고 착각했다. 그러나 태풍 '루사'가 남긴 사망·실종자 200여 명, 3조 원 이상의 재산피해를 보면서 그 싸움은 아직도 누가 승자인지 분간하기 어려운 것 같다. 엄청난 재난을 극복하기 위해서 구슬땀을 흘리는 수재민과 자원봉사자들에게 위로와 격려를 보낸다.

물이 빠지고 난 진흙탕 속에서 수해복구에 안간힘을 쓰는 안타까운 수재민을 보면서 정치판의 진흙탕 싸움이 생각난다. 수재민이 당한 진흙탕과 정치판의 진흙탕은 그 내용과 질을 수평 비교할 수는 결코 없을 것이다. 수재민들의 진흙탕과의 싸움은 생존차원의 처절한 몸부림이지만 정치판의 진흙탕 싸움은 파괴적이고 치졸한 싸움이기 때문이다.

네거티브 정치선전을 '진흙탕 싸움'이라고 부른다. 이는 선거 때 유권자들에게 자신의 강점을 내세워 지지를 호소하기보다는 상대방의 약점이나 비리를 부각시켜 상대방의 지지도를 추락시키고 자신에게 유리한 선거환경을 조성하여 반사이익을 얻으려는 속셈으로 활용된다. 지난 6·13 지방선거와 8·8 재보선에서 각종 흑색선전, 비방, 폭로, 헐뜯기, 흠집 내기 등 선거판이 온통 진흙탕 싸움으로 변질되어 건전한 정책대결이 실종된 것을 목격하였다. 태풍 '루사'가 상륙하기 전 병풍으로 정치권은 막가파식 폭로전과 맞불작전으로 정치에 대한 혐오감을 불러왔다.

진흙탕 싸움의 정치선전에 대하여 세 가지 시각에서 평가한다. 첫째, 부메랑 효과로 진흙탕 싸움을 먼저 시작한 쪽에서 손해를 본다는 것이다. 왜냐하면 유권자들은 허위사실의 유포나 눈살을 찌푸리게 하는 폭로전에 식상해 하고 진흙을 먼저 던지는 후보의 도덕성, 윤리, 자질, 품위, 인격 등에 대한 의구심을 갖기 때문이라고 한다.

둘째, 희생자 증후군 현상으로 진흙탕 싸움은 불공정하고 정당하지 못한 게임방식이기 때문에 진흙을 뒤집어쓰는 후보에게 오히려 이익이 돌아간다는 것이다. 희생자에 대한 동정심도 작용하기 때문이다.

셋째, 이중손상 효과로 모두가 피해를 본다는 것이다. 진흙을 던지려면 진흙을 손으로 만져야 하고 또한 맞는 쪽도 진흙을 뒤집어쓰기는 마찬가지이기 때문이다.

진흙탕 싸움의 정치선전 효과에 대한 세 가지 접근법은 대체로 진흙탕 싸움을 먼저 시작한 쪽이 불리하다는 입장이다. 그 이유는 진흙탕 싸움을 시작한 후보의 자질과 도덕성에 대한 의구심 그리고 진흙탕 싸움으로 정치 전반에 대한 불신과 혐오감을 조장시키는 요인으로 작용한다고 보기 때문이다.

정치 선진국에서는 정치인이 막말이나 거짓말을 하고 허위사실을 유포하면 정치생명에 치명상을 받기 때문에 진흙탕 싸움의 정치는 어느 정도 자제되고 있다. 하지만 한국 정치권은 상대방에 대한 허위사실 날조, 중상모략, 유언비어, 흑색선전, 비방, 흠집 내기 등 진흙탕 싸움에 맛을 들인 것 같다. 왜냐하면 진흙탕 싸움의 파괴력이나 충격효과가 크고 또한 허위 사실의 폭로에 대한 법적·정치적 책임을 물은 적이 없기 때문이다. 그래서 건수만 있으면 진위를 확인하기에 앞서 우선 정치공세 차원에서 터뜨리고 본다. 일단 상대방을 진흙탕 속으로 끌어넣는다.

상대방의 비리에 대한 실체적 진실을 밝혀 국민의 올바른 선택을 돕는 것은 적극적으로 권장해야 할 것이다. 하지만 진흙탕 싸움은 깨끗하고 공정한 선거를 타락시키고 오염시켜 국민의 올바른 선택을 방해하기 때문에 이제는 사라져야 할 것이다. 무엇보다 중요한 것은 후보나 정당의 자성이다.

진흙탕 싸움을 멈추게 하려면 언론이나 시민단체는 정치권에서 무차별 폭로한 각종 의혹사건에 대하여 국민이 올바르게 판단할 수 있도록 정확하고 객관적인 정보를 제공하도록 노력해야 할 것이다. 사정당국은 정치권에서 폭로한 의혹에 대하여 신속하고 공정하게 진실을 밝혀내야 할 것이다. 허위사실 유포 등과 관련하여 그동안 고소·고발된 수많은 정치사건에 대하여 흐지부지 넘기지 말고 누가 진짜 진흙을 뒤집어 써야 할지 분명하게 가려내야 할 것이다. 그러나 결국 진흙탕 싸움을 막을 최종적인 책임은 국민의 몫이 될 수밖에 없다. 진흙탕 싸움의 부메랑 효과가 확실하게 날 수 있는 국민의 선택이 최선의 해결 방법이다.

태풍 '루사'가 남긴 재난 때문에 일시 중단된 정치판의 진흙탕 싸움이 '루사'와 함께 영원히 날아갔으면 한다.

(2002. 8. 11. 인천일보)

수용(受容)의 정치 필요하다

그 어느 때보다도 팽팽한 접전을 벌리던 16대 대통령 선거가 끝났다. 민주당 노무현 대통령 당선자에게 축하를 보내면서 국민과 약속한 낡은 정치를 청산하고 새로운 대한민국을 만들어주기 바란다. 그리고 비록 낙선했지만 1,144만 명의 지지표를 얻고 끝까지 선전한 이회창 후보에게 위로를 보낸다. 대선 패배를 시인하고 눈물을 흘리면서 정계를 떠나는 이회창 후보의 모습에 많은 지지자들은 안타까워 눈시울을 붉혔다는 사실이 위안이 될지 모르겠다.

대선이 끝나고 가장 많이 등장하는 화두가 국민통합인 것 같다. 국민통합의 개념은 국민 각자를 하나로 모으는 의미가 있으나 국민을 하나로 묶는 것은 부분이나 개별적 자율성의 감소를 전제로 한다. 이보다는 자발성과 상대성을 어느 정도 인정하는 '수용의 정치'가 필요함을 강조하고자 한다. 왜냐하면 이번 대선은 국론이 극도로 양분되면서 첨예한 대립과 분열양상을 보였기 때문에 서로를 존중하고 아우르는 수용의 정치가 요구된다.

이번 대선에서 국론이 양분된 원인은 다양하다. 무엇보다도 31년 만에 양자대결 의 대선구도가 형성된 데 있다. 양자대결은 일반적으로 치열한 선거전이 예상되고 유권자가 둘로 갈리는 속성이 있다. 더구나 노무현 당선자와 이회창 후보는 닮은 것이 하나도 없어 차별성이 확실하기 때문에 양분현상을 부채질했다. 두 후보는 출신배경, 성장과정, 나이, 정책노선, 이념, 선거구호, 정책내용 등에서 대비되었기 때문에 유권자들도 선호에 따라서 누굴 지지할지 분명하게 갈렸다.

양자대결의 대선 구도와 양 후보 간의 확실한 차별성은 선거결과에서도 분명하게 표출되었다. 지지하는 후보도 2030세대와 50대 이상에서 차이가 났다. 투표행태도 월드컵 때 오~ 필승 코리아를 외치고 미군 장갑차에 숨진

두 여중생의 추모 촛불 시위에 나섰던 2030세대는 감성적 성향을 보였으며 50대 이상은 그렇지 않았다. 이번 대선에서도 예외 없이 한국정치의 고질병인 지역주의가 살아나 영남과 호남, 동과 서로 양분되는 모습을 보였다.

이번 대선은 그 어느 때 보다도 자신이 특정 후보를 지지하고 반대하는 입장을 확실하게 정리할 수 있었으며 또한 그 이유가 분명했다. 이는 특정 후보에 대한 지지나 반대의 강도를 높여 주는 요인으로 작용하였다. 자신이 지지하는 후보의 낙선보다는 반대하는 후보의 당선이 우려되어 꼭 투표하겠다는 유권자도 많았다. 투표하러 귀국하는 유학생도, 조기귀국 출장자도, 휴일 나들이 인파도 적었다는 사실은 전체 투표율은 낮았지만 특정후보에 대한 지지강도가 그만큼 견고했음을 말해 주는 것이다.

특정후보에 대한 지지나 반대의 입장이 견고할수록 결과가 자신의 선택과 다르게 나타나면 심리적 박탈감은 커진다. 자신이 지지한 후보가 당선되면 기쁨은 말할 수 없지만 반대의 결과가 나타나면 상실감도 배가된다. 한 곳에 집착이 강하면 강할수록 반대의 결과를 흔쾌히 수용하기 어려운 것이 보통사람들의 일반적인 심리상태라고 볼 수 있다.

하지만 이제 「2002 한국의 선택」은 끝났다. 선거는 다양한 국민의사를 통합하는 기능을 수행한다. 민주주의의 장점은 게임이 끝나면 승자는 패자를, 패자는 승자를 수용하는 데 있다. 노무현 당선자를 지지했던 48.9%의 유권자나 반대했던 51.1%의 유권자는 서로 마음을 열고 나의 선택이 중요하듯 남의 선택도 존중해야 한다.

선거는 정치과정이고 절차일 뿐이다. 정치의 콘텐츠는 이제부터 시작이다. 노무현 당선자는 새로운 대한민국을 만들기 위해서 우선적으로 선거 과정에 나타난 보수와 진보, 2030세대와 50대 이상, 동서지역으로 양분된 분열현상을 치유해야 한다. 그 해법은 정치적 반대세력의 실체를 존중하고 그들의 입장을 수용하는 데서 찾아야 할 것이다. 국민도 네편 내편 가르던 선거가 끝났으니 이제는 다른 선택을 했던 상대방을 이해하고 수용하는 성숙한 민주시민의식을 보여야 할 것이다.

(2002. 12. 18. 조선일보)

정치개혁, 정치문화에서 출발

「새」로운 한국, 변하지 않는 정치」라는 말에 누구나 공감할 것이다. 한국사회는 급속도로 변하는 데 가장 낙후된 분야가 정치라는 데 이의가 없을 것이다. 사회 각 분야가 새로운 패러다임을 추구하고 오직 미래를 향해서 하루가 다르게 변화와 발전을 거듭하고 있는데 유독 정치만은 과거의 늪에서 헤어나지 못하고 허우적대고 있다. 정치는 한 발짝도 앞으로 나가지 못한 채 항상 그 자리에서 맴돌고 있다. 그 뿐이 아니라 정치가 그 자리에 머물면서 조용히 있으면 그나마 다행일 텐데 나라 발전의 발목을 잡고 있기 때문에 더욱더 문제가 된다.

한국은 어느 나라보다도 정치화된 사회이기 때문에 정치의 영향력이 대단히 크고 정치논리가 다른 영역을 지배하고 있다. 모든 길은 로마로 통한다는 말과 같이 한국에서 '모든 길은 정치로 통한다'고 말해도 크게 무리가 아닐 것이다. 세계화·정보화의 파고 속에 변하지 않고는 생존이 불가능한 상황에서 정치만이 오직 소귀에 경 읽는 식으로 변화와 개혁에 무감각하게 버티는지 알 수 없다.

정치를 확 바꾸지 않고는 국가의 앞날을 보장할 수 없다는 인식 때문에 오래전부터 정치개혁이 주장되어 왔다. 16대 대선이 끝나자마자 가장 먼저 등장한 것이 역시 정치개혁 문제였다. 정권을 재창출한 민주당이나 대권을 눈앞에 두고 야당이 된 한나라당 모두 정치개혁을 위한 특별위원회를 구성하여 경쟁적으로 정치개혁안을 마련하고 있는 것은 정말 다행스런 일이다.

하지만 두 달이 넘도록 여야 모두 정치개혁안에 대하여 백가쟁명식 논의만 무성한 채 용두사미가 되는 것이 아닌 가 의구심이 생긴다. 이번에는 대선에서 이긴 쪽이나 진 쪽 모두 정치개혁을 부르짖는 것이 구두 탄이 되지 않고 진정으로 한국정치의 발전을 기약하는 전기가 마련되었으면 한다. 정말 혁신적인 정치개혁안이 선보여 한국정치가 국가발전의 걸림돌이 된다는 부정적인 인식을 불식시키고 정치가 시대정신을 선도하고 국가 발전을 주도하는 역할을 수행해 주길 기대해 본다. 그렇게 함으로서 정치인에 대한 이미지가 개선되어 정치인은 한국사회에서 가장 유능하고 모범적이며 시대를 대표할 수 있는 상징적인 존재로 인식되고 자라나는 청소년들에게 역할 모형이 되길 바란다.

여야가 논의하는 정치개혁안은 주로 제도를 바꾸는 것과 관련이 있다. 한국정치가 제도를 잘못 선택하여 발전하지 못한 측면이 강하다. 하지만 지역감정이 소선거구제 때문인가? 제왕적 대통령과 고무도장 국회가 권력구조 때문인가? 당 총재의 권위주의적 행태가 정당의 지도체제 때문인가? 제왕적 지구당위원장이 지구당 조직 때문인가? 고비용저효율 정치가 선거제도 때문인가? 진성당원이 적은 것이 정당구조 때문인가? 철새정치인이 득실거리는 것이 정당제도 때문인가? 제도도 문제지만 정치인과 국민의 정치의식과 태도 등 정치문화에 더 큰 원인이 있기 때문이다.

정치개혁안에 반(反)민주문화를 민주문화로 발전시켜야 한다는 주장은 하나도 없다. 정치문화가 발전하려면 많은 시일이 소요되기 때문일지 모르겠다. 하지만 '문화는 어머니요, 제도는 그 자식'이란 말과 같이 정치제도를 바꾸는 것도 중요하지만 정치문화의 발전도 중요하다. 서구식 민주제도가 제3세계에 확산되면 제3세계도 서구와 똑같은 민주사회가 건설될 것으로 기대했었지만 정치 불안과 위기의 악순환 부정부패의 성행 등 정치적 퇴행 현상이 나타났다. 그 원인을 연구해 보니 토양에 문제가 있다는 결론을 얻게 되어 정치문화에 대한 연구가 본격적으로 진행된 것이다. 강남에 있는 귤나무를 강북에 옮겨 심으면 탱자가 열린다는 이치다.

국민은 모두 정치가 개혁되기를 희망한다. 문제는 정권이 바뀔 때마다 아직까지 헌법타령, 권력구조타령, 선거구 타령, 당명 타령 등등 정치개혁을 법적·제도적 측면에서만 접근하고 있다. 제도가 그 가치를 발휘할 수 있는 정치토양인 정치문화의 변동에 관심을 기울여야 할 것이다.

(2003. 2. 25. 대한매일)

한국정치의 고질병

대 선 전후 또는 총선 전후 예외 없이 나타나는 한국정치의 고질병이 하나 있다. 다름 아닌 정계개편 움직임이다. 정계개편이란 개념이 정치학에서 학술적으로 정의된 적은 없지만 특히 한국정치에서 오래전부터 자주 사용되는 용어다. 정계개편은 다의성(多義性)을 지닌 개념이라고 볼 수 있지만 흔히 정치세력 판도에 근본적인 변화가 생길 때 사용된다. 언론에서는 정계개편이란 말 대신 정치지각 변동이란 말을 선호하는 것 같다. 구체적으로 정치인과 정당의 이합집산으로 여야 의석분포에 커다란 변화가 생겨 여소야대나 여대야소가 형성될 때, 새로운 정당이 창당·분당되거나 통·폐합되어 정당체제에 변화가 생길 때 사용된다. 이런 의미라면 정계개편이 곧 가시화 될 전망이다.

정계개편 움직임이 특히 선거 전후에 자주 등장하는 이유가 있다. 국민이 선택한 선거결과를 뒤집고 특정정파나 세력이 원하는 새로운 정치판을 짜기 위해서, 아니면 선거를 앞두고 유리한 선거환경을 만들기 위해서 시도된다. 지난 대선 때도 대선후보 단일화와 정계개편 움직임이 구체화된 적이 있었다. 대선이 끝나고 잠시 동안 뜸했던 정계개편 움직임이 참여정부가 출범하자마자 수면 위로 떠오르기 시작하였다. 민주당은 정권 재창출 이후 지금까지 개혁신당 창당이라는 명분을 내세워 사실상 정계개편을 시도하고 있다. 여소야대 상황에서 정계개편을 추진하기 때문에 대통령 신당 만들기, 코드 중심의 편가르기라는 의구심을 갖게 되는 것이다.

그동안 지지부진했던 민주당의 신당창당과 정계개편 움직임이 급물살을 탈 것으로 예상된다. 왜냐하면 한나라당 내에서 소위 개혁파라고 자칭하는 5명의 의원들이 탈당하여 정계개편을 예고하고 있기 때문이다. 민주당의 신당창당파들에게는 한나라당 일부 의원들의 탈당이 백만 원군을 얻는 셈이 될 것이다. 한나라당 의원들의 탈당을 반기는 민주당내 신주류와 달리 국민은 철새행각에 대하여 가타부타 평가할 가치조차 없다는 입장인 것 같다.

선거를 통하여 국민이 선택한 정치질서를 개편하지 말란 법은 없다. 선거 후 국민적 요구나 정치적 필요 그리고 시대상황에 따라서 정계는 개편될 수 있다. 또한 선거를 앞두고 새롭게 정계를 개편해서 국민의 심판을 받는 데 유리한 환경을 만들 수도 있을 것이다. 하지만 자파 세력 확대만을 꾀한 일방적인 정계개편은 성공한 예가 드물다는 사실을 유념해야 할 것이다. 과거에는 국가 공권력을 동원하여 국회의원들의 약점을 들추어내고 탈당과 입당의 미끼로 인위적인 정계개편을 시도했기 때문에 더더욱 성공할 리 없었다.

그동안 정계개편으로 내세운 명분은 항상 국민을 위한 것이라고 국민을 한 번도 팔지 않은 적이 없었다. 국민이 정치의 주인이라고 늘 강조하면서 국민을 위해서 헌신 봉사하겠다고 침이 마르도록 다짐하던 정치인들이 막상 정치적 이해가 걸렸을 때는 국민은 안중에 없다. 국민이 선택한 선거결과를 자신들의 입맛대로 허물고 다음 총선에서 국민에게 추인하라고 강요한다. 그동안의 정계개편이 정치의 질적 수준을 향상시키고 국리민복 차원에서 이루어진 것이 아니라 정권획득을 위한 야합, 여야 간 정치적 간통, 세력 확대, 야당 허물기 등에 목적이 있었기 때문에 실패하였다. 잦은 정계개편은 정당정치의 실종과 혼돈의 악순환을 가져왔다.

국민을 무시하고 진행된 정계개편이 성공한 예가 드문데도 불구하고 선거 전후에 나타나는 불치병을 치유할 수 있는 방법은 없을까? 언제까지 한국정치가 정치의 가장 초보적 형태인 정치세력을 늘리는 일, 편 가르기, 세력싸움 수준의 정계개편에 머물러 있어야 할 것인가. 만약 정계개편이 이루어진다면 그 결과가 내년 총선에서 어찌될지 두고 볼 일이다.

(2003. 7. 8. 대한매일)

정치에도 첫 단추가 중요하다

8개월 전 정치개혁과 변화를 내건 젊은 대통령이 취임했을 때 대통령의 실패는 국민의 불행을 의미하기 때문에 지지자든 반대자든 역사에 남는 성공한 대통령이 되길 기대했다. 대통령의 성공 여부는 임기 후 평가하는 것이 정상인데 임기 초반 수행실적도 별로 없고 지금쯤 국정 파악과 대통령직에 대한 학습이 마무리될 것으로 예상되는 시점에 뜻밖의 평가 기회가 주어졌다.

대통령은 임기 초반 못 해먹겠다고 했다. 조금 지나자 하야하지 않는다고 하더니 급기야 재신임 국민투표로 불신을 받으면 물러나겠다는 마지막 말까지 하였다. 대통령이 재신임 카드를 불쑥 꺼내 대통령, 여야, 국민 모두 혼란에 빠지게 되었다.

누구보다 당사자인 노 대통령이 가장 혼란스러울 것이다. 충격요법의 벼랑 끝 승부수가 성공하여 재신임을 받는다면 최측근 비리 문제에 대한 면죄부, 국민의 낮은 지지도 만회, 빼앗긴 정국운영 주도권 회복, 내년 총선에서 통합신당의 유리한 입지 확보 등이 가능할 것이다. 또한 국정부실이나 정치개혁의 지지부진 이유를 언론 탓, 야당 탓, 국회 탓으로 돌린 것에 대한 어느 정도 정당성도 찾을 수 있을 것이다.

그러나 불신을 받으면 불명예스럽게 물러나야 한다. 지지도가 10%대까지 떨어진 인기 없는 대통령직에서 미련 없이 물러나면 된다고 생각할 수 있다. 하지만 재신임 국민투표에 대한 야당과 정치적 타결 발언으로 또 말 바꾸기가 아닌지, 속셈은 무엇인지 국민을 헷갈리게 만들었다.

여당격인 통합신당은 처음에는 불신임이 두려워 국민투표를 반대하다가 찬성으로 돌아섰고 재신임 국민투표 철회 시사에 당혹스러워하고 있다. 야당도 노 대통령의 직무수행능력에 대한 회의, 거듭되는 실정, 10~30%의 바닥을 치는 지지도 등 때문에 퇴진운동이나 탄핵문제를 내심 생각했으나 감히 입 밖으로 내지 못하였다. 그런데 울고 싶은데 뺨 맞은 격으로 대통령 스스로 재신임을 받겠다고 하니 천재일우의 기회로 판단했을 것이다. 그러나 각종 여론조사에서 재신임에 대한 의견이 우세하게 나타나자 당황하면서 재신임 국민투표는 총칼 없는 쿠데타, 재신임 국민투표의 위헌성, 대통령 측근 비리 진상 규명의 선행 등을 내세우면서 갈팡질팡하고 있다. 특히 한나라당은 노 대통령의 재신임과 불신임 가능성에 대한 판단이 서지 않기 때문에 모호한 태도를 보이고 있다.

국민도 혼란스럽기는 마찬가지다. 국민투표 기회가 온다면 찬성, 반대, 기권 중 하나를 선택하면 된다. 간단한 문제 같다. 그러나 국민은 노 대통령의 국정수행능력과 자질에 대하여 불만이 가득하지만 불신했을 때 예상되는 정국의 혼란과 불확실성 때문에 찬성 쪽으로 기우는 듯한 이중성을 보이고 있다. 하지만 재신임한다고 대통령의 리더십 스타일이 달라질 것 같지 않다는 데 고민이 있다. 국민의 고심 흔적은 온라인과 오프라인의 여론조사 결과가 정반대로 나타나는 데서 찾을 수 있을 것이다.

한국정치가 임기초반의 대통령을 재신임할 것인가, 불신할 것인가 진퇴양난에 빠진 가운데 혼란을 겪는 근본원인은 어디에 있을까? 대통령 선거 하루 전날인 작년 12월 18일 본란에 기고한 글을 재의미하면 그 해답을 찾을 수 있을 것이다. 또한 정치에서도 첫 단추를 잘 끼우는 것이 얼마나 중요한가를 새삼 깨닫게 될 것이다.

"대통령을 잘못 뽑으면 5년 동안 국정이 표류하고 나라 살림살이가 거덜나 임기가 빨리 끝나기를 기다리면서 두고두고 후회하게 될 것이다. 잘못 선택하고 나서 국운이 이것밖에 되지 않는다고 가슴을 치면서 후회한들 무슨 소용이 있겠는가…… 대통령감으로 크는 데 다양한 요인들이 복합적으로 작용하기 때문에 대통령에 당선되었다고 갑자기 다른 사람으로 확 바뀔 수 없는 것이다…… 각 후보가 과거 걸어 온 길과 지금 걷고 있는 길을 보면 어디로 걸어갈지 미래가 보일 것이다."

(2003. 10. 22. 충청일보)

꿈은 반드시 이루어진다

21세기가 시작되었을 때 뉴 밀레니엄에 대한 꿈과 희망에 넘쳤던 일이 오래되지 않았다. 작년 여름에는 월드컵 4강의 신화를 이룩하여 꿈★은 이루어진다는 확신을 갖기에 충분하였다. 지난 2월에는 3김 시대가 막을 내리고 변화와 개혁의 기치를 내건 젊은 대통령이 이끄는 참여정부가 출범하였다. 모두가 희망찬 출발을 다짐한 것이다.

하지만 참여정부가 출범한 지 8개월이 되어 가는데 어느 구석을 돌아봐도 희망과 꿈이 보이질 않는다. 정말 답답하고 막막하다. 우리가 처한 환경이 꼼짝달싹 못할 정도로 사방팔방이 벽으로 둘러싸인 것 같다. 사면초가 상태다. 무엇보다 경제적으로 그렇다. IMF 때보다 더 어렵다고 하면서 명퇴바람이 불고 구조조정이 추진되고 있다. 몸집을 줄이는 상황에서 신규채용 계획이 있을 리 없다. 청년실업률이 7.5%에 이른다고 하니 예사 일이 아니다. 생활고, 빚 독촉, 카드 빚 때문에 온 가족의 동반 자살이 자주 일어난다. 강남의 집값은 천정부지로 올라 타 지역 사람들의 상대적 박탈감은 이만저만이 아니다.

정치는 더 가관이다. 대통령의 정제되지 않은 정치언어의 사용으로 정치의 품위가 떨어졌다. 집권여당은 둘로 갈라서서 이전투구를 벌이고 있다. 정권초기 대통령의 무당적 현상이 나타나 정당정치와 책임정치가 실종되는 지경에 이르렀다. 그보다 더 서민의 살맛을 앗아가는 것은 현대 비자금, SK 비자금, 이원호 로비의혹, 썬앤문 사건 등등 검은 돈 수백억 원이 정치권에 흘러들어 갔다는 것이다. 수억, 수십억, 수백억의 현금 다발을 주고받고 정치자금이니 대가성이 있느니 없느니 구차한 변명을 늘어놓는다. 구린내가 진동하는 정치판을 생각조차 하기 싫다.

북한은 고폭실험을 했다고 하고 노동미사일을 증강하여 전진 배치했다고 한다. 제2의 핵 비밀 시설이 있다고 하는데 북핵 문제는 슬그머니 사라진 것 같은 느낌이다. 송두율 교수가 북한노동당 정치국원인지에 대한 검찰의 조사가 진행 중인데 법무부장관과 문화부장관이 딴소리를 한다. 이라크 파병문제도 미국에 파병의지를 전달했다는 외신보도가 있는데 청와대에서는 계속 오리발이다. 이민 상품이 불티가 나고 기회가 있으면 이민을 선택하겠다는 젊은이들이 늘어가고 있다. 원정출산도 문제가 되고 있다.

뭐 하나 신통한 것이 없다. 참여정부 출범 이후 뭐 하나 속 시원하게 해결되는 것이 없다. 대통령과 참여정부를, 국회의원과 국회를, 여당과 야당을 도무지 믿을 수가 없다. 희망을 가질래야 가질 거리가 없다. 기댈래도 기댈 언덕이 없다. 믿을래야 믿을 구석도 없다. 잡을래도 잡을 지푸라기도 없다. 정말 사면초가 상태다. 도대체 국민은 어떻게 하란 말인가? 어찌하다 우리가 이지경이 이르렀는가?

하지만 우리는 희망과 꿈이 있다. 너무 절망적이지 않다. 우리 주위에 옹벽이 높게 쳐 있어도 솟아나갈 길은 있다. 우리는 민족의 저력이 있기 때문이다. 한다면 하는 민족이다. 이보다 더 어려운 6 · 25도 겪었다. 숱한 좌절 속에서도 결코 굴하지 않았다.

우선 경제문제는 어려울 때 일수록 모두가 허리띠를 졸라매는 것이다. IMF를 이겨낼 때 금 모으기를 했던 경험이 있다. 그리고 노 대통령도 조금 더 기다려보자. 풍부한 국정 경험도 없이 처음 대통령이 되고 보니 4수하면서 준비한 전임자보다 많이 서툰 점이 발견될 것이다 그러나 70년대 하늘의 별 따기보다 더 어렵다는 사법고시를 합격한 능력이 있기 때문에 머지 않아 학습기간을 단축시키고 유능한 대통령이 될 것이다. 말실수도 좀 봐주자. 도저히 고칠 것 같지 않다. 그러려니 하고 넘어가면 된다.

그 주위 참모들도 뭐 세상 물정에 어둡지만 그래도 나라를 망치는 일은 하지 않을 것이기 때문이다. 북한도 설마 화약을 안고 불로 뛰어드는 극단적인 선택은 하지 않을 것이다. 북한도 살고 봐야지 별 수 없을 것이다. 모든 것을 낙관적으로 보자. 잘 될 것이라는 믿음을 갖자. 그리고 희망과 꿈을 간직하자. 꿈★은 반드시 이루어질 것이다.

(2003. 10)

정책결정의 타이밍이 중요하다

국군을 외국에 파병하는 것은 국가의 중요한 정책이다. 그렇기 때문에 파병을 결정하는 데 헌법 제60조 제2항에 따라 국회동의를 받아야 한다. 이라크 추가파병이란 정책의제는 한국이 자발적으로 발의한 것이 아니라 미국의 요청에 의하여 제기된 것이다. 추가파병이란 정책의제는 발의 주체와 상관없이 국민의 승인절차를 거쳐야 한다. 하지만 정부는 국민승인 절차를 밟는 과정에 수수방관하는 듯한 자세를 보여 국론분열을 부채질한 측면이 있었다. 추가파병 계획을 수립하는 과정에서도 역시 소극적 자세를 보였다. 대미 협상전략이었는지 몰라도 정부의 애매모호한 태도 때문에 국론 분열상이 더 심화되었던 것은 사실이다.

정부는 급기야 파병계획을 확정하여 지난해 12월 24일 「국군부대의 이라크 추가파병 동의안」을 국회에 제출하기에 이르렀다. 논란이 가장 컸던 파견부대의 임무는 평화·재건지원부대로, 규모는 3,000명 이내로, 파견기간은 2004년 4월 1일부터 12월 31일까지로, 파견 경비는 한국정부 부담이라는 것이 주요 골자였다. 추가로 경계 및 치안유지 부대는 특전사 약 1,000명, 특공대 약 500명, 해병대 약 100명으로 구성하며, 주둔지역은 키르쿠크로서 미군 173공정대와 임무를 교대한다는 것이 밝혀졌다.

정부가 이라크 추가파병 동의안을 국회에 제출하는 과정에 너무 많은 시간을 끌었다. 국회도 정부의 파병 동의안을 처리하지 않은 채 1월 8일 임시회기를 마쳤다. 국방위 4당 간사들은 이라크 추가파병에 대한 정부의 입장을 듣기 위해 국방위 전체회의를 1월 16일 열기로 합의한 상태다.

여야도 파병부대의 성격에 대한 현저한 입장차를 보인 가운데 정부와 마찬가지로 찬반의 분명한 입장 표명에 주저하는 어정쩡한 모습을 보였다. 아마도 이라크 추가파병을 반대하는 국민여론이 높아 4월 총선을 의식했기 때문으로 짐작된다. 현재로서는 임시국회가 언제 열릴지 불투명하다. 동료 의원 구속을 피하기 위한 방탄국회 소집도 국민의 비판여론 때문에 성사시키지 못했고, 한나라당은 불법대선 자금의 편파수사를 추궁하기 위한 임시국회를 1월중 소집할 계획이라고 밝혔지만 성사될 가능성이 낮다.

임시 국회가 소집되면 이라크 추가파병 동의안에 대한 가부를 최우선적으로 결정해야 할 것이다. 국방부는 이라크 추가파병 동의안의 국회통과를 전제로 사실상 사령관격인 기획단장을 임명했기 때문이다. 정책결정과 집행의 선후가 뒤바뀐 것이다. 만일의 경우 파병동의안이 부결된다면 어찌되겠는가? 또한 국회처리가 늦어진다면 파견병력 선발과 부대편성에 차질이 예상될 뿐만 아니라 위험지역에 파견하는 국군장병들의 교육훈련이 소홀해질 가능성이 크다. 4월 1일 파병도 물리적으로 불가능할지 모른다. 정부나 국회는 국가의 중요한 정책결정에 타이밍을 놓쳐서는 안 된다. 세상만사 모두 때와 순서가 있게 마련이다. 바쁘다고 바늘허리에 실을 매서 쓸 수는 없지 않는가.

이번 이라크 추가 파병정책을 결정하는 과정에 보여준 정부의 애매모호한 태도와 국론이 극도로 분열되도록 방기한 무소신은 문제가 되지 않을 수 없다. 국민여론을 살피느라고 그랬을 것으로 짐작되지만 정부가 국가의 중요한 정책을 결정하는 과정에 갈피를 잡지 못하고 우왕좌왕하는 태도를 보임으로써 정책철학과 정책능력에 대하여 회의를 갖게 만들었다. 국회나 여야의 태도도 오십보백보다. 매년 예산안 처리의 법정시한도 거의 지키지 못하는 국회를 생각하면 의례적인 일로 치부할 수 있다. 하지만 국군의 외국 파견이라는 중요한 외교 및 국방정책을 결정하는 타이밍을 잃었다. 우리 군으로 하여금 파병을 준비할 수 있는 충분한 시간적 여유를 주었어야 했다. 또한 미국의 눈치를 살필 필요는 없지만 기왕에 도와 줄 바에는 그들이 원하는 시점을 고려해 주는 아량도 필요했다. 파병시기가 후세인 이라크 전 대통령의 체포 직전이었으면 더 좋았을 것이란 아쉬움이 남는다.

(2004. 1. 14. Konas)

의사소통이 단절된 사회

최근 제기되고 있는 수많은 정치쟁점에 대하여 여야는 물론 국민들 사이에도 엄청난 시각차를 보여 의사소통이 단절된 사회라는 사실을 확인할 수 있다. 너무나 일방적인 주장과 도저히 합의점을 찾을 수 없는 평행적인 인식 때문에 양극화 현상을 빚고 있어 정말 큰일 났다는 생각이 든다. 구체적인 사례가 한두 가지가 아니다.

국가보안법 개정, 서해 북방한계선(NLL)파문, 의문사진상조사위원회의 미전향 장기수의 민주화 기여 결정, 간첩혐의로 복역한 사람이 의문사위 조사관으로 현역장성 조사, 김정일 답방, 송두율 교수 석방문제 등과 관련 국가 정체성 논란이 극명하게 갈려있다. 친일진상 규명 등 과거사에 대한 재해석과 평가에서도 시각차가 너무 크다. 뿐만 아니라 행정수도 이전, 주한미군 철수와 재배치, 이라크 추가 파병 등등 정부정책에 대한 찬반 입장도 양극화되었다.

엎친 데 겹친 격으로 국민통합에 앞장서야 할 대통령이 사회갈등과 국론분열을 오히려 부추기고 있다는 인상이다. 노 대통령의 사려 깊지 못한 이분법적 사고와 계산된 듯한 편 가르기는 국민을 양극화시키는 데 분명하게 일조하고 있다. 행정수도 이전을 반대하는 것을 반노(反盧)라고 한다. 과거사를 다룰 국가적 사업이 필요하다고 하면서 중국고구려사에 대하여 일언반구도 없고, 일본 총리를 만나 과거문제는 임기 중 거론하지 않겠다고 했다. 자기 인생을 되돌아볼 때 사법고시에 합격했던 그 순간만큼 행복했던 적은 없다고 하더니 판사 한번 해보려고 유신헌법으로 고시 공부한 게 부끄럽다고 했다. 그러면서 유신이냐 미래냐, 과거 산업화 시대의 경제적 구조에서 그 경제적 기득권을 갖고 갈 것이냐, 세계화 정보화 네트워크 시대의 사회적 구성 원리로 갈 것이냐 선택의 기로에 서 있다고 하면서 한국이 죽느냐 사느냐의 문제라고 규정했다.

똑같은 쟁점에 대하여 자기주장은 옳고 남은 틀렸다는 논리를 보면 어떻게 저렇게 생각이 다를 수 있을까 의아스럽지 않을 수 없다. 이방인끼리 대화하는 것 같다. 다양성을 생명으로 하는 민주사회에서는 다양한 견해가 자유롭게 표출되고 상호 소통되는 것이 가장 바람직한 현상이다.

문제는 자기주장은 선이고 남의 주장은 악이요, 자기 견해는 절대적으로 옳고 남은 틀렸다는 일방적 사고에 있다. 자기와 생각이 같으면 동지요 생각이 다르면 적이고, 자기주장을 받아들이면 사는 길이며 반대하면 죽는 길이라는 극단적인 사고가 문제다. 자신과 다른 견해를 가진 상대방을 이해하려는 노력보다는 자기 입장만 일방적으로 주장하고 자신에게는 철옹성을 쌓으면서 남의 주장에 대하여 아예 귀 기울이려 하지 않는다. 상대방을 설득하려는 노력보다는 감정적으로 자극하여 오히려 갈등의 골을 키우는 일에만 열을 올리고 있다. 자기 의견이 맞는다고 주장하듯 남의 입장도 일리가 있을 것이라는 생각을 왜 조금도 하지 못하는가?

자신의 생각과 다르면 꼴통이라고 인식하는 세태 속에서 어찌 솔직하게 자신의 의사를 표현할 수 있겠는가? 다양성과 관용을 미덕으로 삼는 민주사회가 선과 악, 적과 동지, 죽느냐 사느냐의 극단적인 이분법으로 분열되는 것이 사회통합과 국가의 통일성 유지에 무슨 도움이 되겠는가.

똑같이 한국말을 쓰면서 의사가 소통되지 않는 단절의 시대가 되었다. 피터 드러커(Peter F. Drucker)는 「단절의 시대」에서 과거로부터의 단절을 강조하고 있다. 과거로부터의 단절은 새로운 기회이며 시작이기 때문이다. 문제는 과거로부터 단절이 아니라 상호간에 의사소통이 단절되는 데 있다. 한국 사람끼리 인식의 차가 극심하여 서로 말이 통하지 않는 것이 심각한 문제다. 사회의 혈관이나 신경망과 같은 의사소통이 단절되면 사회기능이 마비된다. 늦기 전에 우리 모두 유연해지자.

(2004. 8. 2. 충청일보)

과거청산 악순환 고리를 끊자

정권이 바뀔 때마다 과거청산을 전가(傳家)의 보도(寶刀)처럼 꺼내들고 있다. 그 동기는 다양하다. 첫째, 굴절된 과거사를 순수하게 바로 잡아 사실을 사실대로 밝혀 두 번 다시 그런 과오를 반복하지 말자는 역사적 교훈으로 삼기 위해서 추진하는 경우다. 둘째, 정치적 목적으로 과거나 지난 정부를 부정하고 청산하여 현 정부와 차별성을 강조하면서 국민의 지지 획득과 통치기반을 강화하기 위해서 추진하는 경우다. 마지막으로 권력자의 주변정리 차원에서 이루어지는 경우다. 사건 당시 피해자였던 당사자들이 집권세력이 되었을 때 과거의 불명예와 누명을 벗을 수 있는 기회로 삼거나 또는 과거나 현재의 정치적 경쟁자를 흠집 내기 위하여 현직을 이용하여 과거사를 정리하는 것이다. 정권이 바뀔 때마다 추진되었던 과거 청산 동기를 보면 참여정부가 추진 중인 과거사 진상규명의 성격을 이해하는 도움이 될 수 있을 것이다.

김영삼 정부가 출범했을 때는 군정청산을 내걸고 무력으로 정치권력을 획득한 군부지배체제를 해체하였다. 과거 군사정부의 유산에 대한 철저한 응징을 가한 것이다. 전직 대통령이 사법 처리되고, 그 추종세력들과 군의 특정 인맥에 대한 대대적인 사정작업이 전광석화처럼 이루어졌다.

김대중 정부는 의혹이 풀리지 않았던 몇몇 사건과 민주화 운동과정을 재조사하였다. 김대중 대통령 자신과 직간접으로 연계되었거나 국민적 의혹이 가시지 않았던 몇몇 과거사를 정리했다. 예컨대 일본 납치사건, 서경원 의원 밀입북사건, 북풍, 광주 민주화운동 등등에 대한 재조사를 추진하여 과거사를 다시 정리했다.

노무현 정부도 과거사 진상 규명을 추진하고 있다. 정권초기에는 큰 관심을 보이지 않다가 과거사 진상 규명에 정권의 사활을 건 듯한 인상을 줄 정도로 정책의 최우선 순위에 올려놓고 강력하게 드라이브를 걸고 있다. 특히 친일진상, 각종 민주화 운동, 의문사 등등 많은 과거사를 규명 대상으로 삼고 있다. 정부 기관별로 과거사 진상 규명의 대상을 선정하였으며, 김재규에 의한 박정희 전대통령의 시해사건에 대한 민주화 운동 여부도 유족의 요구에 의하여 조사 중이다. 최근 노무현 대통령은 임정의 정통성을 인정하지 않았던 좌익의 독립 운동가들에 대한 복권 및 포상의지를 밝혀 좌파 독립운동도 재조명 대상이 되었다.

왜곡된 역사의 진실을 사실대로 밝힌다는 데 누가 반대할 것인가. 원칙적으로 찬성한다. 하지만 국민 대다수가 경제가 어려워 못살겠다고 아우성치는 상황에서 정부가 열 일 제쳐두고 지나치게 과거사에 매달리는 듯한 모습을 보여 정책의 우선순위를 제대로 설정한 것인가에 대한 의구심이 있음을 유념할 필요가 있다.

또한 과거사 진상 규명에 정부가 왜 직접 나서고 있는지 알 수 없다. 과거사 규명은 정권차원이 아닌 국가사업으로서 여야 합의하에 독립된 민간 전문가에 의하여 객관적이고 공정하게 추진되어야 할 것이다. 정권이 바뀌어도 변함없이 추진될 수 있는 장기적 국책사업이 되어야 한다. 역사를 권력자의 입맛대로 평가하고 해석하고 포상한다는 오해를 사지 않기 위해서다. 만일 권력자에 의한 역사의 또 다른 왜곡이 이루어진다면 정권이 바뀌고 나서 과거청산의 악순환이 반복될 수 있기 때문이다. 역사를 잘못 평가한다면 그 후유증은 이만저만이 아닐 것이다. 예컨대 국가지도자를 시해한 사람을 민주인사로 둔갑시킨다면 폭력적인 방법을 동원한 문제해결을 공식적으로 터놓는 셈이 될 수 있을 것이다. 정치지도자가 국민을 못살게 군다고, 경제를 망친다고, 부정부패에 연루되었다고, 국가의 정통성과 국기(國基)를 훼손시켰다는 등등 명분을 내세워 위해를 가할 때 훗날 애국운동으로 평가받지 말란 법이 없을 것이기 때문이다. 역사는 그리 단순하게 형성된 것이 아니다. 한 쪽만 보아서도 안 된다. 어제를 오늘의 잣대로 평가하는 것은 신중 또 신중해야 할 것이다.

(2004. 9. 1. Konas)

정부가 불신 받는 까닭

최근 잇달아 보도되는 우울한 뉴스를 접하면서 이거 정말 큰일 났다는 생각이 든다. 중앙일보 창간 39주년 기념 여론조사에서 노 대통령 취임 후 잘한다는 응답이 불과 9.3%, 잘한 일로 개혁 7%, 대북정책 7%로 나타났다. 대한상공회의소가 수도권 700가구를 대상으로 실시한 조사에서 10가구 중 9가구가 생활형편이 어려우며, 특히 6가구는 외환위기 때보다 힘들다고 답했다고 한다. 또한 통계청에 의하면 자살 사망률이 10년 전의 2.3배로, 인구 10만 명당 자살이 외환위기 당시인 1998년의 14.9명보다 4명 이상이 늘었다고 한다.

경제가 외환위기 때보다 더 어려 못살겠다고 아우성들이다. 심지어 어느 중학교 축제에 갔더니 학생들이 '경제가 아프다'는 제목으로 국민경제의 처참한 모습을 수 십 장 그림으로 표현한 것을 보았다. 몇 사람만 모이면 주된 화제가 살기 어렵다고 이민을 들먹인다. 이쯤 되면 국민의 불만지수나 노무현 정부에 대한 국민적 지지도가 어느 정도인지 쉽게 가늠할 수 있을 것이다. 정권의 위기라고 해도 과언이 아니다. 그런데도 노 정부의 정책진가는 구름이 걷히면 알 것이라고 한다. 5~10년 후에는 미국과 대등하게 된다고 한다. 그렇게만 된다면 오죽이나 좋을까. 하지만 과연 그럴까. 이는 국민의 체감과 너무도 거리가 먼 안이하고 낙관적인 상황인식이라고 하지 않을 수 없다.

노 정부가 왜 국민들로부터 외면당하고 있는지 궁금증을 풀기 위해서 오래전에 읽었던 조셉 나이의 「국민은 왜 정부를 믿지 않는가」를 다시 꺼내 보았다. 정부가 불신을 당하는 이유로 대통령의 형편없는 자질, 정치의 부정부패, 정부의 부도덕성과 품위 상실, 집권자의 아웃사이더 의식, 국민의 반항문화, 언론의 부정적인 논조, 정부능력 밖의 감당할 수 없는 국민의 요구와 정부의 과부하, 정당이념의 양극화, 후기물질주의 가치관과 공공기관의 권위 추락, 경제정책의 실패 등등 다양한 이유를 들고 있다.

노무현 정부가 현 상황에서 귀담아 들어야 할 내용들이다. 그런데 유독 국민의 지지를 받지 못하는 이유나 정책실패의 주범을 언론 탓으로 돌리고 있다. 국무총리도 대통령을 닮아 가는지 경제위기를 언론의 부정적인 논조 탓으로 전가하는 모습을 보였다. 국민이 정부를 믿지 못하는 진짜 이유를 제쳐두고 반성은커녕 오직 남의 탓으로 돌리고 있다. 심지어 반대여론에는 엄정 대응한단다.

그러면 노무현 정부가 국민으로부터 신뢰를 회복하려면 어떻게 해야 할 것인가. 여기에 대한 답도 조셉 나이는 제시하고 있다. 즉 끊임없이 국민들이 공유하고 있는 가치들을 강조하면 된다는 것이다. 다른 말로 국민이 원하는 가치를 강조하고 그 가치를 추구하기 위해서 노력하면 된다는 것이다. 민심의 소재를 파악하고 대의를 존중하는 정치를 하면 되는 것이다. 청개구리같이 국민이 하지 말라면 기를 쓰고 더 밀어 붙이는 반항적 모습을 보이지 말라는 것이다. 청개구리식 정치는 정부불신의 촉진요인으로 작용한다고 볼 수 있다.

이제라도 대다수 국민이 하라면 하고, 하지 말라면 포기하는 민심순응 정치를 하면 된다. 한마디로 청개구리 정부가 되지 말라는 것이다. 예를 들면 행정수도 이전, 과거진상규명, 사립학교법 개정, 국보법 폐지, 입시제도 개선, 신문법 제정 등등 국정 현안을 대다수 국민이 원하는 방향으로 결정하면 된다. 그리고 국민들이 공유하고 있는 가치는 과거 들추기나 편 가르기가 아니라 '경제 살리기'일 것이다. 먹고사는 것과 직접 관련이 없는 소모적 정쟁보다는 중학생들조차 아프다고 한 경제를 치유하는 데 정책의 최우선순위를 둔다면 정부에 대한 신뢰가 어느 정도 회복될 수 있을 것이다. 기회는 항상 오는 것이 아니다.

(2004. 10. 1. 중앙일보 인터넷)

교육부장관 인사파동의 교훈

이기준 교육부장관은 역대 모든 장관 중 두 번째, 노무현 정부와 교육부장관으로서는 첫 번째 단명이란 불명예를 안고 퇴진하였다. 정부가 수립되고 지금까지 교육부 수장이 47대째 바뀌었으며, 곧 48대 장관이 임명될 것으로 보인다. 교육부장관은 김대중 정부 5년 동안 일곱 번이나 바뀌었으며 노무현 정부 출범 채 2년도 안되어 4번째 임명될 예정이다. 지난 10년 동안 교육부장관이 13번이나 바뀌어 평균재임기간은 9개월 남짓하다.

노 대통령이 언급한 바와 같이 장관 중에 교육부장관이 스트레스를 가장 많이 받는 자리임에 틀림없다. 왜냐하면 세계 어느 나라에서도 유례를 찾아보기 어려울 정도로 상급학교 진학열이 높은 우리나라에서는 교육정책에 관한한 전 국민의 이해가 첨예하게 걸렸을 뿐만 아니라 누구나 일가견을 갖고 있기 때문이다. 광화문 정부종합청사에서 벌이는 시위의 대부분이 교육부 민원과 관련이 있다고 할 정도다.

노무현 정부가 출범할 때 교육부장관 임기는 5년을 보장하겠다고 다짐했으나 공염불이 된 셈이다. 3일 만에 물러나는 교육부장관의 인사파동을 보면서 많은 것을 생각하게 한다. 무엇보다 대통령의 개각에 대한 인식과 청와대 인사 시스템에 대한 문제다. 그 부처에 최적임자라고 판단했기 때문에 장관으로 발탁했을 것이다. 하지만 장관직을 수행하는 과정에 리더십과 능력의 부족, 예기치 못한 사고의 발생, 잦은 시행착오, 코드의 불일치, 국민여론, 국면전환 필요성 등등 여러 이유 때문에 대통령은 개각을 결심하게 될 것이다. 하지만 국무회의 석상에서 공개적으로 '희생양 필요성과 2년 주기 매너리즘론'을 운운한 것은 올바른 개각관(改閣觀)이 아니다.

또한 청와대의 인사검증 시스템도 문제다. 장관을 임명하는 데 3심제니 5단계 절차니 하면서 적재적소 인사를 한다고 자랑하더니 도덕성에 치명적인 흠결을 발견하지 못한 것도 문제지만 확인된 사실관계를 간과한 것은 더 큰 문제라고 볼 수 있다. 더구나 도덕성 시비가 일파만파 확산되자 상식 밖의 변명을 늘어놓은 것은 진짜 심각한 문제가 아닐 수 없다. 책임을 물어 민정과 인사수석의 사표를 수리한다고 하지만 인사시스템의 근본적인 정비가 뒤따라야 할 것이다.

보다 심각한 문제는 교육부장관의 잦은 교체로 교육정책의 일관성과 안정성을 상실할 것이 우려된다는 사실이다. 정권이 바뀌고 장관이 경질될 때마다 백년지대계라는 교육정책은 말뿐 조령모개 식으로 춤을 춘 것을 너무나 잘 알고 있기 때문이다. 대학입시 정책만 해도 15차례나 바뀌었다. 평균 4년꼴로 바뀐 셈이다. 현 입시 제도도 2008년부터 또 바뀐단다. 고교평준화 제도도 30년이 되었지만 아직도 시빗거리가 되고 있다. 교육의 효과는 다른 분야와 달리 초중등학교 12년, 대학 4년 등 최소한 20년 후에 나타나기 때문에 교육정책의 일관성과 안정성이 요구된다. 21세기 지식정보화 사회에서 우리나라가 살아남기 위해서는 결국 교육으로 승부를 내야 할 상황에서 교육부장관의 잦은 교체로 교육정책의 혼란이 우려된다. 방정맞은 이야기같이 들리지 모르지만 새로 임명될 교육부장관이 언제 무슨 이유로 물러날지, 또 무엇을 바꾸겠다고 나올지 불안한 것이 솔직한 심정이다. 교육개혁은 이 시대가 당면한 절체절명의 과제지만 한건주의식 발상으로 접근하는 일은 없었으면 한다.

이번 교육부장관 인사파동으로 국무위원에 대한 약식인사청문회 도입 등이 검토되고 있어 다행이다. 하지만 보다 중요한 것은 정부 고위직에 발탁되는 인사의 태도라고 볼 수 있다. 고위직에 임명되고 싶은 사람은 누구나 자신, 가족, 그리고 과거의 모든 것을 떳떳하게 공개하고 검증받을 수 있는 각오와 준비 그리고 전문성과 능력이 있어야 할 것이다. 그렇지 않다면 아무리 높은 자리를 준다고 해도 스스로 사양하는 것이 개인과 나라를 위하는 길임을 명심해야 할 것이다.

(2005. 1. 11. 기호일보)

국민은 하선동로(夏扇冬爐)를 원한다

유리잔에 물이 반이 있는 것을 두고도, 보는 사람에 따라서 '반이 찼다'고도 하고 '반이 비었다'고도 한다. 똑같은 현상을 상반되게 평가하는 대표적인 경우다. 노무현 대통령의 임기 절반을 넘기면서 야당은 '아직도' 2년 반이나 남았느냐고 한숨짓는가 하면, 여당은 '벌써' 2년 반이 지났느냐고 아쉬워하는 엇갈린 평가를 했다.

'아직도'라는 말은 지난 2년 반과 같이 남은 2년 반도 별로 기대할 것이 없으며, 어떻게 임기가 2년 반이나 남았느냐고 걱정하는 뜻이 담겼다고 해석할 수 있을 것이다. 한마디로 임기가 빨리 끝났으면 좋겠다는 말의 간접화법인 셈이다. 벌써라는 말에는 두 가지 뉘앙스가 풍긴다. 지난 2년 반 동안 열심히 뛰다 보니 시간 가는 줄 몰랐다는 좋은 의미와 다른 하나는 뭐좀 하려고 했는데 별로 한 일도 없이 시간이 훌쩍 지나갔다는 아쉬움과 앞으로 잘해야 하겠다는 각오를 내비친 것이라고 볼 수 있을 것이다.

야당에서는 노 정부 2년 반은 혼돈과 아마추어리즘의 연속이었으며, 남은 임기 절반도 변함없이 각종 시행착오와 온갖 궤변이 계속될 것이라는 평을 하는 것을 보니 '아직도'라는 말의 의미를 알 수 있을 것 같다. 여당은 거대 야당에 휘둘려 제대로 일하기 어려웠던 만큼 남은 2년 반은 많은 일을 하기에 충분한 시간이라고 평하는 것을 보아 열심히 일하다 시간 가는 줄 몰랐다는 의미보다는 별로 한 일 없이 임기 반이 지나간 것을 인정하면서 책임을 떠넘기고 있음을 알 수 있다.

경쟁관계에 있는 여야가 노 정부의 전반기 평가에서 '벌써'와 '아직도'로 극명하게 갈리는 것은 당연하다고 볼 수 있지만, 국민 입장에서는 어떤 평가를 하고 있을까? 최근 실시한 각종 여론조사 결과, 노무현 정부의 전반기 평가에서 잘하고 있다는 응답은 일관되게 20%대로 나타났다. 한마디로 국민은 '벌써'보다는 '아직도'를 지지하고 있음이 확인된 것이다. 퇴임 후 별로 국민적 존경을 받지 못하는 김대중, 김영삼 전 대통령도 임기 반환점의 여론조사 결과 긍정적인 평가가 각각 77%와 60%였던 사실과 비교하면 노 대통령에 대한 국정운영 지지도는 낙제점이라고 해도 과언이 아니다. 20%대의 국민적 지지도를 받으면서 정치권력을 유지하는 사례가 세계 어디에 있는지 궁금해진다. 대통령도 25일 국민과의 대화에서 29%의 낮은 지지도를 거론하면서 권력을 통째로 내놓겠다는 말까지 했을 정도다.

대한민국은 노 대통령이 2년 반 후 임기를 마치고 물러나도 영구적으로 존속해야 하며 자자손손 번영과 행복을 추구해야 할 나라이기 때문에 앞으로가 더 중요하다. 대한민국은 대통령 개인의 나라가 아니다. 성공한 대통령이 되려면 지난 2년 반에 대한 냉정한 평가에서 해법을 찾아야 할 것이다. 임기 전반기 동안 국정 우선순위를 잘못 설정한 것도 국민의 지지가 낮은 이유의 하나가 될 수 있을 것이다. 한나라당 원내대표가 거듭된 연정 제안에 대하여 노 대통령이 재야시절 운영했던 식당 이름인 하로동선(夏爐冬扇)과 같다고 했다. 국민 정서와 동떨어지게 여름에 난로 피우고 겨울에 부채질한다는 것이다. 많은 국민은 먹고 사는 민생문제가 가장 절박한 국정과제라고 생각하고 있는 데 반하여 노 정부는 과거사 진상 규명 등 미래형보다는 과거형 정치에 몰두했다. 과거사 진상 규명도, 지역구도 해소도, 정치개혁도, 선거법 개정도, 부정부패 척결도, 교육개혁도, 지방분권도 중요하지 않다는 것이 아니다. 많은 국정 어젠다 중에서 국민이 원하고 시대가 요구하는 우선순위가 가장 높은 정책을 선택하고 집중하라는 것이다. 선택과 집중의 대상은 '경제 살리기'다. 각종 여론조사에서도 하나같이 경제가 가장 중요하다는 결과가 나오고 있다.

2년 반 후 노 대통령이 퇴임할 때 국민의 입에서 '벌써'라는 소리가 나올 수 있도록 여름에 난로 피우고 겨울에 부채질하지 말자. 국민은 하선동로(夏扇冬爐)를 원한다.

(2005. 8. 28. 인천일보)

'국민우선' 정치를

무 자년(戊子年) 새해가 밝았다. 새해 복 많이 받으시고 정말 행복한 한 해가 되시길 진심으로 기원한다.

대통령 선거는 끝났지만 새해의 주요 화두는 역시 정치가 될 것 같다. 무자년은 정치의 해가 될 것으로 보인다. 2월 25일에는 5년 임기의 이명박 대통령이 취임하고, 4월 9일에는 제18대 총선이 치러진다. 5월 30일에는 제 18대 국회가 문을 연다. 10년 만에 진보정권이 물러나고 보수정부가 등장한 것이다. 국민은 지난 10년 동안 좌향좌 했던 국정방향을 우향우로 바꾸고, 시대정신인 경제 살리기를 선택한 것이다. 새 정부는 국민의 전폭적인 지지 를 배경으로 사회 각 분야의 실용주의적 변화와 개혁을 역동적으로 추진할 것으로 기대된다.

4월 총선에서는 한나라당은 대선 승리에 이어 국회에서 안정 의석을 확 보하기 위해서 집권당으로서의 프리미엄을 최대한 활용할 것으로 보인다. 대통령 취임 초기 국민들이 원했던 새로운 개혁정책에 드라이브를 걸면서 '이명박 효과'의 여세를 몰아 안정적으로 국정을 이끌 수 있는 절대 다수의 석을 요구할 것이다.

정권을 한나라당에 빼앗긴 대통합민주신당이나 군소 정당들 그리고 이회 창 전 한나라당 총재가 새롭게 창당할 보수신당 등은 입법부와 행정부가 균형과 견제를 이룰 수 있도록 야당에게 충분한 의석을 달라고 호소할 것 이다. 총선에서 안정과 견제 중 어느 것을 선택할지는 전적으로 국민의 몫 이 될 것이다. 국민의 현명한 선택을 기대한다. 역대 선거에서 국민은 황금 분할 구도를 만드는 결과를 보여준 것이 한두 번이 아니다. 이번 대선에서 도 1, 2위 표차가 많이 났지만 이명박 당선자에게 과반의 지지를 보내지 않 은 것이나, 이회창 후보에게 15%를 가까스로 넘는 표를 준 것 등 절묘한 결과를 가져왔다. 4월 총선에서 국민이 여야 간 의석을 어떻게 분포시킬 것인지 벌써부터 주목하게 된다.

정치의 해를 맞이하여 많은 변화와 격동이 예상된다. 정권교체기에 전환기적 갈등이 발생하는 것은 자연적인 현상이다. 10년 만에 진보정권이 교체되어 정책노선이 좌에서 우로 혹은 실용주의로 바뀌고, 기득권을 누렸던 집권세력이 대폭 교체된다. 정치의 주도세력이 새롭게 바뀌는 것이다. 권력이동기에는 기득권을 상실한 쪽과 새로운 집권세력 간에는 힘겨루기가 늘 있게 마련이다. 한편에서는 오랫동안 누렸던 정치적 기득권을 내놓지 않으려고 발버둥 칠 것이고, 다른 한편에서는 정치권력을 독식하려는 것이 일반적인 현상이다. 새롭게 등장한 집권세력은 자신들의 권력을 확장·집중·지속시키려고 할 것이고, 기득권을 상실한 야당은 집권세력의 권력을 제한·분산·변경시키려고 할 것이다.

정권교체기에 정치적 주도세력이 바뀌면서 정치권은 진통을 겪게 될 것이다. 왜냐하면 우리나라는 여야 간 평화적 정권교체 경험이 미천하기 때문이다. 60여 년의 헌정사에 여야 간 평화적 정권교체는 이제 겨우 두 번째 이루어졌다. 미국의 정치학자 헌팅턴은 정권교체가 제도화되고 정치가 발전하려면 여야 간 평화적 정권교체가 수차례 누적되어야 한다고 설파한 적이 있다. 여야 간 정권교체가 수차례 반복되면 정치가 제도화되어 정치적 불안과 위기가 사라지고 권력이동 과정이 제자리를 찾게 된다고 했다. 우리나라는 아직도 정치권력 변동의 제도화 수준이 낮은 편이다. 그래서 권력이동기에는 어느 정도의 혼란과 갈등이 예상되는 것이다.

권력이동기에 가장 우려되는 것은 전환기적 갈등 때문에 국민에 대한 관심이 뒷전으로 밀려나지 않을까 하는 것이다. 국민은 아랑곳 하지 않고 정치인들끼리 세력 싸움에 혈안이 된다면 국민의 정치적 기대와 희망은 물거품이 될 것이다. 정치권은 대선에 이어 총선에서 국민이 어떤 선택을 하던 그 결과를 겸허한 자세로 받아들이고 국민의 뜻을 존중하는 성숙한 모습을 보여야 할 것이다.

새해에는 모처럼 만에 새 정부와 새 국회가 동시에 출범한다. 정치세력

교체기에 필연적으로 나타나는 전환기적 갈등보다는 국민에게 새로운 희망과 꿈을 안겨주는 새해가 되길 간절하게 소망한다. 그러기 위해서는 정치권은 정파적 이익을 초월하여 '국민우선' 정치를 해야 할 것이다. 처지가 뒤바뀐 여야 모두 이 시대 이 나라 국민들이 진정으로 정치에 바라는 것이 무엇인가를 통찰하고 누가 국민을 더 우선적으로 생각하고 있는지 경쟁하기 바란다.

국민우선 정치에서 강조해야 할 것은 무엇보다 국민이 원하는 가치를 추구하는 것이다. 경영학에서 고객의 만족도를 넘어 고객가치경영을 강조하기도 한다. 정치에서는 국민이 주인인 동시에 고객이다. 새 정부와 새 국회는 국민이 지니고 있거나 또는 원하고 있는 가치가 무엇인지 찾아내고 그 가치를 추구하는 정치를 해야 할 일이다. 정파적 가치와 국민이 추구하는 가치가 다를 수 있다. 국민의 가치를 외면하고 정파적 가치를 존중하다보면 국민의 지지를 잃게 된다.

새해를 맞이하여 여야는 물론 새 정부와 새 국회 모두 국민 편에 서서 국민이 추구하는 가치를 창조하도록 노력할 것을 당부한다. 권력이동기에 정파 간 세력다툼을 지양하고 장기적인 안목에서 국민이 원하는 가치를 추구하는 국민우선 정치를 펼쳐주길 바란다.

(2008. 1. 2. 기호일보)

02

역시 대통령이 문제다

성공한 대통령의 덕목

12월 대선이 불과 40여 일 앞으로 다가왔다. 우리나라는 정말 대통령 복이 없다는 자조보다는 성공할 가능성이 높은 후보를 대통령으로 뽑는 지혜가 요구되는 때가 온 것이다. 「CEO 대통령의 7가지 리더십 (Eyewitness to Power)」이란 책은 성공한 대통령의 덕목으로 개인적 일관성, 소명의식, 설득력, 다른 정치인과 협력하는 능력, 취임초기의 순발력, 숙달된 참모진, 대중을 움직일 있는 능력 등 7가지를 제시하고 있다. 7가지 자질을 갖추지 못하면 실패한 대통령이 된다고 한다. 7가지 이외에 '공적세계와 사적세계를 구분할 줄 아는 능력'을 하나 더 추가하고 싶다.

성공한 대통령을 갖는 것은 국가를 위해서 정말 바람직한 일이다. 그러나 어느 나라든 대통령의 실패는 대통령 개인의 문제가 아니라 나라 전체에 미치는 파급효과가 엄청나기 때문에 불행한 일이다. 대통령에 당선되면 누구나 역사에 길이 남는 성공한 대통령이 되고 싶을 것이다. 그러나 안타깝게도 김대중 대통령은 임기가 아직 몇 달 남았지만 성공한 대통령이라고 평가하기에는 선뜻 마음이 내키지 않는다.

지금으로부터 5년 전 김 대통령이 당선되었을 때 민주화의 화신, IMF위기를 극복할 수 있는 경제대통령, 7전8기의 불굴의 정치인, 인동초, 준비된 대통령, 신지식인의 전형 등등 온갖 찬사와 더불어 한국의 민주화와 시장경제 발전에 밝은 희망과 꿈을 약속할 것으로 기대를 모았다. 하지만 임기 말이 되면서 돌이킬 수 없는 추락의 길로 접어들었다.

김대중 대통령의 실패는 무엇보다도 공적 세계와 사적 세계를 명확하게 구분 짓지 못한 데 있다고 볼 수 있다. 대통령은 사적세계인 집안 살림살이를 책임진 사람이 아니라 공적세계인 나랏일을 맡은 한나라 최고경영자 (CEO)라는 신분이다. 그런데 대통령이 사적 영역인 가사(家事)와 공적 영역인 국사(國事)를 혼동한다면 문제가 아닐 수 없다. 정치권력을 자기 자신, 집안, 가신, 측근이나 고향 사람을 위해서 활용하는 것은 공적세계를 사적 세계와 혼동하는 것이며, 권력을 사용화(私用化)하는 것을 의미한다. 대통령이 된 것을 개인의 출세, 영달, 명예, 한 풀이 등으로 생각하거나 가족, 가신, 동향사람 등을 챙겨야 하는 것으로 생각하는 것은 사적 영역을 강조하는 전형적인 모습이다. 공적 세계인 국가나 민족의 집합적 이익보다 사적 이익을 앞세운 대통령은 성공한 대통령이라고 평가할 수 없다.

김 대통령이 공적세계와 사적세계를 구분 짓지 못한 예는 수없이 많다. 취임하고 얼마 안 되어 자신과 관련된 옛날 의혹사건의 정리에 착수하였다. 예를 들면 광주항쟁과 관련된 자신의 역할, 일본 납치사건의 진실, 북풍의 실체 등등 자신에게 불리하게 기록되었던 과거사를 말끔히 정리했다. 독재정권에 맞서 목숨을 걸고 민주화 투쟁을 하면서 억울하게 씌워졌던 누명을 벗는 모습을 보였다.

남북분단사에 길이 남을 역사적인 남북정상회담을 성사시키기 위해서 현대상선에서 4억 불을 제공했다는 의혹이 제기되었다. 북한의 핵개발 정보를 수년 전부터 알고 있으면서 햇볕정책 때문에 발표하지 못했다는 보도도 있었다. 김 대통령이 노벨 평화상 수상도 믿고 싶지 않는 조직적인 로비가 있었다는 의혹이 제기되었다. 현직 대통령의 두 아들이 비리에 연루되어 감옥살이를 하고 있으며 한 아들은 지난주 3년 6개월 형을 선고받았다. 퇴임 후 기거할 동교동 사저를 호화롭게 건축한다는 의혹도 제기되었다. 공직에 가신이나 특정지역 출신인사를 지나치게 많이 발탁하여 오히려 지역감정을 심화시키는 요인이 되었다고 비난을 받기도 했다.

사적세계와 연관된 듯한 몇 가지 사례만으로 김 대통령을 공적세계를 구분 짓지 못한 CEO라고 평가하는 것은 무리가 될 수 있다. 하지만 김대중 대통령이 임기 중 최고의 업적이라고 내세운 정책들의 순수성에 의혹이 끊이질 않고 있다. 대통령 개인의 업적이 국가의 성취로 연결된다면 정말 바람직한 일이 아닐 수 없지만 대통령이 국가의 최고 정치권력을 자기주변 정리나 개인치적 쌓기에 활용한다면 불행한 일이 아닐 수 없다.

12월 대선에 출사표를 던진 후보는 13명이나 된다. 성공한 대통령의 7가지 덕목 이외에 '공적세계와 사적세계를 구분할 줄 아는 능력'을 갖춘 후보를 대통령으로 선출해야 할 것이다. 더 이상 실패할 가능성이 높은 대통령을 뽑을 수는 없지 않는가?

(2002. 11. 8. 충청일보)

5년 후 공약이행 얼마나

경실련은 지난 11일 김대중 전 대통령의 대선 공약 이행 정도에 대한 조사 결과를 발표하였다. 재임 5년 동안 대선 공약 가운데 18.2%만을 이행하였거나 적극적으로 추진하였고, 24.4%는 아예 착수조차 하지 않았다는 것이다. 준비된 대통령의 공약이행 수준이 이 정도라니 그렇지 않을 경우 어떤 결과가 나타날지 궁금하지 않을 수 없다.

대선 공약이행률 18.2%는 너무 낮다. 대선 공약(公約)은 그야말로 공약(空約)이 된 것이나 다름없다. 이는 대선 때 국민에게 지키지 못할 거짓 약속을 남발했다고 평가할 수밖에 없을 것이다. 이렇게 낮은 공약 이행률이라면 유권자에게 정책지향의 투표행태를 주문하기 곤란할 것이다.

유권자들의 투표행태는 일반적으로 정당지향형, 정책지향형, 인물지향형, 개인연고지향형 등 네 가지로 구분한다. 투표행태의 조사에서 어느 유형이 가장 많다고 일반화하기는 어렵지만 선거운동이 정책대결 양상으로 전개되는 것을 바람직한 것으로 보고 있다. 유권자들은 후보들이 내세운 정책관련 선거공약을 비교·평가하여 자신의 선호와 가장 근접한 후보나 정당을 선택하는 것이 올바른 투표행태라고 인식하고 있다. 공약이행 수준이 20%도 안 된다면 정책대결 선거의 의미가 없어 질 것이다.

노무현 대통령의 5년 후 공약이행률 평가는 어떻게 나올까? 노 대통령은 대선 과정은 물론 대통령직 인수위 활동에서 많은 공약을 제시하였다. 공약이 많으면 많을수록 국민의 기대는 그만큼 커지게 마련이다. 더구나 노 대통령은 낡은 정치 청산과 새로운 한국 건설을 내걸고 엄청난 개혁정책을 공약하였으며, 국민이 갈망하고 시대가 요청하는 공약의 제시와 홍보전략으로 불가능해 보이던 대권고지를 탈환하였다. 대선 후 항간에 이회창 후보는 대통령 당선 후를 예상하여 실천 가능한 선거공약만을 선별하여 제시하였으나 노 대통령은 당선되기 위해서 표를 의식한 공약을 제시했다는 말이 떠돌았다. 당선될 것을 확신하고 이행 가능성이 높은 공약을 발표한 것과 당선을 목표로 표를 의식해서 인기위주의 많은 공약을 발표한 것과는 공약 이행률에서 차이가 날 수 있을 것이다.

후보 때는 누구나 표로 연결될 가능성이 있으면 무슨 공약이든 발표할 수 있을 것이다. 국민이 원하는 공약을 많이 제시하고 모두 실천할 수만 있다면 얼마나 좋겠는가. 하지만 우리는 정반대로 공약은 많고 이행률이 저조한 현상을 너무 많이 경험하였다. 당선이 급해서 남발한 공약을 이행하지 못한 채 임기를 마쳐 결과적으로 국민을 속이고 국민의 불신을 받는 정권이나 정치인을 많이 목격하였다.

노 대통령은 한 달 동안 국정의 최고 경영자인 대통령직을 수행하면서 무엇을 느끼고 있을까? 후보시절 대통령만 되면 무엇이든지 하고 싶은 대로 할 수 있을 것이라는 자신감과 기대감이 아직도 살아 있을까? 아니면 국정운영이 그렇게 단순하고 쉽지 않다는 현실인식을 하고 있을까? 국민은 출범한 지 한 달밖에 되지 않은 새 정부가 지나친 현실인식 때문에 한계를 느끼는 것을 바라지 않는다. 그렇다고 아직도 무엇이든지 다 할 수 있다고 과신하거나 후보시절과 같이 말을 아끼지 않고 국민에게 많은 것을 공약하는 것도 바라지 않는다.

당선 후 두 달 동안의 인수위 활동과 취임한 지 한 달이 되었고 새 정부가 예상보다 빨리 정착되고 있다는 비서실장의 자평대로라면 이제 국정에 대한 큰 윤곽은 파악되었을 것으로 기대한다. 이제는 숱한 공약 중에서 이행할 수 있는 것과 아예 손을 댈 수 없는 것을 구분하여 진솔하게 국민적 이해를 구하는 모습을 보여야 할 때가 아닌가? 5년 후 국민과의 약속을 지킨 정직한 대통령이었다는 평가를 받기 위해서다. 국민을 속였다는 평가를 받는 것은 정말 가슴 아픈 일이 아닐까?

(2003. 3. 24. 대한매일)

노 대통령 변신, 엇갈린 평가

노무현 정부가 출범한 지 100일이 다가오고 있다. 지금쯤 노 대통령을 지지했거나 반대했던 유권자들은 나의 선택은 역시 탁월했으며 정말 후회 없는 선택이었다고 만족해할까, 아니면 그 반대 현상일까 궁금해진다. 임기 5년의 대통령을 취임한지 100일도 안 되어 선택결과를 평가하는 것은 시기상조일 수 있다.

하지만 노 대통령을 재야 시절, 후보 시절, 당선자 시절, 대통령 시절로 나누어 비교해 보면 너무 많은 변신을 했다는 데 지지자나 반대자나 누구나 공감할 것이다. 대통령 취임 후 국정현안에 대하여 종래의 입장을 바꾼 것이 한두 번이 아니기 때문이다.

한총련 합법화 문제를 검토하라고 지시했다가 5·18 시위주동자의 엄단으로 바뀌었다. 전교조의 반미교육은 곤란하다고 하지만 문제 삼지 말라고 지시했다가 교육정보행정시스템(NEIS) 문제가 불거지자 전교조의 집단행동에 대한 엄정 대처로 바뀌었다. 오랫동안 유지해 온 친노적(親勞的) 입장에서 노조의 명분과 권익에 대한 상호주의로 바뀌었다.

가장 대표적으로 바뀐 것은 뭐니 뭐니 해도 한·미정상회담 과정에 나타난 대북 정책과 대미 인식일 것이다. 종래 북한에 대하여 상당히 우호적인 태도를 보여 보수층 일부의 오해를 샀던 것은 사실인데 '북의 요구대로 따라 갈 수만 없다'는 식으로 바뀌었다. 또한 반미주의자 같아 보이던 모습에서 파격적인 친미성향을 보여 반민족적 행위라는 극단적인 비난을 받을 정도로 바뀌었다.

노 대통령이 납득할 만한 설명 없이 입장이 자주 달라지니 어리둥절할 수밖에 없다. 대통령의 갑작스런 변신에 대하여 어떻게 평가해야 할 것인가? 대통령의 변신으로 선거 때 지지했던 일부는 지지 철회로, 반대자 일부는 지지자가 되는 결과를 가져왔다. 하지만 대통령의 변신에 대한 엇갈린 평가가 팽팽하게 맞서 있다.

하나는 노 대통령의 변신에 대하여 실용주의 노선을 택한 현실적 상황론으로 긍정적으로 이해하는 입장이다. 재야나 후보시절과 달리 실제로 한 나라의 국정을 책임진 국가 최고 정치지도자로서 현실문제에 대한 올바른 인식의 결과라고 보는 것이다. 다른 말로 대통령직에 대하여 잘 모르다가 이제 뭔가 알기 시작한 학습효과 때문이라고 볼 수 있으며 프로가 되어가는 과도기적 현상이란 해석이다.

정반대의 입장은 대통령의 변신에 대하여 국정철학과 원칙부재라고 비판적으로 접근하는 것이다. 잦은 말 바꾸기 때문에 참여정부의 정체성이 무엇인지, 상황에 따라서 정책이 오락가락 춤을 추는 것은 기회주의적 대응이 아닌지, 또 언제 입장이 바뀔지 모르기 때문에 불안하고 미래에 대한 예측이 불가능하다는 것 등이다. 국정철학과 원칙 없는 즉흥적 발언 때문에 국가의 최고 정치지도자에 대한 신뢰가 떨어지게 된다는 시각이다.

노 대통령의 변신에 대한 평가는 시각에 따라서 양론이 있을 수 있다. 하지만 무엇보다 지지자나 반대자 모두를 어리둥절하게 만든 입장 변화에 대한 보다 납득할 만한 해명이 있어야 할 것이다. 대통령의 본심과 국정철학이 무엇인지 헷갈리는 국민을 올바르게 인식시켜야 하기 때문이다. 대미관이 변한 이유를 설명하기 위해서 중국 한나라 한신(韓信) 장군이 동네 부랑아들에게 고개 숙이고 가랑이를 지나갔다는 예를 들기보다는 종래의 시각을 바꿀 수밖에 없었던 논리적 설명이 필요하다.

그리고 대통령의 변신에 대한 논란의 본질은 국정운영 전반에 대한 준비가 부족한 상황에서 대통령이 사사건건 개인적 입장을 너무 솔직하게 표명하는 데서 찾을 수 있을 것이다. 따라서 우선적으로 대통령 주도의 청와대 정치를 내각 주도로 바꾸어야 한다. 그리고 대통령의 말 한마디나 표정에 따라서 정치, 경제, 사회의 정책방향은 물론 국가운명에 영향을 미칠 수 있다는 사실을 유념하여 국정 현안에 대한 입장을 표명할 때는 권위와 품위를 지닐 수 있도록 신중해야 할 것이다.

(2003. 5. 27. 인천일보)

주사위는 던져졌다

지난 2월, 3김 시대가 막을 내리고 변화와 개혁의 기치를 내건 젊은 대통령이 이끄는 참여정부가 출범하였다. 노 대통령의 지지자든 반대자든 대통령의 실패는 국민의 불행이란 시각에서 성공한 대통령이 되기를 기대했고 또한 성원했다.

하지만 참여정부가 출범한 지 8개월도 채 안 되어 대통령이 국민의 재신임을 받겠다는 최악의 상황으로 발전하였다. 정말 충격적이고 혼란스럽다. 국민은 넋을 잃고 아연실색하지 않을 수 없다. 한국정치가 어쩌다 꼼짝달싹 오갈 수 없는 사면초가 지경에 이르렀는지 탄식과 한숨이 절로 나올 뿐이다.

대통령의 재신임 선언에 대하여 즉흥적 선택, 경박한 행동, 위기 탈출의 승부수, 정치생명을 건 벼랑 끝 전술, 무책임하다는 등등 다양한 평가가 나오고 있다. 하지만 재신임 선언배경에 대한 대통령의 참뜻이 무엇이든 대통령이 대한민국을 동네 구멍가게처럼 취급하고 국민을 정치도박의 볼모로 삼고 있다는 의구심을 떨칠 수 없다. 대한민국은 대통령의 나라도 아니고 대한민국 국민은 대통령만을 위해서 존재하는 것이 정녕코 아닐진대 대한민국과 국민을 너무 가볍게 취급하는 것 같아 심히 불쾌하다.

대통령의 재신임 선언으로 걱정거리가 한두 가지가 아니다. 첫째, 경제의 불확실성 증대가 우려된다. 경제가 IMF 때보다 더 어렵다고 하면서 감원과 명퇴바람이 불고 구조조정이 추진되는 상황이다. 직장인의 체감정년이 36.5세라는 설문조사 결과도 나왔다. 청년실업률이 7.5%에 이른다고 하니 예사일이 아니다. 이런 와중에 법과 원칙이 무너지고 떼쓰기를 통하여 자신들의 이익을 챙기려는 집단행동은 하루도 끊이질 않고 있다. 생활고로 온 가족이 동반 자살하는 경우도 비일비재하다. 한국의 교육특구인 강남의 집값은 천정부지로 치솟아 타 지역 거주자들의 상대적 박탈감은 이만저만이 아니다.

이민 상품이 불티가 나고 기회가 있으면 이민을 가겠다는 잠재적 이민자와 원정출산이 줄을 잇는다. 이런 현상들이 악화되면 곤란하다.

둘째, 국정혼란과 공백으로 자칫 정치 불안과 위기 그리고 무정부상태가 우려된다. 그동안 대통령의 정제되지 않은 정치언어 사용으로 정치의 격과 품위가 떨어진 가운데 또 말실수를 한 것은 아닐까? 집권여당이 둘로 쪼개진 가운데 정치권이 대통령 재신임과 불신임으로 양분되어 국론분열을 부추기는 것은 아닐까? 정권초기 대통령의 무당적으로 초래된 정당정치와 책임정치는 아예 실종되는 것이 아닐까? 재신임 방법을 둘러싼 여야 간 당리당략과 소모적 논쟁은 정치 불안과 위기의 요인으로 작용하지 않을까? 국무위원과 청와대 보좌진의 일괄사표 제출과 반려사태가 보여준 바와 같이 공직사회가 동요하지는 않을까? 재신임 결과에 따라서 한국 정치의 행로가 어찌 될 것인가? 우려되는 대목이 한두 가지가 아니다.

마지막으로 대통령 최측근 비리문제가 대통령 재신임의 빌미를 제공한 상황에서 검찰의 수사가 제대로 이루어질지 우려된다. 현대 비자금, 나라종금, SK 비자금, 청주나이트클럽 향응, 썬앤문 사건 등등 검은 돈 수백억 원이 정치권에 흘러들어 갔다는 의혹으로 국민은 솔직히 살맛을 잃었다. 재신임 선언으로 구린내가 진동하는 정치판, 특히 대통령 측근에 대한 수사에 영향을 미칠지 걱정스럽다.

불행한 일이지만 이미 주사위는 던져졌다. 이제는 국민의 직접 선택에 맡기는 길 이외에 다른 방법이 없다. 노 대통령이 시정연설에서 제시한 12월 15일 전후 국민투표 방식에 대한 여야 간 협의가 이루어져야 할 것이다. 대통령이 재신임을 받아 재충전과 심기일전의 기회로 삼든, 불신임을 받아 정치판을 새로 짜든 여야가 결과를 수용할 수 있도록 사전 협의가 필요하다.

(2003. 10. 14. 인천일보)

심하게 구겨진 대통령의 리더십

대 통령 측근 비리 의혹 규명을 위한 특검법이 국회 재의에서 압도적으로 통과되었다. 국회 재적의원 2/3가 넘는 184명의 절대다수가 찬성한 법률안을 대통령이 거부하자 국회가 209표라는 엄청난 찬성표로 재의결한 것이다. 대통령이 거부권을 행사한 법안이 국회에서 재의되어 통과된 것은 40여 년 만에 처음이라고 한다. 대통령 탄핵안이었다면 정말 끔직한 일이 일어날 뻔했다. 여하튼 노 대통령의 거부권이 무시되어 입법부와 행정부 간의 균형과 견제도 깨졌다. 노 대통령은 권위도 잃었고 리더십도 심하게 구겨졌다. 측근 비리의 불똥이 노 대통령에게 튀지 말란 보장도 없다. 노 대통령은 이래저래 가장 큰 피해자가 될 수밖에 없는 상황이 된 것이다.

왜 이 지경에 이르렀을까? 한마디로 자업자득이다. 국회와 야당이 강하기 때문이 아니다. 대통령에 취임하자마자 측근들이 줄줄이 비리에 연루되었다는 의혹이 제기되고 집권당이던 민주당이 둘로 쪼개졌기 때문이다. 사태를 꼼짝달싹하지 못하게 만든 것은 노 대통령이 거부권을 행사하면서 상황을 잘못 판단했기 때문이다. 국회가 압도적으로 재통과시킬 것이 뻔하다고 판단했으면 재의를 절대로 요청하지 않았을 것이다. 거부권 행사 후 불과 10여 일 만에 재통과되었으니 그 시간을 벌자고 대통령의 리더십 스타일을 구기는 결단을 내리지는 않았을 것이다.

대통령은 무엇보다 유동적인 국민여론을 오판했다. 측근 비리로 눈앞이 캄캄해서 국민투표로 재신임을 묻겠다고 발표했을 때 대통령의 국정수행 능력에 대한 지지도는 낮았지만 재신임 여론은 높았다. 이를 과신한 것이다. 하지만 대통령의 특검법 거부에 대한 국민여론은 부정적으로 나타났다. 국민은 노 대통령 측근들이 정말 깨끗하다면 특검법을 거부하지 않았을 것이라고 인식하였다. 특별검사를 통하여 대통령과 측근들이 깨끗한 것이 확인되면 진짜 당당하고 떳떳한 대통령이 될 수 있는 호기를 스스로 포기하지 않았을 것이라고 믿었다.

국민은 검찰이 임명권자인 대통령과 직간접으로 관련 가능성이 높은 의혹 사건에 대한 수사는 한계가 있을 것이라고 믿고 있었다. 대통령이 공개적으로 각별한 애정을 표시하는 동업자요, 동지요, 집사라는 최측근들이 연루된 비리의혹 사건을 검찰이 한 점의 의혹 없이 밝힐 수 있을 것이라고 믿는 국민은 많지 않았다. 이를 확인한 것은 노 대통령 퇴임 후 생활을 보장해주겠다고 떠들고, 대통령 부부와 주말에 골프를 치고, 아들을 대통령 부부에게 소개하면서 대통령과 막말하는 최측근 인사를 엉뚱한 조세포탈 혐의로 구속시킨 데 있다.

노 대통령은 또한 야3당의 공조 가능성을 오판했다. 대통령이 거부권을 행사할 당시 여야 총무 간에 합의되어 국회통과가 무난해 보이던 수도권 법안이 부결되고 한나라당 내 수도권 의원과 충청권 의원 간의 갈등이 증폭되는 상황이었다. 민주당도 대표 경선으로 당내가 어수선한 상황이었다. 야3당이 당론으로 재통과를 합의하기 어려울 것이라고 안이하게 판단한 것이다. 그러나 한나라당 의원들은 의원직 사퇴서를 제출했고 최병렬 대표는 노 대통령의 표현대로 국회를 불법 파업시킨 채 단식투쟁을 통하여 당내결속을 다졌다. 민주당도 미스터 바른말이라고 불리는 조순형 대표체제가 출범한 후 국민지지도가 상승하여 한껏 고무된 상황에서 특검 재통과를 당론으로 쉽게 정할 수 있었다.

문제의 본질은 대통령 측근의 비리 의혹과 민주당의 분당에 있지만 거부권 행사 당시 대통령의 오판도 한몫했다. 이제는 대통령의 거부권 행사도 불가능하다. 특별검사에 의한 대통령 측근비리에 대한 실체적 진실 규명만이 기다리고 있을 뿐이다. 특별검사가 대통령 측근에 대한 비리 의혹을 철저하게 파헤쳐 주길 바란다. 하지만 수사과정에 행여 비리 의혹이 대통령에게까지 번져 대통령의 리더십이 더 이상 구겨지는 상황이 오지 않았으면 한다. 특검수사 결과, 만의 하나 대통령 탄핵문제가 입에 오르내린다면 모두가 불행한 일이 될 것이기 때문이다.

(2003. 12. 8. 충청일보)

와서는 안 될 것이 왔다

노무현 대통령의 탄핵소추안 가결 소식을 접하고 가장 먼저 생각나는 말이 불행한 일이지만 '올 것이 왔다'는 것이었다. 하지만 '와서는 안 될 것'이 온 것이다.

대통령을 탄핵하는 초유의 정치실험을 하는 한국정치가 어찌하다 이 지경이 되었을까 개탄하면서 왜 올 것이 왔다는 생각을 하게 되었을까? 한마디로 노 대통령의 자업자득이기 때문이다. 대통령의 탄핵안 가결은 대통령 스스로 자초한 측면이 강하다. 무엇보다 지난 1년 동안 노 대통령의 국정수행 능력에 대하여 60% 이상의 국민이 불만을 갖게 된 것이 문제의 본질이라고 볼 수 있다. 거기에다 탄핵안을 저지할 수 있는 충분한 의석을 가진 민주당을 분열시키고 열린우리당을 창당하여 집권당을 제3당으로 전락시킨 가운데 중간평가를 받겠다, 대통령 못해먹겠다, 불법대선자금이 야당의 1/10이 넘으면 정치를 그만두겠다는 등등 못 말리는 대통령의 경솔한 발언이 화근이 된 것이다. 엎친 데 겹친 격으로 노 대통령의 총선개입 발언과 지난 11일 기자 회견이 탄핵을 재촉했다고 볼 수 있다.

지난 11일 기자회견 내용은 대통령이 탄핵 당하길 은근히 바라는 것이 아닌가 착각했을 정도였다. 탄핵발의의 본질을 자신이 갑자기 대통령에 당선된 원죄에서 찾지를 않나, 힘도 없고 별 볼일 없는 대통령직에 연연하지 않겠다는 등등의 발언은 마치 탄핵을 바라는 것이 아닌가 의구심을 갖기에 충분하였다.

탄핵안 가결 이후 친노(親盧)세력의 결집을 노리고 그것을 방치한 것이 아니냐는 일부 분석이 있다. 탄핵안 가결 이후 나타나고 있는 탄핵철회를 요구하는 전국적인 시위를 보면 결과적으로 이 분석이 맞는 것이 아닌가 하는 평가도 나온다. 사실이 아니길 바란다. 노 대통령이 설사 친노세력을 결집하여 탄핵반대 여론을 형성하고 총선에서 승리하더라도 국회의 탄핵을 받은 최초의 대통령이란 상처는 씻을 수 없을 것이기 때문에 대통령 탄핵은 와서는 안 될 것이 온 것이다. 정치적 사형선고를 받은 대통령이 헌법재판소의 기각결정을 받더라도 잃었던 권위를 어떻게 회복할 것이며, 남은 임기 동안 나라를 제대로 이끌 수 있을지 걱정이 이만 저만이 아니다. 대통령 직무가 회복되더라도 지난 1년과 다른 대통령이 될 것이란 보장이 없다. 차라리 퇴진하는 것과 무엇이 다르겠는가?

와서는 안 될 것이 왔으니 어찌해야 할 것인가? 무엇보다 국정혼란이 야기되어서는 안 된다. 권력공백을 메우고 국정을 안정시키기 위해서는 대통령 권한대행인 고건 총리가 위기관리 리더십을 발휘해야 한다. 고건 총리는 행정의 달인으로서 풍부한 국정경험을 가진 합리적 인물이란 평가를 받아왔다. 대권후보의 한사람으로 항상 거론되었기 때문에 대통령 권한대행직을 잘 수행할 것으로 기대한다. 또한 탄핵안 가결을 주도했던 야3당이 적극적인 협력을 약속했기 때문에 권력공백 현상은 극소화될 것으로 보인다.

하지만 고건 총리는 탄핵안 가결 이후 친노와 반노세력으로 국론이 분열되어 전국적으로 벌어지고 있는 시위가 불법화·폭력화되지 않도록 설득해야 하는 난제에 직면해 있다. 자발적이고 평화적인 시위라면 몰라도 배후에서 불법을 부추기는 세력이 있다면 엄단해야 한다. 친노든 반노든 모두 흥분을 가라앉히고 차분하게 헌법재판소의 최종 결정을 지켜보면서 그 결과에 승복할 수 있는 분위기를 만드는 것이 고건 총리가 당면한 가장 시급한 현안으로 등장하였다.

탄핵안의 최종 심판은 헌법재판소로 넘어갔지만 탄핵정국을 푸는 열쇠는 결국 국민 손에 달려있다. 4·15총선에서 국민이 어떤 선택을 하느냐가 관건이다. 숱한 정치적 고비를 맞이할 때마다 절묘한 선택을 해 왔던 정치학습의 진가를 발휘할 때다. 위대한 국민의 현명한 선택을 기대한다.

(2004. 3. 15. 충청일보)

탄핵 기각 이후 대통령

헌법재판소는 노무현 대통령에 대한 탄핵심판 청구를 기각했다. 고심한 흔적이 엿보이는 절묘한 판결이라고 평가할 수 있다. 왜냐하면 야당의 입장을 제외한 모든 요인을 골고루 고려한 판결이었기 때문이다. 탄핵기각 결정으로 대통령의 직무복귀와 국정공백을 해소하였으며 다수 국민의 여론을 반영하였다. 각하결정을 내리지 않음으로서 국회의 탄핵의결 절차에 하자가 없음을 인정하여 입법부의 입장을 살렸다. 공직자로서 대통령의 선거중립과 헌법수호 의무 그리고 법치국가 이념을 위반했다는 사실을 인정하여 중앙선관위의 입장을 살리면서 대통령이 법치와 준법의 상징임을 일깨워 주었다.

아쉬운 것은 소수의견을 제출한 재판관이 누구고 몇 명인지 그 내용은 무엇인지를 공개하지 않은 점이다. 벌써 6:3이니 5:3:1이니 하는 소문만 무성하다. 헌정사상 초유의 탄핵심판이기 때문에 역사 앞에 당당하고 의연하게 소수 의견을 공개하여 국민, 대통령, 정치권 모두가 교훈으로 삼는 계기를 마련했어야 했다.

하지만 와서는 안 될 것이 왔던 헌정사상 최초의 대통령 탄핵정국은 이제 종지부를 찍어야 한다. 헌법재판소의 기각 결정에 대하여 찬반의견이 있을 수 있지만 외신 보도와 같이 '한 편의 드라마' 같았던 탄핵사태는 이제 막을 내려야 한다. 여야가 정치적으로 첨예하게 충돌하여 빚은 대통령의 탄핵사태에 대하여 사법부의 최종적인 심판을 겸허하게 수용하면서 법치주의 확립과 민주발전의 계기로 삼아야 할 것이다.

이제부터는 탄핵 기각 이후 한국정치가 제대로 굴러 갈 것인가에 관심을 가져야 할 것이다. 소모적이고 비생산적인 정쟁과 사생결단의 권력투쟁형 정치를 지양하고 국민과 국가를 위한 화합과 상생의 정치 그리고 민생정치에 몰두해야 할 것이다. 노 대통령이 15일 헌정사상 초유의 탄핵국면이 초래된 데 대해 국민에게 사과하고 앞으로 국정의 안정적 관리 및 화합과 상생의 정치에 주력하겠다고 강조한 것은 다행스런 일이다.

탄핵 기각 이후 한국정치의 진로는 탄핵심판의 당사자였던 노 대통령이 지난 1년과 어떻게 다른 모습을 보이느냐에 달려 있다. 직무가 정지되었던 지난 두 달 동안 마음고생이 심한 가운데 국정운영에 대한 많은 구상과 준비를 했을 것이다. 하지만 임기 내내 다음 두 가지를 결코 잊어서 안 될 것이다.

첫째, 탄핵사태의 배경이다. 야3당이 탄핵안 가결을 강행한 근본원인을 누가 제공했는지 하는 점이다. 취임 후 1년도 안되어 10%대까지 곤두박질친 대통령의 국정수행 능력에 대한 불신, 17대 총선의 올인 전략, 헌법과 법률경시, 네편 내편 가르기, 경솔한 언행, 오기정치, 포퓰리즘 등등이 화근이 되지 않았나 반성하는 자세를 보여야 할 것이다.

둘째, 대통령을 살린 국민의 뜻이다. 국민은 노 대통령의 국정수행 능력에 대하여 불신이 컸다. 하지만 탄핵안이 가결되자 국민이 선택한 대통령의 임기를 보장해 주면서 잘 할 수 있는 기회를 한 번쯤 줘보자는 뜻에서 많은 국민이 탄핵을 반대했고 17대 총선에서 여당을 지지하여 대통령을 살렸다. 그 결과 노 대통령은 탄핵심판과 중간평가로부터 해방되었으며 17대 총선에서 승리했다. 총선 승리로 행정권과 입법권을 동시에 장악하여 국정의 안정적 운영에 필요한 막강한 힘을 얻게 되었다.

노 대통령의 국정 2기는 이제 시작된 셈이다. 노 대통령이 구상했던 개혁의 청사진을 마음껏 펼칠 수 있는 기회가 온 것이다. 하지만 중요한 것은 국민이 공감할 수 있는 민생과 민주발전을 위한 개혁을 추진해야 할 것이다. 그리고 국민이 대통령을 걱정하거나 탄핵 기각결정에 대하여 아쉬워하지 않도록 해 달라. 이 모든 것은 노 대통령이 지난 1년과 얼마나 다른 모습을 보이느냐에 달려있다.

(2004. 5. 17. 충청일보)

거듭되는 연정 제안 무책임하다

노무현 대통령은 5차례에 걸쳐 대연정을 제안했으며, 지난 18일 중앙언론사 정치부장단 간담회에서도 연정 불씨 살리기를 시도하였다. 여당의 모 의원은 한나라당 박근혜 대표가 총리 줘도 못 먹는다고 했다. 구혼 대상인 한나라당은 헌법 파괴적 발상이란 이유로 단호하게 거부하였으며, 원내대표는 거듭된 연정제의에 대하여 노대통령이 재야 시절 운영했다는 식당 이름과 같은 하로동선(夏爐冬扇)과 같다고 했다. 여름에 난로 피우고 겨울에 부채질 하는 것처럼 국민 정서와 동떨어졌다는 것이다. 한쪽에서 아무리 구혼을 해도 다른 쪽에서 거부하면 성혼은 어렵다. 그런 것을 누구보다 잘 알고 있을 노 대통령의 거듭된 연정 제안 배경이 궁금하다. 정권을 내놓더라도 선거제도를 고쳐 지역구도를 해소하고 싶다는 노 대통령의 진정성을 아무리 이해하려고 해도 무책임한 발상이라고 하지 않을 수 없다.

김대중 – 김종필 공동정부에서 경험했듯이 대통령 중심제하에서는 대권 분할이 현실적으로 어렵고, 정책이념이 다른 정당 간 연정은 성공확률이 낮다. 하로동선과 같은 대통령의 거듭된 연정 제안은 국정운영의 한계를 인식하고 물러나겠다는 발언 이상으로 무책임하다고 볼 수 있다.

첫째, 대통령 중심제는 대통령의 임기를 보장하고 임기동안 국정을 전적으로 책임지고 운영하는 제도라는 사실을 너무 가볍게 보기 때문이다. 노대통령이 탄핵소추의 대상이 되었을 때 국정수행에 대한 지지도가 20%대로 떨어졌어도 국민은 임기 5년을 보장해야 한다는 소박한 생각에서 탄핵을 반대했던 것이다. 그런데 임기 초반에는 무책임하게 대통령 못해먹겠다고 하더니 임기 중반이 되니 선거제도 개혁을 조건으로 정권을 야당에게 내놓겠다고 한다. 보장된 임기 5년 동안 국정운영을 책임진 대통령으로서 너무 무책임한 제안이 아닐 수 없다.

둘째, 국민의 정부 선택권을 무시하는 제안이기 때문이다. 대통령은 선거를 통하여 국민으로부터 위임받은 정치권력을 자기 맘대로 야당에게 넘겨줄 수 없다. 국민은 열린우리당에게 행정권과 입법권을 동시에 위임하는 통합정부를 출범시켰으나 미래정치보다는 과거사 진상 규명 등 과거 지향적 모습에 실망하여 재·보선에서 여소야대인 분점정부를 선택하였다. 민주국가에서는 정치권력은 총구에서 나오는 것도 대통령이 국정운영의 방편으로 야당에게 넘겨줄 수 있는 것도 아니다. 국민의사를 묻지 않고 야당에게 정권을 넘기겠다고 하는 것은 무책임한 것이다.

셋째, 대통령과 정부여당에 대한 낮은 지지도와 국정실패에 대한 책임을 야당에게 전가시키려는 의구심이 들기 때문이다. 만약 대통령과 정부여당에 대한 국정수행 만족도가 높게 나타난다면 또한 재집권에 대한 자신감이 있다면 대연정을 제안했겠는가? 연정제안은 궁극적으로 이원집정부제나 내각제 개헌 성사를 위한 수순이나 야권 대선주자 관리용이라는 분석도 있지만 그 배경에는 국정운영 능력의 한계인식 때문이라고 볼 수 있다. 이는 결국 낮은 지지도와 국정실패에 대한 책임을 야당과 공유하려는 책임분산이란 의구심을 갖지 않을 수 없다.

넷째, 지역구도 타파를 위한 선거제도 개혁 이외의 모든 국정을 팽개치는 무책임성이 발견되기 때문이다. 정부여당에 대한 국민 불신이 큰 상황에서 마치 한국정치에는 선거제도 개혁만이 가장 절박한 의제인양 정권을 건다는 것은 정상적인 사고로는 이해할 수 없다. 지역구도 해소는 한국정치의 고질병의 하나로 꼭 치유되어야 한다. 하지만 민생정치와 거리가 먼 선거제도 개혁을 위하여 반대급부로 야당에게 정권을 넘기겠다는 것은 지역구도 해소 이외의 다른 절박한 국정현안을 무시하는 무책임성이 발견된다.

야당과 연정을 제안하는 순간 정부여당의 국정운영 능력 한계, 무기력증, 무책임성, 위기의식 등을 드러낸 셈이다. 레임 덕을 자초한 측면도 있다. 연정제안은 이쯤해서 접자. 성공 가능성도 낮고 또한 야당이 받아들일 것 같지 않기 때문이다.

(2005. 8. 23. 새충청일보)

편 가르는 정치

정치의 개념을 이해하는 데 두 개의 얼굴을 가진 야누스(Janus) 신에 비유하기도 한다. 정치는 갈등과 통합의 양면이 있다는 것이다. 예컨대 전쟁과 평화, 적과 동지, 억압과 자유, 지배와 피지배, 혼란과 질서, 악과 선, 불신과 신뢰 등 대립성이 있다는 것이다. 그런데 한국정치판에서 통합정치는 눈을 씻고 찾아봐도 오간 데 없고 오직 갈등정치만이 지배하는데 문제의 심각성이 있다. 주변 국가들은 국가경쟁력을 키우기 위해서 미래를 향해 줄달음질치고 있는데 유독 한국만이 네편 내편 가르기와 과거를 지향하고 있다. 정말 답답하고 안타까운 일이다. 이것이 대한민국의 한계인가. 이러다가 나라가 망하는 것은 아닌가 심히 걱정스럽다.

혼란스러운 국가의 정체성을 바로 세우고, 분열된 사회를 치유해야 할 책임은 국가의 최고 정치지도자인 대통령에게 있다. 또한 대통령은 국민 통합의 상징이다. 대통령은 여당만의 대통령도, 지지자들만의 대통령이 아닌 국민 모두의 대통령이다. 그런데 대통령이 국민 간 편 가르기를 멈추지 않고 있다. 여기에 여당 의장도 덩달아 가세하고 있다. 남북이 분단되고 이념적 지역적 경제적 세대 간 남남갈등이 극심한 상황에서 화합과 통합을 모색해야 할 대통령이 오히려 네편 내편 가르기 언행을 일삼고 있으니 큰일이다. 노 대통령은 국회의 탄핵안 가결로 직무가 정지되었던 기간을 제외하고 항상 편 가르기 중심에 있었다. 노 대통령의 이분법적 사고는 국민을 극단적으로 갈라놓고 있다. 국가를 어디로 끌고 가려고 국민을 둘로 갈라 세우는지 도무지 이해가 가질 않는다. 무엇을 위해서 그러는지 알 수가 없다.

노 대통령이 적과 동지로 편을 가르는 원인은 대통령의 사회화 과정이나 성격과도 관련이 있을 것이다. 하지만 근본적인 원인은 '정치는 게임'이라는 시각에서 접근하기 때문이다. 맞다. 정치는 일종의 게임이다. 여야 간에 정치권력을 획득하기 위해서 정정당당하게 경쟁하는 게임이다. 정치는 정책 대결로 국민의 지지와 동의를 누가 더 많이 얻느냐를 놓고 경쟁하는 일종의 시합이다. 하지만 건전한 정책경쟁은 뒷전으로 밀려나고 아직도 3년 반이나 남은 차기 대선 게임에만 몰두하고 있는 것 같은 느낌이다.

노 대통령의 리더십 스타일은 모든 것을 적과 동지의 개념으로 단순화시키고 그들 간 대립과 갈등을 부추긴 뒤에 지지자를 결집시켜 승부수를 던지는 것을 특징으로 하고 있다. 국정실패를 야당의 발목 잡기로 돌려 17대 총선 게임에서 올인 전략으로 승리했다. 정책의 실패를 몇몇 비판언론 탓으로 돌려 그 언론사들과 전면전을 선언한지 오래다. 행정수도 이전은 천도로 지배세력을 교체하려는 것이라고 하면서 기득권세력과 싸움을 걸었다. 또 행정수도 이전을 반대하는 것은 퇴진운동으로 느끼고 있다고 반노와 친노로 갈라놓았다. 최근에는 분권적 균형발전을 강조하면서 강남, 비(非)강남, 수도권과 비(非)수도권 등으로 편을 갈랐다. 친일진상규명 등 과거청산을 추진하면서 야당과의 게임, 역사와의 게임 그리고 이미 무덤 속에 있는 사람들과의 게임을 진행시키고 있다.

하지만 무엇을 위해서 편을 가르고 게임에 몰두하는지 알 수 없다. 게임에서 이기면 국민에게 무슨 이득이 돌아오는가. 적과 동지 간에 지고이기는 영합(零合) 게임판 정치에서는 상생의 길은 요원한 법이다. 오직 적과 싸워서 이겨야 하는 이전투구만이 있을 뿐이다. 갈등이 지배하는 정치판을 통합의 정치로 바꾸는 책임은 대통령에게 있다. 대통령이 정치를 게임으로 보는 근본적인 시각을 바꾸지 않는 한 임기 내내 상생의 정치, 비영합(非零合)게임의 정치를 기대하기 힘들 것 같다.

(2004. 8. 25. 세계일보)

나라가 열흘은 조용할 것

이 말을 처음 듣는 분들은 나라가 오랫동안 조용해야지 '열흘은 조용할 것'이라니 말이 되느냐고 따질 것이다. 이 말은 지난 9일 노무현 대통령이 멕시코로 가는 특별기 내에서 기자들과 환담하면서 한 말이라고 한다. 해외순방 열흘 동안 말을 아껴 나라가 조용할 것이라는 것이다. 그동안 대통령의 해외방문 중에도 가는 곳마다 화제를 뿌려 동포간담회가 심지어 공포간담회로 불릴 정도였다고 한다.

노무현 정부 출범 이후 나라가 조용했던 기간은 솔직히 대통령 탄핵소추가 발의되어 대통령 직무대행체제가 유지되었던 63일 뿐이라고 이야기하는 것은 무리일까? 지난 2년 반 동안 노대통령의 발언은 숱한 소모적이고 공허한 논쟁을 불러왔다. 말을 많이 하다 보니 앞뒤가 맞지 않는 부분도 발견되기도 했다. 대통령의 발언 때문에 국민들이 깜짝 깜짝 놀란 적이 한두 번이 아니었다. 대통령이 국민을 걱정하는 것이 아니라 국민이 대통령을 걱정하고 있는 현실을 많은 국민이 안타까워하고 있다.

최근에는 연정과 지역구도 해소를 위해 야당에게 권력을 포함해 모든 것을 다 건다고 하더니, 권력을 통째로 내놓겠다고 하다가 2선 후퇴나 임기단축을 통해서라도 새 시대를 시작할 수 있는 의지와 결단도 생각해 봤다고 했다. 탄핵소추를 당하지 않으면 임기가 보장되어 있는 대통령직을 중도에 사퇴할 수 있다는 말을 했으니 국민은 또 한 번 놀랐고 나라는 시끄러웠다.

자신의 해외순방으로 나라가 조용할 것이라고 말하는 것을 보면 노 대통령은 자신의 발언이 그동안 엄청난 소용돌이를 몰고 와 나라가 시끄러웠던 사실을 인식하고 있는 것 같다. 숱한 화제를 남긴 대통령의 발언들은 실수가 아닌 의도성이 있었다고 볼 수 있는 것이다. 그렇다면 말 때문에 구설수에 오르고, 말을 너무 많이 하기 때문에 가볍게 보이고, 대통령의 권위가 손상되어 진정성에 대한 의구심이 제기되는 것을 알면서도 왜 문제성 발언을 멈추지 않는 것일까? 임기 후반기에 접어들면서 많은 국민들이 제발 말을 좀 아끼라고 대통령에게 주문했지만 막무가내의 모습을 보이는 이유는 무엇일까?

심리적으로 접근하면 어느 정도 해답을 찾을 수 있을 것 같다. 어려서부터 남으로부터 소외를 당한 사람, 자신에 대한 저평가(low estimate)나 설움을 경험한 사람, 사랑을 충분하게 받지 못한 사람, 한이 많은 사람 등이 권력자가 되면 무의식적으로 피해에 대한 보상심리가 작용한다고 한다. 어떤 형태든 많은 사람들의 관심의 대상이 되고 싶어 한다. 스포트라이트를 받는 스타로서 화제의 뉴스를 만들고 싶어 한다. 쟁점을 선점하여 정치과정을 앞장서서 이끌려고 한다. 승부욕이 강하여 도전하는 모습은 참지 못하는 등의 심리적 정향이 있다고 볼 수 있다.

노 대통령의 리더십 행태는 누가 뭐래도 정치의 한복판에 서서 자신이 주도적으로 새로운 쟁점을 부각시키고 자신의 논리대로 국민이나 경쟁자를 설득시키려는 모습이 다분하다고 볼 수 있다. 조용히 앉아서 보고만 있는 성격이 아니라 나서기를 좋아하고 많은 사람들의 이목을 집중시키려는 심리가 있다고 볼 수 있다. 앞서 소개한 심리유형과 흡사한 부분이 발견된다.

말하고 선수 치기 좋아하는 노 대통령의 리더십 행태는 임기 끝까지 변하지 않을 것으로 예상된다. 잘못한다고 비판받고 국민의 지지가 낮아지면 낮아질수록 남을 탓하고 변명하며 다른 구실을 찾고 깜짝 놀랄 만한 대체 쟁점을 부각시킬 것으로 보인다. 노 대통령에게 심리적으로 필요한 것은 국민의 사랑과 언론의 찬사다. 칭찬받으면 신나서 더 잘 할 수 있는 성격이다. 하지만 해외순방 열흘 동안만이 아니라 오랫동안 나라가 조용해야 찬사를 보낼 것 아닌가? 정말 답답하다.

(2005. 9. 14. 기호일보)

국민 상대 정치적 승부수는 안 된다

10 ·26 재선거에서 여당이 전패(全敗)하였다. 지난 4·30 재·보선에서 0대 23으로 패한 것까지 합치면 0대 27로 참패한 셈이다. 여당에 대한 인기가 아무리 바닥을 맴돌고 있다 해도 이런 선거 결과는 세계 어디에서도 유례가 없을 것이다. 집권당이 아무리 국정운영을 잘못해도 최소한 30%대 지지율의 프리미엄을 갖고 있다는 것이 일반적인 상식이다. 하지만 도무지 믿기지 않는 결과가 나온 것이다.

본래 패하고 나면 말이 많고 자중지란이 일어나는 법이다. 열린우리당은 당의장 등 지도부가 총 사퇴하고 임시 집행위원 11명을 선임했다. 집권여당으로서는 전례 없이 대통령에 대한 정치적 탄핵이라고 할 정도로 '대통령이 신이냐', '너무 오만하다'는 등등 심한 비판이 쏟아졌다. 친노(親盧)와 반노(反盧)세력 간 서로 당을 떠나라고 한다. 계파 간 당내 갈등도 격화되는 모습이다. 국민은 정부여당의 잇따른 재보선 참패의 충격에서 하루빨리 벗어나길 바라고 있다. 그래서 그들이 어떤 해법을 제시할지 관심을 갖게 되는 것이다. 전패의 후폭풍을 어떻게 가라앉힐지 궁금하다.

재선거 패배의 1차적 책임은 열린우리당에 있다고 하지만 아무래도 대통령도 자유로울 수 없을 것이다. 총선은 아니었지만 참여정부 국정운영 전반에 대한 평가가 선거결과에 반영된 것이라고 해석할 수밖에 없기 때문이다. 그래서 노 대통령의 행보에 시선이 쏠리게 된다. 노 대통령이 선거패배를 자신의 책임이라고 했지만 반노진영으로부터 탈당하라는 소리를 듣는 사태로 발전하였다. 청와대가 내놓은 해법은 당의 정치중심론과 당정분리, 이해찬 총리 유임, 당 출신 두 장관 복귀의 당사자 결정 등이다. 묘책이 없는 가운데 내년 초 노 대통령이 자신의 진로문제를 밝히겠다는 것도 수습방안의 하나라고 이해할 수 있을 것이다.

대통령의 진로문제는 '사회적 의사결정 구조를 포함한 미래 국정구상'과 관련한 결단이 될 것이라고 청와대는 강조하지만 혹시 정치적 승부수와 관련 있는 것이 아닌가 의구심을 갖게 된다. 왜냐하면 노 대통령은 궁지에 몰리면 승부수를 던져 반전을 시도하는 성향이 강하고, 위기에 직면하면 그냥 앉아서 당하는 성격이 아니라는 점을 잘 알고 있기 때문이다.

내년 초는 임기 2년을 남겨둔 시점이기 때문에 재임 중 업적에 대한 초조감과 강박감이 작용할 수 있을 것이다. 몇 달 후인 5·31 지방선거를 의식하지 않을 수 없을 것이다. 여당이 지방선거까지 참패하는 시나리오는 최악이라고 볼 수 있기 때문이다. 내년 2월에 예정된 임시전당대회에서 유력한 대권후보가 당권을 장악한다면 대통령의 레임덕은 가속화될 가능성이 높다. 레임덕 현상을 차단하고 식물대통령이 되는 것을 어떻게든 막고 싶을 것이다. 이런 저런 이유 때문에 대통령이 어떤 형태든 정치적 승부수를 던지지 않을까 관측해 보는 것이다. 그 내용은 열린우리당 탈당, 거국중립내각 구성, 권력구조 개편에 대한 국민투표, 권력이양, 임기단축 등등이 되지 않을까 짐작해 보는 것이다.

하지만 제발 국민을 상대로 하는 정치적 승부수를 던지지 말아 주길 바란다. 정치적 승부수란 불만이 있는 국민이나 정치적 반대세력을 상대로 대통령 자신이나 집권세력에게 유리한 상황을 만들기 위한 게임을 연상시키는 개념이다. 민주주의 국가에서 정치지도자가 국민을 상대로 정치게임을 하는 것은 바람직하지 않다. 민생과 관련 없는 정치쟁점을 내세워 대통령에 의한 집권세력만을 위한 지방선거나 차기 대선 승리를 의식한 정치 승부수는 안 된다. 대한민국은 특정 정치세력을 위해서 존재하는 나라가 아니기 때문이다. 대한민국은 대통령 개인의 명예나 정파적 이익, 그리고 그들의 성취와 만족을 위한 수단이 아니기 때문이다. 청와대가 강조하는 바와 같이 임기가 끝나도 대한민국이 미래에 해결해야 할 어젠다를 허심탄회하게 밝혀주길 당부한다. 평지풍파를 더 이상 보고 싶지 않다.

(2005. 11. 1. 기호일보)

쉽게 안 변할 대통령의 리더십

'**한** 국의 정치리더십'이라는 주제로 대학원 수업에 발표와 토론이 있었다. 정치리더십에 대한 일반 이론 소개와 역대 한국 대통령의 업적, 리더십 유형, 그리고 정치 리더십에 대한 국민의 평가 등에 관한 발표에 이어 토론이 진행되었다. 토론은 자연스럽게 현직 대통령의 리더십에 대하여 초점이 맞춰졌다. 대부분의 대원생들이 지난 대통령 선거 때 노무현 후보에 대하여 많은 기대를 걸고 지지했지만 이제는 지지를 철회한 상태이며, 그때의 선택을 몹시 후회한다는 입장을 보였다.

노 대통령에 대하여 실망하고 지지를 철회한 이유는 다양했지만 다음 몇 가지가 주요한 요인이라고 했다. 통합의 리더십이나 수용(受容)의 정치 대신 코드 중심의 편 가르기를 계속하고 있다는 점, 국민의 최대 관심사인 민생문제 보다는 과거사, 연정, 지역주의, 선거법, 개헌 등 주로 정치문제에 치중하고 있다는 점, 현실주의보다는 분배, 민족주의, 탈미(脫美), 자주국방, 동북아균형자론 등 이상주의를 추구하고 있다는 점, 권위주의는 해체되었지만 대통령직에 대한 권위가 떨어졌다는 점, 품위 없는 언행으로 국민의 자존심을 극도로 손상시켰다는 점 등등이 지적되었다.

다음은 '노 대통령의 리더십 스타일의 변화 가능성'에 대한 열띤 토론이 있었다. 대통령에 대한 국민소환제가 제도화되지 않은 상황에서 노 대통령이 리더십 스타일을 바꾸어야만 하는 외부압력과 여건은 충분하게 조성되었지만 왜 변하지 않는가에 관심이 쏠렸다. 헌정 사상 최초로 대통령은 국회에서 탄핵소추를 당했고, 여당의 지지도는 10%대로 추락하였으며, 재·보선에서 연거푸 참패했다. 또한 민주주의 국가에서 가장 중요한 대통령에 대한 국민의 지지도도 역대 최악인 20% 안팎으로 떨어졌다. 이 정도 상황이라면 대통령은 분명하게 변해야 하는데 조금도 변화된 모습을 보이지 않고 있는 이유가 궁금하다고 했다. 또한 대통령의 리더십을 변하게 할 수 있는 방법에 대하여 이런 저런 이야기가 오갔다.

노 대통령의 리더십 스타일은 임기를 마칠 때까지 변하지 않을 것이라는 결론을 내렸다. 한 사람의 리더십 스타일은 태어나서 지금까지 살아오면서 정치사회화 과정을 거쳐서 형성된 것이기 때문에 그리 쉽게 재사회화되지 않는다는 사실 때문이다. 로버트 윌슨(R. A. Wilson)이 지은 「대통령과 권력」에 의하면 타고난 본성, 성장기까지 거슬러 올라가면서 일생에 걸쳐 형성되어온 성격, 교육과 체험을 통해 쌓은 도덕심 등등이 제도보다 위대한 대통령을 만드는 데 더 많은 영향을 미친다고 했다. 대통령의 리더십은 좋은 헌법보다는 오히려 개인적 성품의 영향력이 크다는 것이다. 누가 뭐래도 자기 스타일을 고집하는 노 대통령의 타고난 성격 때문에 남은 임기동안 리더십 스타일이 변할 가능성은 희박하다는 데 모두가 동의했다.

그렇다면 현 상태에서 대통령의 임기를 마칠 때까지 기다려야 하는가 하는 답답한 심정을 피력하였다. 국민이 선출한 정치지도자가 국민여론을 아랑곳하지 않고 내 갈 길만 가겠다고 고집한다면 이를 제재할 수 있는 뾰족한 방법이 없다. 대통령의 국정운영은 전연 맘에 들지 않지만 무슨 일이 있어도 임기는 보장해주어야 한다는 이중적인 태도를 보이는 국민이 다수 있는 한 속수무책이다.

역설적으로 노 대통령의 국정운영 방식이나 리더십 스타일을 경험하면서 '대통령이 이래서는 안 되는구나' 하는 정치학습 기회가 주어진 것은 분명하다. 선거 때 국민의 선택이 어떤 결과를 낳고 있는지 되돌아보는 기회가 제공되고 있는 것은 정말 다행스러운 일이다. 노 대통령을 통해서 국민의 선택이 얼마나 중요한가를 깨닫게 하는 계기가 마련된다면 정치발전을 위해서 바람직한 일이다. 정치발전은 잦은 시행착오를 반복하면서 발전하기 때문이다. 한국정치는 지난 일을 너무 쉽게 망각하고 관용적 태도를 보여 왔던 우리 국민이 앞으로 어떤 투표행태를 보이느냐에 따라 달라질 수 있을 것이다.

(2005. 12. 5. 인천일보)

역시 대통령이 문제다

5 ·31 지방선거가 전례 없는 여당의 참패로 끝난 뒤 20여 일이 지났다. 하지만 정부 여당에 대한 국민의 분노에 가까운 민심이 표출되었지만 아무것도 변한 것이 없는 것 같다. 민주주의 국가에서 국민은 주기적인 선거를 통해 정부와 정당 그리고 정치인을 심판한다. 국민 의지는 선거결과에 가장 확실하게 나타난다. 선거는 민심을 민주적·합법적·제도적으로 반영하는 최선의 절차인 동시에 방법이다.

지방선거는 정부여당의 실정(失政)을 더 이상 묵과할 수 없다는 국민의 의지를 강력하게 전달한 것이다. 국민은 정부 여당이 추구하는 정책의 기본 방향을 바꾸라고 주문한 것이다. 하지만 선거에서 나타난 국민의 소리는 우이독경이 된 것 같다. 선거 결과 여당은 김근태 체제가 출범했으나 대통령의 국회 연설이 취소되는 등 이상 기류가 흐르고 있다. 청와대는 기존 정책의 고수 입장만 되풀이하고 있다. 민심과 정책이 따로 노는 어처구니없는 일이 아직도 계속되고 있다. 지방선거 결과 정부 여당이 진정으로 반성하고 변하는 모습을 보인다면 인정 많은 국민은 '우리가 너무 심했나?' 하면서 동정심을 베풀 수 있을 것이다. 하지만 지난 15일 모 언론사와 한국사회여론연구소가 실시한 여론조사 결과 열린우리당의 지지도가 창당 이후 최저 수준인 15.1%로 나타났고, 노 대통령의 국정지지도가 18.2%에 불과했다고 한다. 선거 전과 똑같이 민심 따로 정책 따로 노는 책임은 아무래도 노 대통령에게 돌아가야 할 것 같다. 여당의원들을 대상으로 실시한 어느 설문조사에서 선거참패의 책임이 당(34%)보다는 대통령(53%)이 더 크다는 결과가 나왔다.

지방선거의 민심을 수용하지 못하는 책임도 결국은 대통령의 리더십 특성으로 돌릴 수밖에 없을 것이다. 노 대통령은 확신형 리더라고 분류할 수 있을 것이다. 국가 최고 지도자에게 국정에 대한 확신은 꼭 필요한 덕목이지만 쓸데없이 자기만이 옳다는 고집성 확신은 오히려 국가지도자에게는 커다란 흠이 될 수 있다. 확신형은 코드가 맞는 내편만 찾게 된다. 자신과 생각이 다르거나 반대의 입장을 가진 사람을 받아들이려 하지 않는다. 자신의 확신에 대해 누가 비판적이면 민감하게 반응하면서 도전적인 방어 태세를 취한다. 자신의 과오를 인정하거나 입장에 융통성을 보이기보다는 '나를 몰라줘, 그래 어디 두고 봐라, 역사는 말할 것이다'라는 식으로 접근하면서 자기논리를 합리화하고 모든 잘못은 남의 탓으로 돌리는 경향이 있다.

지방선거 결과가 국민에 의한 대통령의 정치적 탄핵이라고 해도, 정책노선의 좌향좌를 우향우로 바꾸라는 국민의 명령이라고 해도 아랑곳 하지 않는다. 오히려 '선거 한두 번 졌다고 역사가 바뀌지 않는다', '저항 없는 개혁은 없다'는 식으로 자기확신에 따라 판단하면서 자신은 원칙주의자라고 강변한다. 확신형 리더는 남을 교육시키는 것은 즐기지만 자신은 변하려 들지 않는다.

그렇다면 어떻게 해야 하는가? 대통령이 민심을 거스르는 고집을 부릴수록 그리고 여당이 망가질수록 그 피해는 고스란히 국민에게 돌아간다. 지금은 국정의 한 축을 담당하고 있으면서 지방정부를 전적으로 책임지고 있는 한나라당이 도와줘야 한다. 지방선거 승리 이후 역풍이 두려워 몸 사리고 말조심하고 몸 낮추는 소극적인 자세로는 국민의 마음을 붙들어 놓을 수 없다. 여론은 변덕이 심하기 때문이다.

한나라당은 국회에서 부단하게 정책대안을 제시하라. 정부 여당의 실정에 대해 비판만 하지 말고 입법으로 대응하라. 그리고 지방정부를 효율적으로 운영해 지역을 발전시켜라. 지역발전이 곧 나라발전이다. 지방정부가 동북아관문도시 건설, 제2의 청계천 복원, 파주의 LCD단지 조성과 같은 실적을 국민에게 보여주도록 하라. 국민은 말만 앞세우면서 대권을 노리는 정당과 일 잘하는 정당을 구분할 줄 아는 능력이 있다는 사실을 늘 명심해야 할 것이다.

(2006. 6. 21. 기호일보)

외교적 수사(修辭)의 기교

노무현 대통령이 통일부장관의 북한 미사일 관련 '미국실패' 발언을 두둔한 것이 또 화젯거리가 되고 있다. 7월 25일자 청와대 정책정보 서비스에 따르면 "이종석 장관이 '대북정책에 있어 미사일을 발사했다는 것은 한국의 실패를 의미하는 것 아닌가요?'라는 질문에 '굳이 실패를 말한다면 미국이 제일 많이 실패했고, 한국이 좀 더 작은 실패를 했다고 봐야겠지요'라는 취지로 얘기를 한 것입니다. 그 말의 핵심은 비교였습니다. 어떻게든 피해갈 수는 없습니다. 말의 맥락은 끊기고 그 말만 독립돼서 사회적 의미를 가지는 것이기 때문에 '미국이 실패했다'라고 말했다고 전달되는 것은 막을 수 없습니다. 그런데 미국이 실패했다고 말하는 한국의 각료들은 국회에 가서 혼이 나야 되는 겁니까. 크고 작은 많은 실패가 있는데, 객관적으로 실패든 아니든 한국 장관이 '그 정책은 미국이 성공한 것이 아니라고 본다'라고 말하면 안 됩니까?"

언뜻 보면 문제가 없어 보인다. 하지만 대통령의 메시지는 두 가지다. 국회에서 장관이 '소신에 찬 답변'을 해야 한다는 것과 북한의 미사일 발사에 대해서 '미국이 가장 실패했다'는 사실을 인정한 것이다. 문제는 유엔을 포함해 국제사회가 북한의 미사일 발사에 대한 제재 방법을 찾느라고 고심하는 상황에서 직접적인 이해 당사국의 대통령이 공식적인 국무회의 석상에서 특정 국가의 정책에 대해 실패했다고 공개적으로 인정하는 것은 외교 관례상 매우 경솔한 처사라고 보지 않을 수 없다. 외교적으로 아마추어라는 말을 듣는 것은 너무 당연하다.

대통령은 외국에 대해 국가를 대표한다. 대통령은 한 나라의 최고위 외교관이다. 대통령의 말은 곧 그 나라 대외정책의 기조를 반영하는 것이기 때문에 신중에 신중을 기해야 한다. 아무리 속이 뒤틀리고 심기가 불편해도

‘알쏭달쏭 화법’을 구사해야 한다. 상대방이 자신에게 유리하게 해석하는 등 다의적 메시지를 전달하는 것이 외교적 수사의 기교다. 자신의 의중을 선문답으로 표현하는 것이 노련한 직업외교관의 태도다. 할 말을 할 때도 용어 선택에 각별하게 유의해야 한다. 북한 회담꾼과 같이 “남한 불바다”니 “선군(先軍) 덕”이니 하는 직설적인 감정표출은 외교적으로 저속하고 품위 없는 언행으로 간주된다.

문제는 노골적으로 미국과 각을 세우는 대통령의 의중이 궁금하다. 반미(反美) 자주파인 코드세력 결속을 겨냥한 것이라고 볼 수도 없다. 별 효과가 없어 보이기 때문이다. 즉흥적으로 한 말도 아닌 것 같다. 7월25일 국무회의 석상서 장관들에게 “아무리 말을 잘하고 순발력 있는 사람도 평소에 생각을 다듬어놓지 않으면 엉뚱한 소릴 합니다. 평소에 있음직한 질문에 대해 끊임없이 다듬기를 하고, 그게 축적이 되면 미리 준비하지 않았던 것도 사고의 틀을 만들면서 제대로 나오게 되는 것이죠”라고 당부한 것을 보면 그렇다.

한미 동맹관계 개선과 북한 미사일 문제 해결에 전연 보탬이 되지 않을 것을 뻔히 알고 있을 대통령이 ‘미국 실패’를 공개적으로 인정하는 듯한 발언은 필경 무슨 곡절이 있을 것 같다. 통일부장관에 이어 대통령, 그리고 국무총리까지 그 발언을 옹호하는 모습을 보이는 것은 국민에게 밝힐 수 없는 말 못할 사연이 있을 것 같다. 대통령은 한미 동맹관계는 이미 복원이 전연 불가능한 결별 수준으로 발전한 것으로 확신하기 때문에 이판사판 할 말이나 하고 보자는 것이 아닌가 하는 의구심이 생긴다. 한미 동맹관계를 완전 포기하지 않은 상태에서 외교적으로 비례(非禮)수준을 넘어 막말을 할 수는 없을 것이기 때문이다.

한미 동맹관계를 흔들어 놓고 일본과 적대적이면서 한중관계는 별로 발전이 없는 가운데 북한 손만 잡고 살아남을 수 있는 방법이 있었으면 좋겠다. 세계화 시대에 국가 간 상호의존관계가 심화되는 국제사회에서 미아가 되거나 외톨이 신세로 생존할 수 있다면 얼마나 다행이랴.

(2006. 8. 2. 기호일보)

남은 1년이라도 조용했으면

노무현 대통령은 임기 1년 2개월을 남겨 놓은 상황에서 그동안 들쑤셔 놓은 혼란한 국정을 성공적으로 정리하는 것보다 퇴임 후 살 집을 고향에 마련하고 내년 대통령 선거에 어떤 형태든 영향력을 행사하려는 두 가지에만 관심이 있는 것 같다.

노 대통령은 고향에 집터를 장만하고 등기까지 마쳤다고 한다. 청와대가 금명간 구체적인 건축계획을 발표할 것이라고 하니 퇴임 후 살 집을 짓는 일은 차질 없이 진행될 것 같다. 대통령이 퇴임 후 편안하고 안전하게 살수 있는 집을 준비하는 것에 대해 왈가왈부할 사람은 없을 것이다. 더구나 최초로 낙향하는 대통령이 된다고 하니 더욱더 그렇다.

하지만 대통령이 차기 대선을 겨냥해 정보, 자금, 조직 등 막강한 자원을 동원한다면 문제가 될 것이다. 노 대통령의 리더십 행태로 보아 여당이 재집권하고 더 나아가 자신과 코드가 맞는 인물이 후계자가 될 수 있도록 어떤 형태든 현직을 최대한 활용할 것으로 보인다. 최근 집권여당은 통합신당 창당문제를 놓고 내홍을 겪고 있는 가운데 노 대통령은 탈당용의 발언을 접고 통합신당에 대해 분명한 반대의사를 밝혔다. 지난 4일 당원에게 보낸 편지와 인도네시아와 호주 순방 중 연정문제를 다시 꺼냈다. 현직 대통령으로서 차기 정부 출범과 관련해 어떤 형태든 역할을 하겠다는 것으로 해석하기에 충분하다.

노 대통령이 차기 대선에 영향력을 행사하려는 이유는 무엇보다 모든 정치인들은 자신들이 획득한 정치권력을 끊임없이 확장·집중·지속시키려는 것이 일반적 성향이라는 시각에서 이해할 수 있을 것이다. 정치인은 누구나 죽는 순간까지 절대로 놓지 않으려는 것이 정치권력이기 때문이다. 자신이 밀어준 후임자에게 대통령직을 인계하고 퇴임하면 아무래도 정치적 영향력이 어느 정도 유지될 수 있을 것이다.

정치적 영향력은 크게 인사, 정책, 그리고 개인의 안전보장 등과 관련이 있다. 퇴임 후 측근들이 정치권력의 핵심에 계속해 포진한다면 자신의 영향력 행사가 용이해 질 수 있을 것이다. 하지만 최근 어느 여론조사에 나타난 바와 같이 한 자리 수로 추락한 대통령에 대한 지지도로 볼 때 퇴임 후 측근인사들에 대한 긍정적 평가를 기대하는 것은 어려울 것이다. 역대 대통령 중에서 가장 인기 없는 노 대통령의 측근들도 대통령 퇴임과 동시에 추락할 공산이 크다.

자신이 추진하던 정책을 후임자가 계승·발전시킨다면 더할 나위 없이 보람 있는 일이 될 것이다. 하지만 노 대통령이 추진하던 외교, 안보, 교육, 부동산 정책 등은 전면 손질이 불가피하다. 노 정부의 국정운영 기조가 다음 정권에 계승되기를 바라는 국민은 그리 많지 않을 것이다.

퇴임 후 신변 안전에도 도움이 될 수 있을 것이다. 하지만 재임 중 만의 하나 불법 사실이 불거진다면 누가 후임자가 되어도 신변을 보장해 줄 수 없을 것이다. 절친한 육사 동기생을 후계자로 지목했던 전두환 전 대통령도 오히려 노태우 전 대통령에게 당한 전례가 있다.

잔여 임기가 1년 남짓한 노 대통령에게 무엇을 더 기대하기보다는 제발 조용히 있다가 낙향했으면 하는 바람이다. 지난 3년 10개월 동안 대통령의 품위 없는 언행에 국민의 자존심은 망가졌다. 대통령이 국가와 국민을 정치 실험 대상으로 삼아 장난친 것이 아닌가 하는 의구심이 들 때도 있다. 민심, 야당, 언론, 이제는 여당까지 게임대상으로 여기는 대통령의 승부수 정치를 더 이상 보고 싶지 않다. 내년 대선에 어떤 형태든 반전 카드를 뽑아들려는 모습은 더욱더 싫다.

더 이상 국민을 짜증나고 화나게 하지 말고 제발 조용히 있다가 물러나길 바란다. 그것이 노 대통령이 국민에게 할 수 있는 마지막 봉사라고 본다. 앞으로 1년만이라도 대통령이 조용한 나라에서 살고 싶다.

(2006. 12. 13. 기호일보)

내 탓을 인정할 줄 아는 대통령을

새해가 밝았다. 새해 아침의 화두는 국민이 먹고사는 민생과 12월 치러질 대통령 선거가 될 것 같다. 전공이 정치학이니 경제문제보다는 대통령 선거와 관련해 몇 마디 하지 않을 수 없다.

지난해 12월 21일 노무현 대통령이 민주평통 제50차 상임위원회에서 한이 맺히고 분노에 찬 사람처럼 쏟아낸 막말을 전해 들으면서 대통령이기를 진짜로 포기한 것같이 느껴졌다. 본인은 제정신이라고 했지만 정신이 나가지 않고서는 일국의 대통령이 어떻게 그렇게 상스러운 말을 그리 마구 토해낼 수 있을까. 노 대통령은 이제 국민 마음속에 더 이상 대통령이 아니라는 믿음을 심어 주는 계기가 된 것 같다. 대한민국에 법적인 대통령은 있지만 국민 마음속의 대통령은 사라진 셈이다. 우리 국민은 참말로 대통령 운이 되게 없는 것 같다.

대통령 복이 지지리도 없는 국민 입장에서는 금년 12월 대통령 선거가 매우 중요한 선택이 아닐 수 없다. 어떤 후보를 선택해야 국정을 5년간 잘 이끌 수 있을까, 어떤 후보가 국민을 편안하고 잘살게 해 줄 수 있을까, 어떤 후보가 당선되어야 대통령 임기가 빨리 끝나기를 바라지 않을까 등등 커다란 고민이 아닐 수 없다. 노 대통령은 국민에게 자신 같은 사람을 대통령으로 뽑아서는 안 된다는 것을 가르쳐 주었다. 국민이 두 번 다시 이런 실수를 반복한다면 나라의 앞날은 암담해질 것이다. 노 대통령의 리더십 행태를 보면서 차기 대통령의 선택기준은 매우 단순하고 명쾌해졌다. 노 대통령과 같은 분만 선택하지 않으면 된다는 것이다.

구체적으로 무엇을 의미하는가? 미국의 역대 대통령에 대한 많은 연구에 의하면 위대한 대통령이나 훌륭한 대통령은 법과 제도가 만드는 것이 아니라 개인의 성품에 더 많은 영향을 받는다고 한다. 대통령이 되었다고 성품이 크게 바뀔 수 없다. 타고난 본성, 성격, 성장과정, 교육배경, 경험 등을 통해서 형성된 성품은 하루아침에 변할 수 없다. 대통령의 리더십은 안으로부터 시작된다고 한다. 그리스 철학자 헤라클레이투스는 '인격은 운명을 결정한다.'라고 했다. 그렇다면 차기 대통령은 어떤 성품의 소유자이어야 하는가?

성품 면에서 문제를 해결하는 패러다임은 '내면에서부터 외부로'와 '외부로부터 내면으로' 등 두 가지가 있다고 한다. 전자는 문제의 발단을 자기 자신으로부터 찾는 반면에 후자는 잘못의 본질을 남의 탓이나 상대방에게 있다고 인식한다는 것이다. 후자는 자신은 변하려 하지 않고 상대방이 바뀌고 사라진다면 문제가 해결될 수 있다고 믿는다. 그런 대통령은 자신은 21세기를 살고 있는데 국민은 그렇지 못하다고 생각하거나, 대통령은 열심히 잘 하고 있는데 국민이 몰라준다거나, 야당은 사사건건 발목만 잡는다거나, 언론은 파헤치고 편파보도를 일삼는다는 식으로 인식한다. 대통령의 국정수행솜씨에 대한 국민의 낮은 평가도 외부의 탓으로 돌린다.

특히 주목해야 할 것은 문제의 본질을 외부로부터 내면으로 인식하는 성품의 소유자는 원칙을 강조한다. 자신의 내면적 신념을 지고지선이라고 믿는다. 따라서 자신과 생각이 다른 집단이나 사람을 적대시하고 편을 가르고 그들과 맞서려고 한다. 오만과 독선 그리고 고집스런 행동을 보인다. 비판을 받으면 오기를 더 부린다. 이런 지도자는 국민을 몹시 피곤하게 만든다. 국정을 국민이 아닌 자신의 입장에서 판단하고 결정하기 때문이다. 대통령이 국민에게 맞추는 것이 아니라 국민이 대통령에게 맞추길 바란다.

12월 대선에서는 정말 대통령을 잘 뽑아야 한다. 고려해야 할 요소가 너무 많지만 우선 노 대통령의 리더십을 반면교사로 삼아 문제의 본질을 자신으로부터 찾을 수 있는 기본과 자질을 갖춘 후보를 골라내는 안목이 중요하다.

(2007. 1. 2. 기호일보)

막말을 막을 방법이 없다

지난해 말 송년모임에 갔더니 어느 친구가 시중에 떠도는 이야기라고 하면서 노무현 대통령의 눈을 수술해 준 의사가 구속되었다고 했다. 참석자들이 깜짝 놀라 왜 그랬느냐고 물었더니 다른 곳을 꿰매야 하는데 그렇지 않았기 때문이라고 했다. 모두가 웃었다. 이는 노 대통령의 막말 때문에 생긴 우스갯소리라고 보여진다.

솔직히 국민은 대통령의 거듭되는 막말에 어안이 벙벙하다. 어찌하여 이런 품위 없는 대통령을 모시게 되었는지 한심하다는 생각마저 든다. '국민 해먹기 정말 힘든 나라'에 살고 있는 것 같다. 아직도 1년 이상을 막말에 시달릴 것을 생각하니 긴 한숨만 나온다. 한두 번도 아니고 대통령답지 않은 막말을 들을 때마다 어떻게 대응해야 할지 고민이 이만저만이 아니다. 현재로서는 대통령이 무슨 말을 어떻게 하든 일체 대꾸하지 않고 철저하게 무시하거나 아니면 일일이 관심을 보이면서 비판하고 잘하기를 끝까지 촉구해야 하는 등 두 가지 방법이 있을 것이다. 하지만, 이 두 가지 모두 대통령의 막말을 막는 실효성에 문제가 있기 때문에 고민이 큰 것이다.

대통령이 무슨 말을 하던 습관성으로 치부하면서 무시하면 심리적으로 분석할 때 막말의 강도를 더욱더 높여나갈 것이 예상된다. 지난해 12월22일 민주평화통일 자문회의에서 분노에 차 쏟아낸 막말이 비판의 도마 위에 오르자 같은 달 26일 국무회의에서 "이제까지 참아 왔는데 앞으로는 할 말은 하고 대응하겠다"고 했다. 그 다음날인 27일 부산 북항 재개발 종합보고회에서는 4년의 국정을 평가하면서 "부동산 말고는 꿀릴 것이 없다"고 하면서 자신은 "특권구조, 유착구조를 거부하고 해체해 나가는 발전전략을 갖고 있어 특권집단과 충돌할 수밖에 없다"고 했다. 누가 뭐라던 아랑곳하지 않고 임기 끝날 때까지 할 말은 다 하겠다는 강한 의지가 엿보인다.

프로이트의 정신분석학에 의하면 오디이푸스 콤플렉스가 있는 사람들은 기득권 세력과 싸우는 반골기질과 반항심이 강하고 증오심이 크다고 한다. 자기 방어나 자기도취에 빠지기 쉽다고 한다. 또한 심리분석 발달이론의 첫 단계인 구순기에 고착된 성격은 말하는 것에 쾌감과 희열을 느끼고 남들의 끊임없는 관심을 요구한다고 한다. 이런 성격을 치유하는 방법은 애정욕구를 충족시켜야 한다는 것이다. 애정욕구가 충족되면 순화되지만 그렇지 않으면 청개구리와 같이 하지 말라면 더 엇박자를 놓게 되는 심리라고 볼 수 있다.

노 대통령에게도 이와 비슷한 심리가 발견된다. 대통령이 되었지만, 자신은 항상 주변부라고 의식하고 기득권 세력에 대하여 반감을 갖고 있다. 국정의 실패를 모두 언론이나 야당 등 남의 탓으로 전가하면서 자기방어에 강하다. 또한 말하는 것을 좋아하고 즐기는 것 같다. 대통령이 몇 달간 말이 없어 나라가 조용하면 여지없이 충동적인 말을 통하여 국민의 관심과 언론의 각광을 받는다. 노 대통령 자신도 막말 때문에 인기가 없는 것을 인정하면서도 막말을 서슴지 않고 있다.

대통령이 무슨 말을 하던 일체 관심을 보이지 않으면 대통령은 자신의 존재에 대한 상실감을 느끼고 더욱더 불안해할 것이며, 국민의 이목을 끌기 위해서 막말의 강도를 높여 나갈 것으로 보인다. 노 대통령은 심리적으로 항상 남으로부터 어떤 형태든 관심을 받아야 마음이 편해지는 것 같다. 이런 심리를 가진 대통령에게는 국민의 사랑과 칭찬이 약이다. 하지만 국민의 인내심에도 한계가 있다. 대통령의 막말을 듣고 그냥 넘기자니 속병이 생길 것 같다. 대통령이 국민에게 꿀릴 것이 한두 가지가 아닌데 어떻게 무조건 감싸고 애정표현을 할 수 있겠는가. 비판한다고 고칠 것 같지도 않다. 임기가 끝나기를 기다리는 수밖에 없다면 보통 일이 아니다.

(2007. 1. 8. 새충청일보)

전·현직 대통령의 추한 모습

누구나 중요한 의사결정에 영향력을 행사하고 싶은 것은 인지상정일 것이다. 더구나 국가의 대사를 결정하는 데 일조하면 보람도 있으며, 자신의 존재를 과시하고 재확인하는 계기가 될 수 있을 것이다. 아무리 인기가 바닥을 치고 레임덕에 시달린다고 해도 현직 대통령은 국정운영에 가장 커다란 영향력을 행사하고 있다. 또한 전직 대통령도 국가의 최고 원로로서 국정에 대하여 상당한 영향력을 행사하고 있는 것은 사실이다. 한나라당은 12월 대선에 개입하는 김대중 전 대통령을 범여 선대위원장이며 노무현 대통령은 사무총장이라고 비난하고 나섰다. 대선과 관련하여 전현직 대통령이 어떻게 처신해야 하는가는 주요 관심사가 아닐 수 없다.

노무현 대통령은 자신의 재선 출마도 아니고, 여당은 거의 식물정당이나 다름없어 현재로서는 재집권 가능성이 낮아 보이는 상황에서 앞장서서 야당의 집권을 막아보려고 안간힘을 쓰고 있다. 노 대통령의 대선 개입에 대하여 선관위로부터 공무원의 선거중립위반이라는 경고를 받았으나 질의서 공개 등 자숙하는 모습을 보이지 않고 있다. 노 대통령의 리더십 행태로 보아 중립을 지킬 것이라고 보는 이는 많지 않다. 노 대통령 자신의 출마도 아닌데 야당후보들의 공약을 흠집 내기 위해서 국가기관이 동원되고 국정원에서 조사팀을 운영했다고 하니 연임에 도전했다면 분명 관권선거 망령이 되살아 날 수 있었을 것이다. 대통령 단임제가 이래서 필요한 것 같다는 생각까지 든다.

4명의 전직 중 김대중 전 대통령이 가장 적극적으로 대선에 개입하고 있다. 여권에 대한 훈수가 노골적이다. 여권 대선 예비주자들이 방문하면 기다렸다는 듯이 승리를 위한 '대통합'의 필요성 등을 거듭 주문하고 있다. '시간이 없으니 빨리 뭉치라'까지 한다. 대선 예비주자들이 그를 찾는 것은 순수하게 전직 대통령에 대한 의례적 문안 차원이라고만 볼 수 없을 것이다. 그는 4수(修) 끝에 대권을 획득하여 대선에 관한한 최고 전문가라고 하지 않을 수 없다. 더구나 호남지역에 대한 견고한 지지기반을 아직도 유지하고 있다. 지난 국회의원 재·보궐선거에서 일반의 예상과 달리 초반 열세를 뒤집고 둘째 아들을 당선시키는 저력을 보여주었다. 김 전 대통령이 대선훈수에 적극적으로 나서는 것은 적어도 특정 지역에 대한 자신의 영향력이 아직도 건재하다는 것을 어느 정도 믿고 있기 때문일 것이다.

김영삼 전 대통령은 한나라당의 특정 예비후보를 지지하는 모습을 보이고 있다. 물론 옛날 측근들이 전적으로 그의 입장에 동조하는 것 같지는 않지만 개인적으로는 특정후보를 선호하고 있는 것은 분명하다. 김 전 대통령은 김대중 전 대통령과 경쟁관계에 있으며 또한 한나라당 전신 출신이기 때문에 여당의 재집권을 분명하게 반대하는 입장을 취하고 있다.

전·현직 대통령이 선거에 개입하려는 것은 재임 중 자신들이 추진했던 정책을 계승 할 수 있는 정당이 집권하고 후보가 당선되기를 바라는 욕망 때문인지 모른다. 혹시 정치보복에 대한 두려움도 있을 것이다. 전·현직 대통령은 천금과도 바꿀 수 없는 정말 값진 대통령직 수행 경험을 갖고 있다. 성공했든 실패했든 국정운영 경험에 비추어 볼 때 차기 대통령은 누가 적합한지 일반국민보다 한발 앞서 정확한 판단을 할 수 있을 것이다. 순수하게 국가와 국민의 장래를 위하여 차기에는 이런 유형의 정부가 태어났으면 하는 충정에서 개인의 입장을 밝힐 수 있을 것이다.

하지만 전·현직 대통령들이 자신들의 이해관계 때문에 대선에 영향력을 행사하려는 모습은 아름답게 보이질 않는다. 국가의 원로답게 점잖게 있지 못하고 특정 정당이나 후보를 노골적으로 편드는 정파적 태도는 솔직히 볼 썽사납다. 노욕이나 과욕으로 비쳐진다. 원로가 되어 추한 모습을 보이지 않는 것은 정말 어려운 일인가?

(2007. 7. 24. 기호일보)

03 박수 받을 때 떠나라

정치인은 국민을 버려도 되고, 의사는?

방송의 날(9. 3)을 맞이하여 KBS, MBC, SBS 지상파 방송 3사는 대통령의 특별회견을 동시에 녹화 방영하였다. 김대중 대통령은 회견에서 의료계 폐업과 관련한 질문에 "의사들이 환자를 버려서는 안 된다"는 말을 하였다.

모처럼 만의 대통령 특별회견 내용에 대하여 말꼬리를 잡고 싶은 생각은 추호도 없지만 현실정치와 관련하여 한마디 하지 않을 수 없다.

의사가 환자를 버려서 안 된다면 정치인이 국민을 버리는 것을 어떻게 생각해야 할지 궁금하다. 며칠 전 딸애의 발가락에 난 사마귀 약을 피부과에서 처방받아 대형 약국 다섯 곳을 돌아보고 제조회사에 전화까지 했으나 끝내 약을 구하지 못한 경험에서 의약분업은 준비 없이 졸속 시행된 측면이 있음을 알 수 있었다. 또한 전공의들과 대화를 해 보면 의사들이 환자를 버리는 이유를 조금은 이해할 수 있을 것 같다.

하지만 정치인이 국민을 버리는 것은 도무지 이해가 안 된다. 어떤 이유로도 정당화시킬 수 없다. 국정현안이 산적한 가운데 정치는 표류하고 있다. 남북문제가 한국정치의 지배적인 화두로 등장한 가운데 국내의 모든 정치는 남북문제에 묻혀 버려 간 곳이 없다. 정치인은 국민을 외면한 채 여야 간 이전투구의 모습이 목격될 뿐이다.

몇 달째 계속되는 의료계 폐업, 여권의 선거비용 실사와 선거사범조사 개입 의혹, 한빛은행 불법대출 파문과 대통령 측근의 개입설, 북한의 식량 차관 제공, 서민을 외면한 세제개편안 처리 등 정치가 해결해야 할 국정 현안이 산더미같이 쌓여 있다. 이 모두 정치인들이 나서서 해결해야 할 일이다.

그러나 여야 정치인들은 국정보다는 차기대권과 당권에만 더 많은 관심이 있으며 당리당략 차원의 정국주도권 싸움에만 눈이 어두운 것 같다. 정기국회는 개회식만 치르고 여야갈등으로 의사일정도 마련하지 못한 채 기약 없는 폐업에 들어갔다. 새 천년의 첫 정기국회라고 부르기가 민망스럽다. 민주주의의 형식을 갖추기 위한 입법부라면 차라리 없는 것이 어떨까 하는 부질없는 생각조차 해 본다.

여야 정치인들은 국민을 버린 채 정치실종의 책임을 떠넘기는 일에만 열중하고 있다. 야당은 장외 국정규탄대회를 열고 여당은 민생 외면 말고 국회로 돌아오라고 한다. 여야 간의 감정싸움은 실마리와 끝이 보이지 않는다.

그러나 분명한 것은 정치실종의 제1차적인 책임이 정부여당에게 있다는 사실이다. 그런데 국정을 책임진 여당은 어디에 숨어있는지 보이질 않는다. 현 정부는 소위 국민의 정부라고 하지 않았는가? 국민의 정부가 국민이 뽑아 준 정부만을 의미하는 것은 아니라고 본다. 국민의 지지를 받는 국민의 정부가 되려면 국민에 의한 국민을 위한 정부여야 한다. 국민을 위한 민생문제를 앞장서서 해결하고 국민을 버리지 않는 모습을 보여야 한다.

정부여당은 정치실종의 탓을 김 대통령이 특별회견에서 밝힌 바와 같이 "국회에서 한 번도 다수의석을 갖지 못한 것"으로 돌릴 수만은 없다. 여소야대 국회는 국민이 만들어 준 것이기 때문에 겸허하게 받아들이고 상생정치를 통하여 여소야대를 슬기롭게 극복할 수 있는 정치지도력을 발휘해야 할 것이다.

국민을 보살피는 일과 실종된 정치의 복원에 정부여당이 나서야 한다. 그 해법은 김 대통령이 제시한 바와 같이 간단하다. "정치는 국회에서 이루어져야 하고 국회는 국회법에 의해 운영되어야 한다"는 원칙에 따르면 된다. 국회법에 분명하게 저촉된 날치기에 대하여 늦었지만 이제라도 사과하고 원천무효를 선언하면 된다. 그리고 국민적 의혹이 있는 불법사건에 대하여 실언으로 치부하거나 적당하게 얼버무리지 말고 진실을 밝히면 된다. 얼마나 간단한 해법인가? 그렇지 않으면 2년 후 정부여당에게 되돌릴 수 없는 후회요인으로 작용할지도 모른다.

의사들의 폐업과 환자를 버리는 것만 탓하지 말고 정치인의 국회폐업과 국민을 버리는 것부터 깊이 뉘우쳐야 할 것이다.

(2000. 9)

정치인의 잦은 말 바꾸기를 개탄한다

한 사람을 속이면 사기꾼이고 나라 전체를 속이면 정치인이라는 우스 갯소리가 있다. 이는 모든 정치인을 겨냥한 말이 아니라 상황에 따라서 편리하게 말을 바꾸고 거짓말을 하는 일부 정치인 때문에 모든 정치인들이 도매금으로 매도당하고 있다고 볼 수 있다.

일부 정치인의 말 바꾸기와 거짓말은 어제 오늘의 일이 아니다. 정치인의 말 바꾸기는 그 정도가 너무 심하여 정치인에 대한 불신의 근본 원인이 되고 있다. 대표적으로 선거 때 국민에게 공약(公約)한 정책이 공약(空約)이 되는 것은 다반사이기 때문에 공약을 믿는 국민은 많지 않다. 부정부패 혐의를 받고 검찰의 조사를 받기 위해서 출두하면서 한 푼도 받지 않았다, 검찰에서 모든 것을 다 밝히겠다고 개선장군같이 당당한 모습을 보이면서 잡아뗀다. 하지만 오리발을 내민 지 48시간도 안 되어 혐의가 확인되고 구속영장이 발부되어 구치소행 호송차에 오르면서 죄송하다고 고개를 떨어뜨리고 몸 둘 바를 몰라 한다. 선거 때 특정 정당의 후보로 공천되어 상대당을 헐뜯고 비방한다. 당선 후에는 어느 순간에 그렇게 비판하던 정당에 입당한다. 선거 전후에 정치적 변절자, 정치철새들이 득실거린다.

최근에는 대통령의 재신임 선언과 관련하여 정치인과 정당의 말 바꾸기가 그 절정에 이르러 국민의 눈살을 찌푸리게 하고 있다. 정치적 이해와 당리당략에 따라서 우왕좌왕, 갈팡질팡하는 정치권의 모습이 정말 가련하고 개탄스럽다. 국민은 솔직히 현기증이 날 정도로 혼란스럽다. 정치의 사명은 국태민안(國泰民安)이라고 하는데 국가와 국민을 안심시키기는커녕 국민을 불안하게 만들고 있다.

노무현 대통령은 한 밤중에 홍두깨 내미는 식으로 측근의 비리 때문에 눈앞이 캄캄하다고 하면서 도덕성에 대하여 국민의 재신임을 받겠다고 충격적인 선언을 하였다. 임기 8개월도 안 되어 국민을 아연실색케 하였다. 그러더니 하루 만에 재신임을 묻는 배경에 대하여 국정부실의 원인이 야당 탓, 언론 탓, 국회 탓 때문이라고 슬그머니 말을 바꾸었다. 또 하루 만에 재신임을 정치개혁과 연관을 짓더니 국민투표 방식을 택하겠다고 국회 시정 연설에서 말을 바꾸었다. APEC 정상회담 참석차 출국 전에 재신임 국민투표에 대한 야당과 협의를 내세워 국민투표를 철회하는 듯한 인상을 주었다.

집권여당 격인 통합신당도 대통령의 인기가 10%대까지 떨어진 상황에서 대통령이 재신임을 묻겠다고 하자 절대 안 된다고 하다가 각종 여론조사에서 찬성의견이 우세하게 나오자 입장을 180도 바꾸어 재신임 국민투표를 적극 옹호하고 나섰다.

제1당인 한나라당도 말을 바꾸기는 마찬가지였다. 노대통령이 재신임을 묻겠다고 하자 열렬히 환영하다가 여론조사 결과가 불리하게 나오자 측근 비리에 대한 진실 규명이 우선이라고 하면서 국정조사, 특검, 탄핵을 주장하기에 이르렀다. 대통령이 재신임 국민투표에 대하여 정치권과 협의하겠다고 하자 국민투표를 수용하려는 것인지 반대하는 것인지 애매모호한 입장을 취하여 국민을 더욱 헷갈리게 하였다. 그러면서 인사쇄신을 하면 노 정부에 협조하겠다고 하니 어느 장단에 춤을 추어야 할지 국민은 정말 혼란스럽다.

물론 민주당도 처음에는 재신임을 묻는 것에 대하여 환영하다가 국민투표가 위헌이라고 하면서 철회를 주장하고 있다.

노무현 대통령이 취임한 지 8개월도 안되어 재신임을 받겠다고 선언한 것은 정말 불행한 일이다. 임기가 끝난 것도 아니고 이제 국정파악과 대통령직에 대한 사회화가 이루어질 상황에서 대통령의 재신임 투표를 한다는 것은 한국정치의 불행이 아닐 수 없다. 대통령이 재신임을 받으면 나머지 임기를 채울 수 있고, 반대의 현상이 나타나면 임기 도중에 물러나 60일 내에 새 대통령을 선출해야 하는 국가의 중대사를 놓고 말 바꾸기를 하는 정치인과 정당의 모습을 보면서 정말 국민은 안중에 없고 오직 당리당략만 있을 뿐이라는 사실을 다시 한번 확인하는 계기가 된 것이다.

상황의 유불리에 따라서 정치적 이해에 따라서 말을 바꾸고 변명하고 잡아떼고 책임을 전가하는 정치인들의 행태를 보면서 정치에 대한 불신과 무관심 그리고 냉소주의가 싹트게 된다. 이는 국민의 정치적 무관심, 선거의지 약화, 선거감각을 둔화시켜 투표율 저조 현상을 낳게 한다.

정치인의 말 바꾸기가 정치권만의 일이라면 그래도 이해할 수 있을 것이다. 하지만 모든 길은 정치로 통한다는 한국사회에서 정치의 영향력이 사회의 모든 분야에 파급되기 때문에 크게 우려하는 것이다. 정치인의 일거수일투족은 언론에 그대로 투영되어 국민에게 적나라하게 전달된다. 기성세대는 정치인의 잦은 말 바꾸기에 면역이 되어 말을 바꾸면 으레 그러려니 치부한다. 오히려 진실을 말하는 정치인이 있으면 정치를 아직도 잘 모르는 것 같다는 생각을 할 정도에 이르렀다. 국민이 정치인을 걱정해야 하는 뒤바뀐 처지가 개탄스럽다.

문제는 정치인들의 말 바꾸기가 자라나는 청소년들의 정치사회화에 미치는 부정적인 효과에 있다. 사회화 초기에 형성된 정치에 대한 부정적 이미지는 재사회화를 통하여 교정하기가 매우 어려울뿐더러 그 효과가 지속되기 때문에 큰일이다. 여기에 대하여 누구도 책임질 수 없으며 이는 국가의 미래를 어둡게 만드는 요인으로 작용하기 때문에 큰 걱정이다.

말 바꾸기를 상황논리로 호도하는 비겁하고 떳떳하지 못한 정치인은 도덕성과 신뢰성에 문제가 있기 때문에 정치 지도자로서 자질이 없다. 말을 바꾸는 정치인을 정치권에 발붙이지 못하게 하려면 국민의 정치의식과 정치문화가 바뀌어야 한다. 합리성과 활동성에 기초한 시민의식과 참여적 민주시민문화가 정착되어야 할 것이다. 한국정치가 발전하려면 결국 민주시민교육이 필요하다는 것을 강조하지 않을 수 없다.

(2003. 10. 30. www.kngo.org)

정치는 돈을 가장 잘 버는 사업

"**단** 돈 1원도 받은 적 없다, 검찰에서 사실을 다 밝히겠다, 음모다, 탄압이다, 억울하다, 일면식도 없다" 등등 너무나 귀에 익숙한 말을 요즘 부쩍 더 많이 듣게 된다. 비리 혐의로 검찰에 조사를 받기 위해 출두하는 뻔뻔스런 정치인들이 하는 말이다. 하지만 오리발을 내민 사람들 대부분이 혐의가 입증되고 영장이 발부된다. 고개를 떨구고 구치소행 호송차에 오르는 모습은 검찰에 출두할 때의 당당함은 오간 데 없고 초라하고 가련하기 그지없다.

한국정치에서 불법 정치자금 거래가 어제 오늘의 일이 아니다. 요즘 시중에 정치와 정치인이 나라 망친다는 소리가 자자하다. 한국정치가 정경유착이나 검은 돈으로부터 해방되지 않으면 미래가 없다고 귀가 따갑도록 듣고 또 들었지만 예나 지금이나 하나도 변한 것이 없다. 『문명충돌론』의 저자인 사무엘 헌팅톤 교수가 35년 전 저술한 『변화하는 사회의 정치질서』라는 책에서 한국정당의 불법 정치자금에 대하여 언급한 대목이 있을 정도다. 그는 "정치는 권력과 부를 얻는 주요한 통로가 되고 있다"고 하면서 "근대화 도상 국가에서 정치는 최단 시일 내에 다른 어느 수단보다도 많은 돈을 벌 수 있는 사업"이라고 갈파하였다.

최근 검찰의 수사를 받거나 재판이 진행 중인 현대비자금 사건이나 SK 비자금 사건 등의 전모가 밝혀지면서 35년 전 헌팅톤 교수의 분석이 오늘의 한국 정치현실과 너무 흡사하여 놀라지 않을 수 없다. 얼마 전 대검 간부가 일부 정치인이 선거 때 쓰고 남은 돈을 자녀에게 물려주고 외국에 빌딩까지 산 경우가 있다고 개탄하였다. 그의 말에 고개가 끄떡여진다. 왜냐하면 정치에 입문할 때 돈이 없어 라면 끓여먹고 친구 차 빌려 타고 선거운동을 했다고 가난을 자랑하던 사람들이 국회의원 한두 번하면 평생 돈 걱정하지 않고 호의호식하는 경우를 목격할 수 있기 때문이다.

무한경쟁 시대에 기업에서 힘들게 번 돈인데 1억 원이 든 쇼핑백 수십 다발 내지 수백 다발을 정치인에게 갖다 바쳤다니 정치보다 더 큰 돈벌이 사업이 어디에 있겠는가? 오늘의 한국사회는 35년 전 1인당 국민소득이 169달러였던 때와는 비교할 수 없을 정도로 발전하였다. 월드컵 4강의 신화를 창조하고 세계 10위권의 경제력을 자랑할 정도로 대한민국은 발전했지만 부패한 정치는 더 심해진 것 같다. 국제투명성기구에서 2003년도 한국의 부패인식지수(CPI)를 133개국 중 50위라고 발표 한 바 있다. OECD국가 중 최하위라고 한다. 체면이 말이 아니다. 정말 수치스런 일이다.

한국은 정말 총체적 부패공화국이란 말인가? 이대로는 미래가 없다. 총체적 부패상황에서 선진민주주의 국가로 발전하기를 기대하는 것은 절망적이다. 불법 정치자금을 고백성사로 용서받고 덮을 일이 아니다. 정치인의 윤리성과 도덕성 회복을 아무리 외쳐도 소귀에 경 읽기다. 국민에게 부패한 정치인을 뽑지 말라고 낙선운동을 해도 효과가 적다. 선거공영제, 정치자금의 수표화, 정치자금 관리통장의 단일화, 선관위의 정치자금 실사 권한 강화 등등 제도를 바꾼다고 검은 돈이 없어지겠는가? 본질적으로 국민과 정치인의 의식과 정치문화가 바뀌어야 한다. 하지만 이는 하루아침에 이루어지는 것이 아니다.

각종 비자금 사건이 터져 정치권이 만신창이가 된 지금이 검은 돈 척결의 호기라고 볼 수 있다. 차관급 이상 공직자의 비리 수사를 전담할 상설 특별검사제를 도입하는 것도 대안이 될 수 있지만 일단 현 검찰에게 기회를 주는 것이 좋을 것이다. 당분간 검찰공화국이 되는 길밖에 없다. 검찰이 사정의 칼을 뽑아 부패한 모든 정치인을 퇴출시키는 것이다. 정치권의 빅뱅을 가져와도 좋다. 하지만 검찰은 수사의 칼을 청와대를 포함 성역 없이 그리고 여야 똑같은 잣대로 공정하게 휘둘러야 할 것이다. 그렇지 않으면 특검제 도입을 불러와 검찰은 설 땅을 잃을 것이기 때문이다. 검찰이 나라 망치는 비리 정치인을 발본색원한다는 역사적 사명감을 가질 때다.

(2004)

정치권 물갈이 제대로 하라

3개월도 채 남지 않은 17대 총선 준비가 한창이다. 각 당은 공천 신청서를 접수하고 공천기준을 마련하면서 총선 올인 작전을 시작하였다. 총선을 앞두고 아마도 가장 많이 회자되는 화두는 「물갈이론」일 것이다.

물갈이론이 탄력을 받게 된 까닭은 무엇보다도 고인물이 썩듯 오랫동안 정치권에 몸담고 있으면서 부패와 부정비리에 연루된 정치인이 너무 많다는 데서 찾을 수 있을 것이다. 차떼기 대선불법 자금 등 부패와 부정 비리에 연루된 국회의원들이 무더기로 감방에 들어가는 모습을 보면서 국민은 정치권 물갈이의 필요성을 절감하게 된 것이다.

물갈이 표심을 의식한 정치권은 이번 총선의 승부수를 공천 물갈이에 두고 있는 듯하다. 오죽하면 "전우의 시체를 넘고 넘어 앞으로 앞으로"라는 전우야 잘 가라는 노래를 부르는 상황이 되었겠는가? 이번 총선은 썩은 물을 갈아 낡고 병든 정치권을 정화시키자는 것이 국민적 최대 관심사가 될 전망이다.

그동안 공천 물갈이와 총선 물갈이가 약 40%씩 이루어져 왔다. 16대 총선 당시 현역의원 약 40%가 공천에서 탈락되었으며, 15대와 16대 총선에서 초선의원 당선율이 각각 45%와 40%로 나타났다. 현역의원을 얼마나 물갈이해야 적정한 수준인지 판단할 수 있는 과학적 근거는 없지만 통계적으로 유의미한 물갈이가 이루어진 것은 사실이다. 하지만 어찌하여 정치권은 아직도 정화되지 않고 국민의 분노와 실망은 계속되고 있는가? 총선 때마다 왜 세대교체론, 물갈이론, 판갈이론, 새피 수혈론, 구태정치인 퇴출론 등이 반복적으로 등장하고 있는가?

근본적으로 오염원(汚染源)을 발본색원하지 않았기 때문이다. 예컨대 고비용 정치구조의 혁파, 정경유착 고리의 차단, 정치인의 윤리의식과 도덕성

회복, 정치권의 자정능력 향상, 반부패 정치문화 정착, 언론의 감시기능 강화, 법치주의 확립 등등이 병행되지 않았기 때문이다.

위와 같은 오염원이 완전하게 제거되려면 많은 시일이 소요될 것이다. 그렇기 때문에 천리 길도 한 걸음부터 우선 물갈이부터 시작하자. 고인 물을 썩지 않게 하려면 자주 갈아주어야 하듯 오랫동안 국회에 몸담고 있으면서 부정부패에 오염된 정치인을 퇴출시키자. 정치권 물갈이의 1차적 책임은 정당에 있다. 정당은 대대적인 물갈이 공천을 통하여 부패와 부정비리에 연루된 정치인을 걸러내야 할 것이다.

그다음 어떤 급수의 물을 유입시킬 것인지 결정하는 것은 전적으로 유권자의 몫이다. 유권자들은 정당에서 공천한 후보가 오염되지 않은 1급수인지, 수돗물로 쓸 수 있는 2급수인지, 공업용수인 3급수인지, 아무리 정수과정을 거쳐도 음용수가 될 수 없는 4급수 인지를 잘 가려내야 할 것이다. 3~4급수가 국회의원이 되어서는 안 된다. 이들이 유입되면 1~2급수도 머지않아 오염될 수밖에 없을 것이기 때문이다. 이번 총선에서 정치권을 정화시킬 최종 책임은 결국 국민 손에 달려 있음을 명심해야 할 것이다.

(2004. 1. 20. 세계일보)

박수 받을 때 떠나라

이 해찬 국무총리의 3·1절 골프 파동을 보면서 얼마 전 관람했던 '박수 칠 때 떠나라'는 영화가 떠올랐다. 한 카피라이터의 죽음에 대한 숨 가쁜 수사가 진행되는 것이 줄거리이긴 하지만 잘 나갈 때 떠나는 모습을 읽을 수 있는 영화였다. 세상 모든 일에는 때가 있는 것 같다. 적시(適時)를 잘 판단할 수만 있다면 모든 일에 성공할 수 있을 것이다. 자신이 앉아 있을 때인지, 서 있어야 할 때인지, 자리를 떠날 때인지, 더 머물 때인지를 분간하고 결단을 내리는 것은 결코 쉬운 일이 아니다.

이해찬 국무총리는 5선이라는 풍부한 의정경험도 있고, 서울시 정무부시장과 교육부장관을 역임하는 등 지방과 중앙정부의 행정경험도 있다. 차기 여당의 대권예비 후보의 하나로 분류되기도 한다. 어느 장관이 이 총리는 국정 전반에 대한 해박한 지식을 바탕으로 신속한 의사결정과 결단력을 갖춘 능력 있는 실세총리라고 평가하는 소리를 들었다. 백 번을 양보해서 행정부 2인자로서 국정수행 능력이 출중하다고 인정하더라도 때를 읽는 능력이 부족한 것 같다. 아니면 오만 때문에 자연의 섭리인 때를 거역하려고 하는지 모르겠다.

무엇보다 국무총리는 골프 칠 때를 잘못 선택했다. 국무총리라고 골프를 치지 말라는 법이 없다. 좋아하는 운동을 통해 개인적으로 심신을 단련하고 그것을 바탕으로 공인으로서 국정수행에 이바지할 수 있다면 오히려 권장할 수 있을 것이다. 총리공관에 간이 골프 연습장을 설치하는 것도 크게 문제될 것이 없다. 국무총리의 3·1절 골프는 황제골프, 접대골프, 내기골프, 동반자의 부적절성 등이 문제의 본질이라고 볼 수 있지만 최초에 불거진 것은 골프를 친 때 때문이다.

때를 잘못 선택한 것은 그날이 3·1절에다 철도 파업 첫날이었다. 국무총리는 전에도 부적절한 때 골프를 쳐 국민에게 사과까지 한 전력이 있다. 지난해 4월 식목일 강원도 양양지역에 산불이 발생한 날, 7월 2일 남부지역의 집중 호우로 크고 작은 피해가 발생하는 날 골프를 쳤다. 더구나 3·1절 골프 바로 전날 국회에서 홍준표 의원이 법조 브로커 윤 아무개 씨와 골프를 치고 후원금을 받았다는 의혹을 제기하자 총리는 "도덕적 법률적으로 문제될 것이 없다"고 응수하면서 홍 의원의 선거법 위반 전력을 제기한 막말 공방이 있었다. 실세총리로서 국회를 경시하는 안하무인이라는 비난을 받은 바로 다음 날 또 골프 파문을 불러온 것이다. 국민의 시선이 곱지 않은 상황에서 부적절한 때 골프를 쳤다. 이쯤 되면 여론이나 때를 무시하는 오만한 모습을 보인 것이라고 평가하지 않을 수 없다.

다음은 진실해명의 때를 놓쳐 문제를 더 키웠다. 3·1절 기념식에서 순국선열의 애국충정을 기리던 순간 골프를 친 것이 문제되었을 때 곧바로 사실대로 털어놓고 국민의 이해를 구하는 진솔하고 겸손한 모습을 보였어야 했다. 물론 라운딩을 같이 했지만 엉뚱하게 교육부차관이 나서서 거짓해명을 하고, 계속해서 진실을 호도하려는 모습을 보여 의구심을 키웠고 파문이 확산된 것이다. 시간이 지나면서 동반자가 확인되었고, 황제골프, 접대골프, 내기골프라는 사실이 밝혀졌다. 골프장 직원과 도우미가 있고 내장객이 있고 카드 결제전표와 운동기록이 있는데 진실이 밝혀지지 않고 부적절한 골프의 보안이 지켜지리라고 믿었다면 판단 착오다.

세상에는 때가 있는 법이다. 필드에 나갈 때가 있고, 산에 오를 때가 있다. 총리의 3·1절 골프 파동을 보면서 새삼 깨달은 것은 운동하는 날을 잡는 것도, 무슨 문제가 터졌을 때 진실을 밝히는 때도 중요하지만 본질은 자리에 있어야 할 때와 물러나야 할 때를 판단하고 실천하는 것이 진정으로 때를 읽을 줄 아는 현명한 사람이라는 사실이다. 어느 자리에 있든지 박수 받을 때 그 자리를 떠날 줄 아는 것이 진정으로 용기 있는 결단 같다. 손가락질 받기 전에 그 자리에서 물러날 줄 아는 용기를 아무나 발휘하는 것은 아닌 것 같다.

(2006. 3. 14. 기호일보)

폴리페서(정치교수)를 보는 눈

12월 대선을 앞두고 어느 캠프에서 일하느냐고 묻는 사람들이 종종 있다. 12월 대선에 어느 예비후보의 정책자문을 하고 있느냐는 질문이다. 정책자문 등 현실정치에 참여하는 교수들을 폴리페서(정치교수)라고 한다. 영어의 정치(politics)와 교수(professor) 합성한 말이다. 자신의 전문성을 바탕으로 현실정치에 참여하여 학문적 업적을 정책결정과정에 반영시키고 그것을 공직 진출의 기회로 삼으려는 교수를 일컫는 말이다. 텔레페서(telefessor)와 마찬가지로 일단 부정적인 뉘앙스가 풍긴다.

폴리페서에 대하여 특정 분야의 전문지식을 갖고 있는 교수가 그 대상이 누가 되었든 정책자문 등에 응하고 공직에 진출하는 것은 있을 수 있다고 보기도 한다. 교수들이 평소에 갖고 있는 정책소신이나 입장을 정책결정 과정에 반영시켜 현실 문제를 해결하는 대안으로 채택된다면 의미 있는 일이 아닐 수 없을 것이다. 대선캠프의 핵심 자문그룹에 참여하면 특정문제에 대한 자신의 입장을 후보와 직접 토론할 수 있는 기회를 갖게 된다. 후보와 면대면 접촉을 통하여 후보의 정책정향 형성이나 변화에 영향을 미칠 수 있다. 자신의 학문적 업적이 대선공약으로 발전될 수도 있다. 자신의 정책입장이 선거공약으로 채택되고 집권 후 국가정책으로 전환되어 사회문제를 성공적으로 해결하는 데 이바지한다면 매우 보람 있는 일이 아닐 수 없을 것이다. 후보의 맘에 들면 집권 후 직접 공직에 진출하여 이론과 현실을 접목시킬 기회를 가질 수도 있을 것이다. 현실정치에 참여한 경험을 바탕으로 학교에 돌아와 현장감 넘치는 강의를 할 수 있다면 권장할 수 있을 것이다. 어느 일간지의 보도에 의하면 노무현 당선자의 인수위원에 참여했던 13명의 교수 중 12명이 공직에 진출했다고 한다.

반면에 폴리페서에 대한 가장 커다란 우려는 학생들의 강의와 연구에 소홀해질 수 있기 때문에 비판적으로 보는 것이다. 상당 부분 맞는 말이다. 학내에서 보직교수를 해도 학생들에게 미안할 정도로 강의가 부실한 것이 사실이고 연구에 전념할 수 없는데, 하물며 학교 밖의 대선 캠프나 정치과정에 직접 참여하다 보면 강의와 연구 시간을 많이 빼앗기게 될 것이다. 이는 개인의 능력차나 노력 여하에 따라서 어느 정도 극복할 수 있지만 강의와 연구에 전념할 수 없는 것은 부정할 수 없다. 극단적인 사례로 학기 중에 치러지는 총선에 휴직 등의 절차를 밟지 않고 출마한 교수들이 비판의 대상이 된 적이 있다.

교수도 시민의 일원으로서 그리고 정치적 인간으로서 얼마든지 선출직이든 임명직이든 공직에 진출할 수 있다. 정당법은 전임강사 이상의 현직 대학교수에게 총선출마나 정당 가입 등을 허용하고 있지만 학생들의 강의에 지장이 없도록 행정절차를 밟은 후 나서는 것이 요구된다.

또한 대선 때 어느 캠프에도 참여하지 못하는 교수는 별 볼일 없다고 인식하는 일부 사회 분위기가 바뀌어야 할 것이다. 특정분야의 최고 권위자라면 대선 캠프에서 가만 놔두지 않을 것이란 전제가 깔린 것이다. 한마디로 당신은 유명교수가 아니라 대선캠프의 스카우트 대상이 되지 못한다는 시각이다. 대선 캠프에서는 분야별 전문가를 경쟁적으로 영입하려고 노력하는 상황이기 때문에 이해가 가는 부분도 있다. 하지만 수차 캠프 참여를 요청해도 고사하는 교수들이 많다는 사실을 유념할 필요가 있다. 비판받아야 할 대상은 당선이 유력한 후보 캠프에 합류하기 위해서 여기저기 구차하게 선을 대면서 교수의 체면을 구기는 일부 권력지향형 교수들이다. 그리고 자신이 직접 참여했던 정부나 자문했던 후보가 집권한 뒤 정책실패 등으로 국민들로부터 손가락질을 받을 때 얼마만큼의 책임감과 죄책감을 갖고 있느냐 하는 것이다. 과(果)만 취하고 오(誤)는 외면하는 폴리페서가 더 큰 문제다.

(2007. 3. 20. 인천일보)

뻔뻔해야 하는 정치인의 길

고건 전 총리와 정운찬 전 서울대 총장이 대권 꿈을 접는 것을 보면서 어느 장관출신 정치학 교수의 넋두리가 생각났다. 그 교수는 꽤 이름 있는 저서도 출간한 바 있으며 장관을 역임하기도 했다. 장관을 마치고 대학에 돌아와 있으면서도 정당정치에 참여하는 등 호시탐탐 정계 진출의 기회를 엿보았다. 가까이서 보기에 과욕을 부리는 것이 아닌가 하는 인상을 받을 정도였다. 끝내 정치적 야망을 실현시키지 못하고 좌절한 상태에서 자신이 정계에 진출하지 못한 원인을 다음과 같이 진단하는 소릴 들었다.

한국에서 정치를 하려면 첫째 뻔뻔해야 한다는 것이다. 체면 불구하고 얼굴이 두꺼워야 한다는 것이다. 구차스럽고 비굴할 정도로 힘 있는 인사를 찾아다니고 얼굴에 철판을 깔아야 한다는 것이었다. 가만히 앉아서 '나를 발탁하시오' 하는 것은 연목구어나 마찬가지라는 것이다. 다음은 자신을 정치적으로 밀어주는 막강한 후원자나 지지기반 또는 세력이 있어야 한다는 것이다. 다른 말로 조직이 있어 일정한 지분권을 행사할 수 있는 능력이 있어야 한다는 것이다. 그래야 정치권에서 쓸모를 인정해주고 무시하지 못한다는 것이다.

오랫동안 꿈꾸어 오던 정치적 입신의 기회가 좌절되자 자신이 부족했던 것을 자조적으로 변명하는 소리같이 들리기도 하고 정치권에 대하여 비판적인 태도를 보이는 것 같기도 하다. 일반적으로 정치에 입문하려면 권력욕, 도전의지, 조직력이나 또는 후원세력, 기회, 자금력 등을 갖추어져야 한다는 것은 널리 알려진 사실이다. 물론 운도 따라줘야 한다. 하지만 뻔뻔해야 한다는 것은 한국정치에서만 특별하게 요구되는 소양인 것 같아 쓸쓸하지 않을 수 없다.

고건 전 총리는 대권 포기를 발표하면서 "지난 1년 가까이 나름대로 상생의 정치를 찾아 진력해 왔지만, 대결적 정치구조 앞에서 저의 역량이 너무나 부족함을 통감한다"고 했다. 정운찬 전 총장도 "정치는 비전과 정책뿐만 아니라 세력화하는 활동이라고 생각하지만 자격과 능력이 부족하다"고 했다. 말은 안 했지만 한 분은 깨끗한 정통관료 출신으로서 또 다른 분은 대표적인 지식인의 한 사람으로서 얼굴에 철판 깔고 뻔뻔스럽게 굴 수 없었던 정치판도 한몫했을 것으로 짐작된다.

한국 정치인 모두가 다 뻔뻔스러운 것은 절대로 아니다. 하지만 정치를 하려면 뻔뻔스러워야 한다는 사실은 부정할 수 없을 것이다. 얼굴이 두껍지 않고서는 험한 정치판에 진입하기도 어렵고 설사 입문에 성공하더라도 생존이 쉽지 않을 것이다. 정치에 입문하기 위해서는 온갖 체면 다 구기고 구차스럽게 자신을 세일즈해야 한다. 낯간지러울 정도로 비위가 좋아서 이사람 저사람 찾아다니고 여기저기 줄을 대거나 유력한 대권후보의 캠프에 합류하기 위해서 온갖 뻔뻔한 행동을 일삼아야 한다. 극소수를 제외하고 가만히 앉아 있는데 자동적으로 발탁되는 경우는 흔한 일이 아니기 때문이다.

또한 정치권에 성공적으로 진입하더라도 닭 잡아먹고도 오리발을 내밀고, 거짓말을 하면서도 안색 하나 변하지 않는 태연함을 보이고, 말을 180도 바꾸면서도 양심의 가책을 느끼지 않고, 자신의 정치적 고향이자 인큐베이터 역할을 했던, 정들었던 정당을 떠나면서도 독설을 퍼붓는 등등 일반적인 상식으로는 도저히 납득할 수 없는 일들을 대수롭지 않게 여기는 뻔뻔함이 있어야 한다.

얼굴이 두껍고 낯 뜨거운 행동을 예삿일로 여기고 뻔뻔한 모습을 보이는 것은 개인의 성격이나 용기일 수 있다. 살다보면 뻔뻔스럽게 행동하는 경우도 있다. 하지만 뻔뻔스럽지 못한 사람은 정치권에 진입할 수 없다거나, 뻔뻔한 사람이 정치적으로 성공한다거나, 정치가 뻔뻔한 사람을 만든다면 바람직한 정치의 모습은 아니다. 뻔뻔스럽지 않고 양식 있는 사람들이 정치를 하면 정치가 보다 발전하지 않을까?

(2007. 5. 7. 인천일보)

대선 후보의 도덕성과 실천력

대선을 불과 7개월도 채 남겨두지 않은 가운데 아직도 여야 후보가 가시화되지 않는 보기 드문 현상이 나타나고 있다. 야당 후보로는 이명박 전 서울시장과 박근혜 전 한나라당 대표 중에 하나가 될 것이 분명하지만 여권은 아직도 오리무중이다. 이제서 당을 만들어 후보를 내겠다는 움직임 등으로 보아 야당 후보가 8월 말에 결정되고 한동안 지난 후 여권 후보의 윤곽이 잡힐 전망이다.

김대중(金大中) 전 대통령은 26일 한나라당 대선후보들의 독주체제를 "상대 없이 혼자 휘두르는 주먹질"에 비유하기도 하였다. 혼자 주먹을 휘두르는 상황이 오랫동안 지속되다 보니 자연스럽게 야당 후보들에게 관심이 쏠리고 있는 것은 어찌 보면 당연한 일이 아닐 수 없다. 그런 가운데 야당의 두 유력후보 중에서 누가 대선 후보가 되는 것이 더 적합한지 암시하는 듯한 글을 접하는 기회가 생기게 된다. 국정책임자의 자격요건으로 "도덕적 순결보다 실천력"이라느니 "또 도덕 타령인가" 등등의 칼럼이 눈에 띈다.

도덕성과 실천력이라는 두 가지 덕목 중에 하나에 결정적인 흠이 있음에도 불구하고 다른 것만 갖추면 된다는 주장은 아닐 것이다. 두 가지 덕목 중에서 상대적으로 어느 것이 보다 더 중요하다는 논리는 타당성이 있지만 다른 하나는 완전하게 무시해도 된다는 주장은 납득하기 어렵다. 어느 하나의 덕목이 더 중요하다는 주장의 이면에는 야당의 유력 두 후보 모두 도덕성과 실천력을 골고루 갖춘 것 같지 않다는 뉘앙스를 풍긴다. 다시 말하면 어느 후보는 도덕성이 높은 반면에 실천력이 부족하고 다른 후보는 그 반대라는 것을 암시하는 것으로 해석될 수밖에 없을 것이다.

경선과정에서 당내는 물론 언론이나 상대 진영에서 검증을 시작하면 개인사부터 도덕성, 실천력, 정책, 비전 등에 이르기까지 숨김없이 모든 것이 낱낱이

까발려질 것이 분명하다. 후보별 도덕성과 실천력 등에 대한 검증이 이루어질 때 두 덕목 중에서 어느 것이 더 중요한지는 최종적으로 국민이 판단할 문제다. 도덕성에 치명적인 문제가 있음에도 불구하고 실천력을 높게 평가할지, 실천력에 결정적인 하자가 있음에도 불구하고 도덕성을 중시할지는 전적으로 국민의 판단과 선택에 달린 문제라고 볼 수 있다. 어느 후보는 특정한 덕목에 문제가 있음에도 불구하고 지지할 수밖에 없다는 최종 선택은 국민의 몫이 될 것이다.

원론적으로 말하면 한나라의 최고 정치지도자가 되려면 두 가지 덕목을 골고루 갖추어야 할 것이다. 도덕성이 없는 지도자는 실천력의 한계에 직면할 것이고, 실천력 없이 도덕성만 강조하면 국정의 성과가 별로 나타나지 않을 것이기 때문이다.

힝클리(Barbara Hinckley)는 "대통령은 국가의 상징으로서, 정부권력과 정부와 동일체로서, 오직 하나인 유일한 존재로서 그리고 국가의 도덕적인 지도자로서 자기 자신을 국민 앞에 보여야 한다"고 주장하였다. 대통령의 권력에 대한 정당성이 인정되고 권위가 확립되기 위해서는 도덕성이 반드시 필요하다는 입장이다. 도덕성이 결여된 국가의 최고 정치지도자는 국민의 신뢰와 존경을 받을 수 없게 된다.

또한 국가의 최고정치지도자에게 실천력이 없으면 국정을 효율적으로 운영할 수 없을 것이다. 로즈(Richard Rose)는 대통령의 평가기준으로 여론에 대한 대응성과 정책결정과 집행의 효율성을 강조하였다. 실천력은 효율성을 의미한다. 지난 10여 년 동안 소위 민주화에 앞장섰다고 자처하는 집권세력은 구체적인 성과를 이룩하기는커녕 현란한 구호성 정치에 능한 모습을 보였다. 업적으로 말하는 것이 아니라 말을 앞세우는 립 서비스 정치로 국민을 신물 나게 만들었다.

도덕성과 실천력을 두루 갖춘 완벽한 지도자를 갖는 것은 쉬운 일이 아니다. 하지만 두 덕목을 완전 무시할 수 없을 것이다. 머지않아 진행될 대선 후보의 검증과정을 국민은 두 눈을 부릅뜨고 예의 주시해야 할 것이다. 두 덕목 중 어디에 치명적인 하자가 없는지 꼼꼼히 살펴보아야 할 것이다.

(2007. 6. 4. 충북뉴스)

줄 세우기 정치 안 된다

출세하려면 '줄을 잘 서야 한다'는 말을 자주 듣는다. 재수 없게 줄을 잘못 섰다가 낭패를 보았다는 푸념도 귀에 낯설지 않다. 같은 조건 인데도 어느 줄에 서느냐에 따라서 운명이 극명하게 갈린다는 의미다. 이는 한국사회가 그만큼 안정되지 않았다는 것을 반증하는 것이다. 줄서기 경쟁이 가장 심한 곳은 정치권이 아닌가 싶다.

이명박 전 서울시장과 박근혜 전 한나라당 대표의 캠프에서는 현역의원 30여 명 이상이 포함된 대규모 선대위 명단을 발표하였다. 손학규 전 경기 지사의 대선 출정식에는 범여권 의원 60여 명이 참석했다고 한다. 이를 보면서 어느 당의 당원협의회 운영위원장이 줄서는 문제 때문에 고민이 이만저만이 아니라는 말이 떠올랐다. 대권후보 중 어느 한쪽에 줄을 서야 할지 많은 고심을 했다고 털어 놓았다. 유력 대선후보 캠프에서 끈질기게 자기 쪽으로 오라고 손짓하면서 어느 쪽인지 태도를 분명하게 밝힐 것을 요구받았다는 것이다. 후보 경선일이 다가오면서 줄을 잘 서야 하는 정치적 승부 수 때문에 많은 밤을 설쳤다는 것이다.

많은 현역의원이나 당원협의회 운영위원장들은 이미 어느 한쪽 진영에 줄을 섰다. 하지만 아직까지도 어느 쪽에도 가담하지 않는 정치인들도 많다. 이미 줄을 선 사람들은 제대로 줄을 선 것인지 여론의 향배에 민감하게 반응하면서 불안해하기도 할 것이다. 그렇지 않은 경우 경선일이 다가올수록 어느 쪽에 줄을 서야 할지 고민이 보통이 아닐 것이다.

줄을 서는 이유는 '때문에'와 '위해서' 등 두 가지 유형이 있을 것이다. 대권 후보와 오랫동안 개인적 유대관계를 유지해 왔기 때문에, 그를 너무 좋아하기 때문에, 그에게 정치적으로 너무 많은 신세를 졌기 때문에, 그가 대통령 재목으로서 가장 뛰어나기 때문에, 그가 대통령이 되어야 나라가 잘

될 것으로 확신하기 때문에 등등의 이유로 줄을 서는 경우다.

다른 한편 대선 후 자신의 정치적 입지를 위해서 줄을 서는 경우다. 어느 한쪽에 줄을 서서 경선과정에 큰 역할을 하고 그가 대선 후보가 되면 열심히 선거운동에 나서서 당선시키는 데 일조하고 내년 4월 치러질 총선에서 공천을 보장받기 위해서 줄을 서는 경우라고 볼 수 있다. 만약 반대쪽에 줄을 서면 공천은커녕 정치적 사망선고를 받을지 몰라서 줄을 서는 것이다.

정치생명을 걸고 줄을 서야 할지 말지, 줄을 선다면 어느 쪽에 서야 할지 고민하는 사람에게 어정쩡한 충고를 했다. 어느 시민단체는 한쪽에 줄을 서지 않고 경선과정에 중립을 지키다가 일단 후보가 결정되면 누구든 상관하지 않고 그 당 후보를 적극 지지한다고 하더라. 그러니 끝까지 줄을 서지 말고 기다리다가 후보가 결정되면 대선에서 당신의 선거구에서 압도적인 지지표가 나올 수 있도록 선거구나 잘 관리하는 것이 좋을 것 같다고 했다. 별로 귀담아 듣는 눈치가 아니었다. 12월 대선이 끝나면 2월 말 새 대통령이 취임하고 4월 총선에서는 갓 취임한 힘 있는 대통령이 당의 공천에 막대한 영향력을 행사할 것이 분명한데 줄을 서지 않으면 정치생명이 끝날 것 같다고 철석같이 믿는 분위기였다.

정당정치가 발전하려면 아직도 멀었다는 생각이 들었다. 정치적 반대자에게 불이익을 주는 것은 민주주의가 요구하는 관용정신에 위배된다. 줄을 잘못 섰다는 이유 때문에 능력 있는 정치인이 공천에서 탈락되는 것도 문제다. 당권과 대권이 분리된 상황에서 대통령이 공천권에 영향력을 행사하는 것도 문제다. 年대통령에 취임하자마자 정치개혁은커녕 첫 작품으로 같은 사냥꾼만 챙기는 엽관주의도 문제다. 더구나 이미 대세로 자리 잡힌 상향식 공천의 정당민주화도 문제다.

줄을 설 필요가 없는 정치, 설사 재수 없게 줄을 잘못 섰더라도 정치적 불이익을 당하지 않는 정치를 기대할 수는 없을까?

(2007. 6. 19. 인천일보)

이명박에 대한 기대와 우려

대선 구도가 아직 짜여지지 않은 상황에서 특정 후보만을 논하는 것은 매우 조심스럽고 꺼려지는 일이 아닐 수 없다. 하지만 전당대회 효과가 상당부분 빠졌음에도 불구하고 50%대의 높은 지지율을 유지하는 이명박 후보에 대한 기대가 크고 반면에 우려하는 부분도 있어 몇 마디 하지 않을 수 없다.

이 후보가 한나라당 대선후보가 되고 국민의 전폭적인 지지를 받고 있는 것은 무엇보다 경제 살리기에 대한 기대 때문이다. 대기업 최고경영자 출신으로서 실물경제 경험이 풍부하기 때문에 경제 하나만은 꼭 살릴 수 있을 것이라고 믿고 있다. 이 후보를 지지하는 대학생들에게 이유를 물어보면 이 구동성으로 경제를 살릴 수 있을 것 같기 때문이라고 대답한다. 도곡동 땅의 실제 주인이 이 후보일 것이라고 믿는 사람들조차도 지지를 철회하지 않는 이유는 약간의 도덕적 흠결이 있어도 경제만 살려준다면 문제 삼지 않겠다는 생각 때문이다.

하지만 5년 동안 한국 경제를 어떻게 살릴 수 있을지 구체적인 전략과 방법이 제시되어야 할 것이다. 경제공약을 보면 전문가가 아니더라도 한국 경제가 살아날 수 있을 것 같다는 기대를 걸 수 있고, 경제대통령 자질이 풍부하다는 인식을 갖도록 해야 한다. 실물경제에 밝기 때문에 무슨 수를 써서라고 경제를 꼭 살릴 수 있으니 믿어 달라는 구두탄만으로는 국민에게 경제대통령에 대한 확신을 심어주기 어려울 것이다. 그렇지 않으면 10월 초 남북정상 회담이 끝나고 시대정신이 경제에서 평화문제로 전환되지 말라는 보장이 없을 것이다.

이 후보에 대한 두 번째 기대는 정치의 효율성과 생산성을 높일 수 있을 것이라 믿기 때문이다. 정치판은 가장 비생산적인 소모전만 일삼는 곳으로 인식되어 국민의 불신이 대단히 높다. 이 후보가 고비용저효율의 한국정치 병폐를 혁신할 것으로 기대한다. 이유는 이 후보는 효율성과 생산성을 중시하는 경제현장에서 잔뼈가 굵은 사람이기 때문이다. 건설현장에서 효율성을 최고의 가치로 여기면서 대기업의 최고경영자로서 강력한 추진력을 발휘한 경험이 풍부하다. 대선 후보가 되고 나서 한 말을 봐도 그것을 알 수 있다. '여의도에 오니 겹겹이 정치만 보인다'거나 '정치 경제 사회 각 분야를 관통하는 자신의 철학이 '자발적 변화'를 통한 '효율성의 극대화'라고 강조한 것을 보면 생산성을 중시할 것임에 틀림없다.

하지만 민주정치는 효율성 못지않게 중요한 것이 절차적 정당성이다. 모로 가도 서울만 가면 된다는 것은 경제에는 통할지 모르지만 민주주의 정치과정에서는 그렇지 않다. 만의 하나 정치에서 효율성의 극대화만을 강조하다 일방통행식 권위주의적인 의사결정이 이루어진다면 민주주의 원리에 어긋나기 때문에 절차적 정당성을 확보하기 곤란하다. 효율성과 정당성을 조화시키는 것은 전연 불가능한 일도 아니지만 그렇다고 쉬운 일도 아니다.

이 후보에 세 번째 기대는 대통령에 당선된다면 설득적 리더십을 발휘할 것으로 보기 때문이다. 서울시장 시절 청계천 공사를 추진하면서 이해당사자들을 직접 만나서 성공적으로 설득한 사례가 있다. 대통령직 수행의 성공 여부는 국민 야당 국회를 설득시킬 수 있는 리더십에 있다고 한다. 자신감에 넘치는 거침없는 말투와 현장감과 생동감 있는 논리로 국민과 야당과 국회를 설득시킬 수 있는 자질이 있을 것으로 기대한다. 반면에 이따금씩의 말실수로 노대통령과 비슷한 면이 일부 발견된다고 우려하는 목소리가 있다. 예를 들면 관기(官妓), 마사지 걸, 동성애, 여성, 역사의식과 언론관 등등에서 설화(舌禍)를 자초하기도 했다. 일부 건설현장에서 사실적으로 사용하는 말과 대통령의 언어는 달아야 한다. 국가의 지도자에게는 설득력과 더불어 품격 높은 말솜씨가 요구된다.

몇 가지 우려를 불식시키고 기대만을 키워야 대선에서 승리할 수 있을 것이다.

(2007. 9. 17. 인천일보)

불임인사(不賃人事)

대통령직 인수위원회가 구성되고 나서 거의 하루도 빼놓지 않고 조각과 관련된 하마평이 언론에 보도되고 있다. 구체적으로 인수위는 지난 23일 국세청과 국가정보원 등에 국무총리와 각료 후보 83명에 대한 검증을 요청한 것으로 알려졌다. 국무총리·장관 및 고위 공직후보자에 대한 개인정보 제공 동의서 제출자 명단도 일부 공개되었다. 28일에는 한승수 유엔 기후변화 특사가 초대 국무총리 후보자로 지명되었다.

새 정부의 조각과 관련된 보도를 접하면서 유교정치의 불임인사(不賃人事)에 대한 생각이 떠올랐다. 불임인사란 공신들에게 실질적인 직위를 부여하지 않고 녹봉만 주고 일선에서 물러나게 하는 것을 원칙으로 삼는다고 한다. 현명한 왕은 공신문제를 잘 처리했다고 한다. 예나 지금이나 정치에 있어서 공신 문제는 권력자가 해결해야 할 난제 중의 하나인 것 같다.

민주정치과정에서 대통령 선거는 후보를 공천한 정당과 정당 간 경쟁이란 의미가 있다. 미국과 같이 원내정당과 선거정당이 정착된 경우 대통령 선거운동은 정당과 정당 간의 대결이 아닌 후보자 개인 중심으로 진행되는 경우도 있다. 하지만 대통령 선거가 정당 중심으로 이루어지든 특정후보 개인 위주로 진행되든 세력과 세력 간의 대결임에는 틀림없다. 당선이 유력한 후보 주변에는 더더욱 많은 사람들이 몰려 막강한 세력을 형성하는 것이 권력의 생리라고 볼 수 있다.

유력한 후보 주변에 모였던 사람들의 성격은 크게 세 가지로 분류할 수 있을 것이다. 본인의 의사와 무관하게 뛰어난 전문성 때문에 삼고초려 결과 발탁된 경우, 그저 후보가 좋아서 아무런 대가를 기대하지 않고 조건 없이 자원봉사 한 경우, 당선 후 개인의 정치적 이익을 노리고 자청하여 뻔뻔스럽게 합류한 경우 등 유형이 있을 것이다. 발탁되었든, 자원봉사 했든, 개인의 정치적 목표 때문에 스스로 걸어 들어갔던 그들이 하나의 세력을 형성하여 대통령 선거를 치르게 된다. 일단 선거에서 승리하고 나면 후보 캠프에 합류했던 인사들은 대부분 선거과정에 자신이 단단하게 한 역할을 수행했다고 믿고 있다. 그래서 당선인이 자신을 꼭 불러 한자리 시켜 줄 것이라고 기대를 걸게 되는 것이다.

선거공신은 헤아릴 수 없이 많지만 한자리하는 사람은 그렇게 많지 않다는 사실을 유념해야 할 것이다. 그 이유는 무엇보다 그들에게 나누어 줄 공직이 그렇게 많지 않기 때문이다. 많은 사람들이 인수위 참여를 희망했겠지만 현실은 달랐다. 장관급 고위 공직의 하마평에 오르는 인사들도 80여 명 내외에 지나지 않는다. 또한 논공행상으로 공직을 전리품과 같이 분배하는 엽관주의에 대한 관료주의의 폐해는 이미 역사적으로 문제가 있다는 평가를 받은 바 있기 때문이다. 그리고 누구나 당선인의 측근이나 실세가 되는 것이 아니기 때문이다. 능력이나 업적이 뛰어나 당선인의 특별한 신임을 받거나, 당선인과 오랫동안 두터운 친분관계를 유지했거나, 대선에 진짜 결정적인 역할을 한 것이 객관적으로 입증되어야 1등 공신록에 등재될 수 있는 것이다.

선거공신이라고 전문성이나 능력을 고려하지 않고 공직에 우선 임명하는 것은 변함없는 금기사항이다. 오죽하면 공신들에게 공직 대신 녹봉만 주는 불임인사를 했겠는가? 대선이 끝나고 인수위를 구성하는 과정에 공신들을 배려하다 보니 숫자가 늘어났다는 보도도 썩 기쁜 소식은 아니었다. 고위 공직의 하마평에 오르는 인사들은 대부분 공신들이지만 그렇지 않는 경우도 있다. 대표적으로 한승수 총리 지명자를 들 수 있을 것이다. 공신이나 측근들도 중요하지만 능력과 전문성을 갖추고 검증받은 인재를 발굴하여 등용해야 할 것이다. 또한 공신들도 꼭 한자리해야 하겠다는 생각을 버려야 한다. 새 정부의 첫 작품인 조각 인선을 보면 앞으로 5년 동안 국정운영의 성공과 실패를 가늠할 수 있는 잣대가 될 수 있을 것이다.

(2008. 1. 30. 기호일보)

왜 국회의원이 되려고 하는가?

18대 국회의원 선거가 두 달여 앞으로 다가왔다. 국회의원 선거 120일 전부터 예비후보로 등록하면 선거사무소 설치, 간판 게시, 이메일 등을 통한 선거운동, 명함 배부, 후원회를 통한 정치자금 모금 등이 가능하다. 2월 2일 현재 1,560명이 예비후보 등록을 마쳤다. 예비후보 등록을 포함하여 총선을 준비하는 인사가 약 2,400여 명에 이른다는 보도도 있었다. 선거구가 243개이니 대략 10 대 1쯤 되는 것이다. 5 대 1에 미치지 못했던 16대와 17대에 비하여 상당히 높은 비율이다.

대한민국 국민은 25세 이상으로서 금치산 선고를 받는 등 몇 가지 결격 사유가 없으면 누구나 피선거권이 있다. 원한다면 누구든지 국회의원에 출마할 수 있다. 출마 여부를 결정하는 것은 전적으로 개인의 자유의지에 속하는 문제다. 수천 명이 넘는 사람들이 국회의원 출마를 준비하고 있다고 하니 그들에게 '왜 국회의원이 되려고 하는가' 꼭 물어보고 싶다.

출사표를 던지면서 기자회견 등을 통하여 밝히는 변(辯)은 정말 거창하다. 그 사람이 국회의원이 되면 지역은 물론 나라가 금방 잘될 것 같다는 착각을 하기에 충분하다. 구구절절이 옳은 말뿐이다. 역대 국회의원들이 출마할 때도 모두가 시대정신과 국민의 정치적 요구를 충족시켜 주겠다는 약속을 해 왔다. 모두가 국민의 심부름꾼과 머슴이 되겠다고 장담했다. 그런데 국회에 대한 국민의 불신은 매우 높고, 정치인을 존경하는 분위기가 형성되지 못했다. 정치판에 뛰어든다면 권하는 사람들보다는 말리는 사람들이 훨씬 더 많다. 진흙탕 속에 뛰어들지 말라는 충고다.

왜 그럴까? 그 이유를 밝히려면 국회의원에 출마하려는 사람들의 겉으로 내세운 공적 명분보다는 사적동기를 살펴보는 것이 좋을 것 같다. 공식적인 출마의 변보다는 개인의 내면에 자리잡고 있는 무의식적인 권력추구 동기를 이해한다면 어느 정도의 해답을 찾을 수 있을 것이다. 권력을 추구하는 사람들은 사적인 이익을 숨기고 공적인 명분으로 그럴듯하게 포장하는 성향이 강하다는 주장에 전적으로 공감하기 때문이다.

국회의원 출마를 준비하는 사람들은 많은 고민을 했을 것이다. 정당 공천을 받을 수 있을지, 당선가능성은 얼마나 되는지, 예상되는 상대자는 누구인지, 낙선 후 자신의 입지에 어떤 영향을 미칠지, 무슨 공약을 내세워야 하는지, 선거운동 전략은 어떻게 짜야 하는지, 조직·정치자금·선거정보 등 정치자원 동원능력은 얼마나 되는지, 관운(官運)은 좋은지 등등을 종합적으로 면밀하게 검토했을 것이다. 물론 가족과 친지의 동의와 가까운 사람들의 자문도 받았을 것이다.

하지만 본질적으로 자신이 왜 국회의원이 되려고 하는지 그 이유에 대하여 자문자답하는 기회를 가진 적이 있는지 묻지 않을 수 없다. 대외적으로 공표할 공적인 출마의 명분을 준비하기 전에 자신이 무엇 때문에 국회의원이 되려고 하는지 내면적인 사적 동기에 대하여 자신과 진솔한 대화를 나누어 보았는지 묻고 싶은 것이다. 그 결과 겉으로 포장할 공적인 출마의 변이 진짜 확실한 이유라는 답을 얻을 수 있다면 국회의원에 출마해도 좋을 것이다.

하지만 본인의 내면세계나 무의식 속에 다음과 같은 생각의 일단 조금이라고 발견된다면 지금이라도 아예 포기하는 것이 개인과 나라발전을 위해서 다행스런 일이 될 것이다. 예컨대 나도 한번 출세를 해 보자, 남들에게 행세를 부려 보자. 남들이 괄시하지 못하게 해 보자, 정치권력을 획득하여 그동안 맺혔던 한을 풀어 보자, 주위 사람들에게 인정을 받아 보자, 돈을 많이 벌었으니 이제 명예도 함께 누려 보자, 정치 가업(家業)을 계승해 보자, 내가 하고 있는 사업을 키워 보자 등등 공적인 목표보다는 사적 동기가 조금이라도 작용했다면 허황된 꿈을 접는 것이 현명할 것이다. 이런 후보가 당선되면 공익보다는 사익을 우선적으로 추구할 가능성이 크기 때문이다.

(2008. 2. 4. 인천일보)

공직후보의 도덕성과 실용주의

이명박 정부의 초대 장관 후보자 등 고위 공직내정자가 발표되자 동료들 간에는 "재산이 40억 넘느냐?"라고 묻는 일이 벌어졌다. 40억이 안 되면 출세하기 영 글렀다는 자조 섞인 말도 나왔다. 교수들이 개인의 재산문제를 화재로 삼는 것은 흔한 일이 아니다. 새정부 고위 공직 후보자들의 공개된 재산이 일반 국민의 눈높이와 동떨어지게 너무 많다는 것이 문제점으로 부각되면서 벌어졌던 풍경이다. 심지어 강부자·강금실 내각이라는 비아냥거림도 있었다. 이를 이해해야 한다는 주장을 편 어떤 정신 나간 교수는 텔레비전 토론에서 "땅 투기 안 한 사람은 바보"라는 말을 했다가 곤혹을 치르고 있다. 이명박 정부의 고위 공직후보자의 인선내용에 대하여 반기기는커녕 첫인상을 구겼다고 실망하는 국민도 일부 나타났다.

자본주의 사회에서 재산이 많은 것은 능력이고 자랑거리다. 합법적인 경제활동을 통해서 정당하게 모은 재산이라면 아무리 많아도 시비 걸 사람은 하나도 없을 것이다. 정당하게 부를 축적하고 근검절약하여 모은 재산이라면 얼마나 값지고 떳떳한 일인가? 예비공직후보 군에 포함되어 재산현황 등 개인의 모든 신상정보 공개를 요청해도 주저할 리 없을 것이다. 자기의 소중한 재산을 차명으로 관리하면서도 내 것이 아니라고 우기는 가슴 아픈 일도 없을 것이다. 재산을 숨기고 축소 신고하려는 해괴한 일도 벌어지지 않을 것이다.

고위 공직 후보자들의 많은 재산에 대하여 시비를 거는 이유는 재산 형성과정의 탈법성과 불법적인 부동산 투기 의혹 때문이다. 그들이 대한민국 1% 안에 드는 부자인데 출세까지 하니 배가 아파서 하는 말이 아니다. 또한 국민들은 아직도 고위 공직자들의 도덕성에 대하여 높은 기대를 걸고 있기 때문이다. 국민들이 그들에게 탁월한 업무능력과 전문성 못지않게 높은 도덕성을 요구하는 것은 당연한 것이다.

이명박 대통령이 취임사나 3·1절 경축사에서 강조한 창조적 실용주의의 정책노선에 전적으로 동의한다. 실용주의는 불필요한 이념이나 명분에 사로잡히지 않고, 실질적으로 필요한 것을 추구하는 행동규범이다. 실용주의는 탈명분, 탈이념, 탈형식, 탈격식주의와 맥을 같이한다. 대통령 취임 이후 실용주의 노선에 따라서 형식과 격식을 파괴하는 등 변화되는 모습을 국민은 긍정적으로 평가하고 있다. 실용주의 정책노선을 선택하여 국민을 잘 살게 해 준다는 데 누가 딴죽을 걸겠는가?

하지만 국민이 원하는 실용주의는 수단과 방법을 가리지 않고 서울만 가면 되는 것이 아니다. 물구나무를 서서라도 목적지까지 도착하면 그만이 아니다. 절대빈곤을 벗어나기 위해서 한시적으로 추구했던 천민자본주의, 물질만능주의, 성과지상주의, 기능주의, 편의주의, 도구주의는 이제 유용성을 상실했다. 실적 중심의 효율성도 중요하지만 절차와 수단에 의한 정당성과 동시에 도덕성이 필요하다. 부동산 투기, 증여세 탈루, 재산신고 누락, 병역기피, 공금유용, 이중국적, 허위경력, 논문 표절, 전력, 삼성 떡값 등으로 도덕성에 치명상을 남긴 인사파동을 능력본위의 실용인사 때문이라고 변명할 수 없을 것이다. 더구나 '고소영 인사', '형님 인사', '친정체제 인사나 공천' 등은 실용인사와 아무런 관계가 없는 것이다.

창조적 실용주의의 정책노선은 옳다고 보지만 고위 공직자들의 부도덕성까지 실용주의라는 미명으로 포장될 수는 없다. 국가의 주요한 정책을 결정하는 고위 공직자들은 직무에 대한 해박한 지식과 풍부한 경험 그리고 뛰어난 전문성도 중요하지만 국민들로부터 존경과 지지를 받을 수 있는 고도의 도덕성이 요구된다. 자신의 과거와 현재를 자신보다 잘 아는 사람은 없을 것이다. 인사 검증시스템을 탓하지 말고 아무리 높은 벼슬자리를 제의해도 집안 망신당하기 전에 스스로 "아니요"라고 말하는 것이 현명한 처신이 아닌가 싶다.

(2008. 3. 10. 인천일보)

04 아름다운 패배

가변적인 대선 구도

12월 대선이 70여 일 앞으로 다가왔다. 대선 후보의 윤곽이 서서히 드
러나면서 일단 다자구도가 형성되는 것 같지만 상황은 너무 가변적
이다. 이제서 대선 출마를 선언하고 정당 창당을 준비하고 막판도 아닌 초
반부터 후보 단일화추진 움직임 등 대선 구도가 불확실하다.

한나라당은 일찌감치 이회창 후보를 국민경선으로 선출하여 줄곧 선두를
달리다가 병풍에 시달려 지지율의 변화가 생기고 언제 낙마할지 모른다는
우려 때문에 후보교체설의 해프닝까지 등장하는 최악의 위기에 직면했었다.
그러나 병풍의 결정적 증거라고 검찰에 제출한 테이프의 조작가능성이 높
아지면서 병풍은 결국 한나라당의 선거운동을 도와준 꼴이 될 것 같다고
민주당 일부가 우려하는 상황이 되었다.

설사 병풍이 조작되었더라도 이 후보 아들의 병역 면제와는 별개라고 볼
수 있다. 이 후보는 '하늘이 두 쪽 나도 이번 대선에서 꼭 이겨야 한다'는
논리나 김대중 대통령의 실패에 대한 반사이익 때문이 아니라 왜 자신이
대통령이 되어야 하는지 뚜렷한 비전과 국정 운영 청사진을 제시하면서 국
민의 지지를 호소해야 할 것이다.

민주당도 국민경선으로 노무현 후보를 뽑아 놓고 그 의미를 시대정신의
승리·정치혁명이라고 부여하다가 지방선거와 재·보선 패배, 노무현 후보
의 잦은 돌출발언 등으로 인기가 떨어지자 재경선 등으로 후보를 교체한다
고 법석을 떨었다. 민주당은 반노·비노·친노파 등 사분오열되어 내홍을
겪고 있다. 친노파 중심으로 선대위를 출범시켜 본격적인 득표활동 채비에
나섰지만 비노·반노 측은 대통령후보 단일화 추진협의회를 결성하는 등
분당 움직임을 구체화하고 있다.

민주당이 분당위기를 맞고 있는 근본원인은 노 후보의 인기하락에 있지

만 대선 후보와 당권을 분리시킨 지도체제의 2원화도 한몫하는 것으로 보아야 할 것이다. 노 후보는 민주당과 갈라서서 딴 살림을 차리든지 내분을 봉합하든지 우선 당부터 수습해야 할 것이다. 그리고 반미(反美)면 좀 어떠냐 하는 식의 경솔한 언행과 지나치게 한쪽으로 치우친 듯한 급진성향을 바로잡고 품위 있는 모습으로 국민에게 다가가야 할 것이다.

무소속의 정몽준 후보도 오랫동안 뜸을 들이더니 급기야 대선 출마를 선언하고 신당추진위를 구성하여 10월 말 창당에 박차를 가하고 있는 가운데 국민의 검증을 받기 시작하였다. 창당 지연이 본격적인 검증기간을 단축시키고 월드컵에서 얻은 인기와 이미지를 그대로 대선으로 연결시키겠다는 선거전략 때문이라면 대선을 한판의 축구경기쯤으로 보는 것이 아닌가 싶다.

정 후보는 국정경험도 부족하고 따르는 현역 의원도 별로 없는 상황에서 집권하면 어떻게 국정을 이끌 수 있을지, 출마 선언 후 얼마 안 되어 벌써부터 화제가 되고 있는 동문서답식 답변태도 때문에 대통령후보로서 무엇을 준비했으며 소신은 무엇인지 궁금해 하는 국민을 설득해야 할 것이다.

그 외에도 이한동 전 총리와 민노당의 권영길 후보 등이 대권출마를 선언했다. 이 전 총리는 무소속으로 출마하려는 것인지 아니면 민주당 분당의 틈새나 신창 창당에 무임승차하려는 것인지 알 수 없다. 대선을 70여 일 남겨 둔 시점에서 전국적인 정당을 창당하여 대선 판도를 일시에 바꿀 가능성은 물리적으로 어려움이 있을 것이다.

12월 대선은 일단 다자구도로 출발하는 것 같다. 하지만 선거전이 본격화되면 선거공약, 조직, 선거자금, TV토론, 홍보, 네거티브 캠페인, 후보 자질 및 도덕성 그리고 합종연횡, 지역연합, 될 사람을 찍자는 유권자의 사표 방지 심리 등으로 여론은 양자 대결로 압축될 공산이 크다.

하루빨리 가변적인 대선 구도가 확정되어 후보 간 건전한 정책대결과 철저한 검증 기회가 주어져야 할 것이다. 그래야 김대중 대통령을 보면서 대통령을 정말 잘 뽑아야 한다는 교훈을 실천에 옮길 수 있지 않을까?

(2002. 10. 10. 충청일보)

토론 통한 부드러운 개혁

이번 대선에서 국민은 변화와 개혁을 선택하였다. 왜냐하면 국민은 정권교체보다는 낡은 정치를 청산하고 새로운 대한민국을 건설하겠다는 약속에 더 많은 지지를 보냈기 때문이다. 그래서 그런지 새정부 출범을 앞두고 정권을 인수하는 과정에 국정개혁이 단연 으뜸의 관심사가 되고 있다. 정치개혁, 행정개혁, 금융·재벌개혁, 교육개혁, 언론개혁, 권력기관개혁 등등 개혁이란 말이 홍수를 이루고 있다.

김영삼 정부나 김대중 정부가 출범할 때도 개혁을 약속했고 집권 후에는 개혁을 강력하게 추진했다. 모든 것을 근본적으로 바꾸지 않으면 신자유주의 파고 속에 살아남을 수 없기 때문에 개혁은 이제 어느 정권이든 강력하게 추진해야 할 생존차원의 절박한 당면과제가 된 것이다.

국정을 개혁하여 국가 경쟁력을 높이고 국민을 잘 살게 해주겠다는 데 반대할 이유는 하나도 없을 것이다. 그런데 정권 인수위의 개혁방향에 대하여 소극적이거나 비판적인 목소리가 간간이 들린다. 국민을 위하여 국정을 개혁하겠다는 데 국민 모두가 적극적으로 동참하지 않고 일부 딴지를 거는 이유는 무엇일까? 그 대답은 바로 개혁의 본질에서 찾아야 할 것이다. 농림부장관을 지낸 김성훈 교수는 개혁(改革)은 고칠 "개", 가죽 "혁" 두 글자가 뜻하는 바와 같이 "가죽을 벗기는 일"이라고 하면서 민주방식의 개혁은 살아있는 사람의 "생가죽을 벗기는 일"과 다름없다고 해석하였다. 개혁은 산 사람의 가죽을 벗기는 것과 마찬가지로 참을 수 없는 고통이 뒤따르기 때문에 본질적으로 힘들고 저항의 대상이 될 수밖에 없을 것이다. 어느 누가 자신의 기득가치를 빼앗는다고 하는데 순순하게 갖다 바치겠는가?

개혁을 당하는 입장에서는 가죽을 벗는 것과 같은 쓰라린 아픔이 수반되기 마련이다. 개혁을 당하는 쪽은 기득권이 강제로 축소되기 때문에 저항할 수밖에 없다. 예컨대 정당개혁으로 거론되는 공직후보의 공천권을 당원이나 국민에게 되돌려 준다고 했을 때 정당 간부들이 달가워할 리 만무하다. 지구당을 폐지한다고 했을 때 현역 지구당위원장들은 반대할 것이 뻔하다. 중앙당 조직을 슬림화 한다고 했을 때 당의 사무처 요원들이 순순하게 수용하겠는가?

신정부는 개혁 추진의 원칙을 공공부문과 민간부문으로 구분하여 다르게 적용해야 할 것이다. 공공부문인 정부영역의 개혁은 과단성 있게 추진해야 할 것이다. 정치개혁, 행정개혁, 교육개혁, 권력기관 개혁 등 공공부문은 뒤돌아볼 필요 없이 과감하게 추진해야 할 것이다. 그러나 공공부문 개혁이 아무리 시대적 요청이라고 하더라도 막무가내식의 초법성은 용납될 수 없다는 사실을 명심하고 합법적 절차를 밟아 정당하게 추진해야 할 것이다.

민간부문인 시민사회영역의 개혁은 공공부문과 달리 민주적 방식으로 추진되어야 할 것이다. 민간부문의 개혁 추진 과정에 기득권 상실을 두려워하여 저항하는 것은 자연적인 현상이라고 이해하면서 그들의 기득권을 완전히 부정하거나 기득권 세력을 일방적으로 매도하는 것은 옳지 않다. 그들에게 가죽을 벗는 것과 같은 고통을 뚜렷한 명분 없이 일방적으로 안겨 줄수는 없는 것이다. 그들이 개혁의 당위성을 인정하고 가죽을 벗는 것과 같은 아픔을 스스로 감내할 수 있도록 유도해야 한다.

그러기 위해서는 노 당선자가 다음 정권에서 가장 활성화되어야 할 과제로 토론을 들었고 개혁을 물 흐르듯 추진하겠다고 밝힌 초심을 잃지 않는 것이 중요하다. 시끄럽고 요란하고 급진적인 개혁은 쉬워도 토론을 통하여 물 흐르듯 이루어지는 부드러운 개혁은 어려운 법이다. 민주적 개혁방식이 혁명보다 훨씬 더 어렵다는 말의 의미를 되새겨야 할 때가 아닌가 싶다.

(2003. 1. 28. 대한매일)

선거와 북풍

선거 때만 되면 북풍, 세풍, 안풍, 지역풍, 역풍 등등 각양각색의 바람이 분다. 바람은 선거에서 승리하는 데 결정적인 변수가 되기 때문에 여야는 자신들에게 유리한 바람을 불게 하려고 안간힘을 쓴다. 조직선거도 중요하지만 선거판세를 일시에 뒤바꿀 수 있는 위력은 바람이 중요한 요인으로 작용하고 있는 것이 사실이다. 그래서 후보자신이나 소속 당에 유리한 돌풍이나 상대방에게 불리한 역풍이 불기를 바라는 것이다.

역대선거를 통해서 불어 온 바람 중에 빼 놓을 수 없는 것이 진원지가 북한이거나 또는 북한의 위협을 과장했던 북풍일 것이다. 북풍은 국가 안보 문제를 선거 쟁점화하여 특정 후보나 정당에 유리한 선거환경을 조성하기 위해서 일으키는 바람의 일종이다. 다른 말로 여야가 당리당략적 차원에서 국가안보 문제를 선거에 이용하여 국민의 표심에 호소하고자 북한 관련 바람을 일으키는 것이다. 심지어 불지 않는 북풍을 불게 하려고 북한당국과 은밀하게 내통하여 바람을 일으켜 줄 것을 요청했다는 의혹이 제기되어 사법 처리된 사례가 있을 정도다.

17대 총선을 한 달여 앞둔 시점에서 각 당은 후보 공천이 마무리되지 않은 상황이기 때문에 구체적인 선거전략이나 쟁점을 드러내고 있지 않다. 북풍이나 안보문제가 당리당략 차원의 선거쟁점으로 부각되고 있지도 않다. 다행스런 일이다. 하지만 선거운동 과정에 나타날 것으로 예상되는 안보관련 쟁점은 미군의 재배치와 한-미관계, 행정수도 이전과 안보문제, 6자회담과 북한의 핵개발, 이라크 파병 문제 등을 들 수 있을 것이다. 또한 노무현 대통령에 대한 야3당의 탄핵안 가결로 국론이 극도로 양분된 가운데 총선에서는 친노와 반노 대결로 대통령에 대한 문제가 최대 쟁점이 될 전망이다. 따라서 자연스럽게 노 정부에 대한 중간평가와 색깔문제가 제기 될 가능성은 커졌다. 대선이 아니기 때문에 북한이 움직일 가능성은 낮다고 볼 수 있다.

선거 때마다 북풍에 민감해질 수밖에 없는 이유는 남북분단이란 특수한 상황과 민족상잔의 비극적인 한국전쟁을 경험했기 때문이다. 분단 상황이 초래한 국가안보관련 조직이나 기구가 과대 성장한 것은 불가피한 일이며, 어쩔 수 없이 잉여안보(surplus security)를 추구할 수밖에 없는 것이 현실이다. 국가안보는 국민의 재산과 생명, 그리고 국가존립과 직접적으로 관련된 문제이기 때문에 그 중요성을 아무리 강조하여도 지나침이 없을 것이다. 국가안보가 그만큼 중요하기 때문에 선거 때만 되면 북풍을 이용하려 하고 색깔논쟁을 벌이는 모양이다.

이런 현상을 설명하는 국제관계이론 중에 연계이론(linkage theory)이라는 것이 있다. 즉 국내정치 아젠다(agenda)가 국제정치 아젠다와 연계된다는 것으로 국내정치의 국제화를 의미한다. 대외행위에 대한 내부의 영향을 의미하며 국내갈등과 대외갈등과의 연계를 예로 들 수 있다. 국내의 정치 불안과 소요를 잠재우고 국민의 관심을 호도하기 위해서 안보위기를 과장하여 국내의 정치적 안정을 노린다는 것이다. 한마디로 안보위기를 조성하여 국내의 정치적 안정을 꾀하고 정치적 기반을 다진다는 것이다. 연계이론은 과거 권위주의 정치지도자에 의해서 적용된 경험을 갖고 있으며, 북풍을 선거에 이용하려는 것도 연계이론과 부분적으로 관련이 있다고 볼 수 있다.

여야가 총선 승리를 위해서 북풍을 정략적으로 일으키려고 해서는 안 된다. 왜냐하면 국가안보는 여야의 정쟁대상이 아니기 때문이다. 여야는 국가안보를 유지하기 위한 방법론상 접근법의 차이는 있을 수 있지만 북풍을 선거에 연계시키려는 생각은 아예 접어야 한다. 국가안위 문제를 당리당략 차원에서 선거에 이용하려는 발상은 국민이 용납하지 않을 것이다. 국가안보는 특정정권이나 정당차원의 문제가 아니기 때문이다.

(2004. 3. 17. Konas)

황금분할론

제 17대 총선의 결전일이 다가왔다. 총선이 본격화되기 이전 탄핵역풍 때문에 이번 선거는 하나마나 열린우리당의 싹쓸이가 예상되는 가운데 한나라당이 과연 개헌 저지선을 확보할 수 있을 것인가에 관심이 모아졌다. 선거중반의 판세는 열린우리당의 150석＋ā로 예측되었다. 하지만 선거막판에 한나라당과 열린우리당 간 제1당 싸움이 치열한 가운데 판세가 대혼전이라는 보도가 나오고 있다. 민심은 원래 변덕스럽고 감정적이며 쉽게 망각하고 분노하는 속성이 있기 때문에 선거 결과는 뚜껑을 열어봐야 아는 법이다.

이제 민심이 투표로 구체화되는 최종 선택을 앞두고 선거결과 여야 의석분포가 어떻게 나타날지 초미의 관심사가 아닐 수 없다. 가장 이상적인 의석분포 모형은 무엇일까. 다양한 견해가 있을 수 있지만 며칠 전 어느 택시기사와 나눈 대화 속에서 해법을 발견할 수 있었다. 택시 기사에게 총선 분위기를 물었더니 탄핵정국을 불러온 여야 간 죽고 살기식 싸움이 진절머리가 나 기권하고 싶다면서 여야가 허구한 날 싸움질만 하는 것은 특정 정당이 국회를 지배하고 있기 때문이라고 하면서 이제 더 이상 싸우지 않는 꼴을 볼 수 있는 선거결과가 나왔으면 좋겠다고 하였다.

그래서 어떤 선거결과를 기대하느냐고 물었더니 무식한 사람이 뭐 알겠소마는 하면서 어림잡아 제1당이 120~140석, 제2당이 110~130석, 그리고 나머지 50여 석은 기타 정당끼리 나누어 가지면 어떨지 모르겠다는 구체적인 답변이었다. 그러면서 선거결과를 어찌 내 마음대로 할 수 있겠느냐고 하였다.

그 택시 기사의 기대의석 분포 시나리오가 절묘한 황금분할이란 생각이 든다. 그의 견해에 전적으로 동조하는 이유가 있다.

첫째, 다당제하에서는 과반수 의석을 차지하는 다수당 출현이 현실적으로 어렵기 때문이다. 17대 총선에서는 한나라당, 열린우리당, 민주당, 자민련, 민주노동당 등 최소 5개 정당이 원내에 진출하는 다당제가 예상된다. 탄핵역풍이 많이 수그러든 현실과 그리고 다당제하에서 치러진 역대 총선에서 특정 정당이 과반수 의석을 차지한 경험이 적기 때문이다.

둘째, 특정 정당에 의한 독단 독선 독주가 불가능한 의석분포이기 때문이다. 국회과반수를 지배하는 정당이 출현하면 다수당의 횡포가 우려된다. 행정권을 이미 확보한 상황에서 여당이 과반수 의석을 차지하여 입법권까지 장악하는 통합정부가 출현한다면 행정부와 입법부의 일원적인 협조체제 구축, 정책결정의 효율성, 국정의 안정성 등을 유지할 수 있지만, 행정부와 입법부의 균형과 견제는 깨지고 대화나 타협보다는 일방 통행식 정책결정과 여당의 독주가 우려되기 때문이다.

그렇다고 특정 야당이 다수당이 되어 국회의석 과반수를 차지한다면 행정권과 입법권이 각기 다른 정당에 귀속되는 분할정부가 출현하게 된다. 이 또한 야당에 의한 독주와 여당 발목잡기가 우려된다. 야당세가 너무 비대하여 탄핵안을 가결시킨 것을 참고할 수 있을 것이다.

셋째, 정당 간 제휴 공조 대화 타협 합의 등을 모색하지 않으면 정책결정이 불가능한 의석분포이기 때문이다. 제1당이 여당이든 야당이든 또는 제2당이 여당이든 야당이든 여야가 민주적인 타협을 하지 않고는 국회 운영이 불가능한 의석분포라고 볼 수 있다. 대화와 타협이 이루어지는 정치풍토는 정치문화와 관련이 있지만 구조적으로 여야가 상생의 정치를 하지 않으면 아무것도 할 수 없도록 의석이 분포되었을 때 가능한 것이다. 인위적인 정계개편으로 과반수를 제조하려는 정치공작이 없을 것을 전제로 하는 말이다.

한국사회가 너무 힘들다. 살기도 어렵다. 정치상황이 너무 복잡하다. 그만큼 국민의 선택과 총선결과가 중요하다. 나라가 어려울 때 절묘한 선택을 했던 국민의 지혜가 다시 한 번 위력을 발휘할지, 어느 택시 기사의 시나리오가 실현될지 두고 볼 일이다.

(2004. 4)

되살아나는 관권선거 망령

한 국정치의 모든 길은 선거로 통하는 것 같다. 여야는 국정을 내팽개친 채 사생결단의 자세로 총선준비에 당력을 총집중하고 있기 때문이다. 여야는 살벌한 느낌이 들 정도로 이전투구의 모습을 보이고 있다.

한국정치는 민주화 이행기를 거쳐 공고화 단계에 진입하면서 점진적으로 선거문화가 발전하고 있는 것은 누구도 부인할 수 없을 것이다. 이번 총선은 부정비리에 연루된 부패한 정치인은 낙천·낙선되고, 돈 선거 시비도 상당부분 사라질 것으로 기대하고 있었다. 걱정스러운 것은 한국정치의 고질병인 망국적 지역감정이 되살아나면 어쩌나 가슴 조이던 참이었다.

하지만 이게 웬일인가. 이미 오래전에 자취를 감춘 것으로 인식되었던 관권선거 시비가 재현되고 있으니 말이다. 야당이 신관권선거라고 신(新)자를 붙이는 것을 보면 관권선거가 분명하게 사라졌던 것은 사실인 것 같다. 야당은 노 대통령의 총선개입의 도가 넘었다며 탄핵준비를 거론하더니 급기야 '총선 보이콧'이란 극단적 발언을 하기에 이르렀다. 관권선거 망령이 되살아나 민주화 시계가 거꾸로 돌아가고 있는 것이 아닌가 의구심을 갖지 않을 수 없다.

관권선거란 정치적 중립을 지켜야 할 정부가 정치권력이나 정보기관을 동원하여 선거에 직간접 개입함으로써 집권여당에게 유리한 선거환경을 만드는 것이다. 노 대통령이 열린우리당에 입당하지 않아 공식적인 여당이 없는 가운데 관권선거 시비가 일고 있으니 기이한 일이 아닐 수 없다.

신관권선거의 조짐은 다양하게 감지되고 있다. 무엇보다 노 대통령이 총선을 진두지휘하고 있다는 인상을 떨칠 수 없다. 무당적 상태에서 사실상 여당인 열린우리당을 지지하는 듯한 발언을 서슴지 않고 있기 때문이다. 대표적인 예로 '민주당을 찍는 것은 한나라당을 도와주는 것'이라거나, '국민

참여 0415'나 '노사모' 등 친노단체의 총선운동 허용과 장려 발언 등을 들수 있을 것이다. 여당의 총선 '올인 전략'으로 장차관과 청와대 고위인사의 징발, 지방자치단체장의 여당행 종용, 공무원 스스로의 발광론(發光論) 제기, 불법 대선자금과 경선자금에 대한 검찰의 편파수사 시비 등등 관권선거 논란이 끊이질 않고 있다.

또한 정부는 선심성 정책을 발표하여 관권선거 논쟁을 부추기고 있다. 정부의 통상적인 정책결정과 집행을 총선과 연계시키는 것은 무리라고 볼 수 있다. 노 대통령이 언급한 바와 같이 '선거 때문에 마땅히 해야 할 일을 미뤄서도 안 된다.' 하지만 정부가 출산장려금 20만 원 지급, 사병복무기간 단축, 일자리 창출을 위한 근로자 정년 연장, 신규채용자의 100만 원 세금 혜택, 특별소비세 인하, 행정·외무고시 합격자의 20% 지방대 출신 의무화, 고속철 조기개통 등 특정계층이나 지역의 환심을 사기에 충분한 선심성 정책을 구체적 실천방안 없이 발표하는 것은 관권선거란 오해의 소지가 있다. 신관권선거 논쟁의 빌미를 제공한 것은 분명하게 정부의 책임이다.

관권선거는 권위주의 국가에서나 자행되는 불법선거의 전형으로서 선거의 공정성과 정통성을 훼손하기 때문에 민주주의 국가에서는 상상조차 할수 없는 일이다. 또한 관권선거는 그 폐해나 후유증이 너무 엄청나기 때문에 영원히 추방되어야 한다. 그럴 리는 없겠지만 만의 하나 관권선거 시비가 국가 정보기관의 선거개입 사태로까지 번진다면 걷잡을 수 없는 파장이 예상되기 때문에 정부는 각별하게 유의해야 할 것이다.

정부는 역대 권위주의 정권이 관권선거에서 얼마나 재미를 봤는지, 그 결과가 어떠했는지 살펴볼 필요가 있다. 과문한 탓인지 모르나 관권선거는 성공한 예가 드물다. 오히려 정치권력의 남용이나 정치공작이란 역풍 때문에 여당이 피해를 본 경우가 많았던 사실을 상기해야 할 것이다. 관권선거의 망령이 되살아나 정치발전이 퇴행하는 불행한 사태는 없어야 한다.

(2004. 2. 12. 충청일보)

위기를 자초했던 경선규칙 중재안

한나라당은 강재섭 대표의 불공정한 국민경선규칙 중재안 때문에 두 나라당이 될 뻔했으나 14일 이명박 전 서울시장이 조건 없이 67% 여론조사 조항을 양보하면서 일단 위기를 넘겼다. 한나라당이 국민경선규칙을 둘러싸고 분당위기로 치달았던 원인을 이해하기 위해서는 그동안의 경과를 간단하게 살펴볼 필요가 있다. 현재의 국민경선규칙은 2005년 11월 박근혜 대표 시절 만들어졌다. 당시 한나라당은 혁신위원회(위원장 홍준표 의원)를 만들어 당의 지도체제 및 국민경선규칙 등 당헌·당규에 대한 전반적인 개정 작업에 착수했다.

당헌·당규 개정을 위한 특별위원회의 지도체제와 경선규칙 등에 대한 발제자로 참여했던 2005년 4월에 이미 두 유력후보 간 치열한 대리전 양상을 직접 목격할 수 있었다. 당시 이 시장을 밀고 있던 의원들은 당권을 쥐고 있는 박 대표의 당내 지지기반이 너무 공고하여 틈새가 없으면 사실상 당 밖에 있는 이 시장이 입성을 꺼릴지 모르니 당심의 반영비율을 줄이자고 주장하였다. 당심의 반영비율은 84%나 되었다. 수개월간의 우여곡절 끝에 당심(대의원＋당원)과 민심(일반국민＋여론조사)을 각각 50%씩 반영하기로 합의하여 당헌·당규를 개정한 것이다. 민심 50%는 일반국민 30%와 여론조사 결과 20%를 반영하기로 한 것이다.

올 들어 이 전시장과 손학규 전 경기지사 측이 국민참여경선에 대한 전반적인 문제를 제기하였다. 이에 3월 강 대표는 국민참여선거인단 수를 6만에서 유권자의 0.5% 수준인 23만 1600명으로 늘리고, 경선 시기는 6월에서 8월로 늦추자는 중재안을 내놓았다. 이를 기초로 이 전시장과 박 전대표가 20만 명의 선거인단과 8월 경선에 합의하였다.

한나라당은 이 합의를 근거로 국민승리위원회를 구성하여 경선규칙의 세부 개정안을 만드는 과정에 한쪽에서 여론조사 반영 인원을 더 늘려야 한다고 주장하면서 대립양상을 보였다. 이를 타개하기 위해서 강 대표가 국민경선선거인단 중 일반국민의 투표율이 3분의 2인 67%에 미치지 못할 때 이를 67%로 간주해 여론조사 반영비율을 계산한다는 중재안을 내놓았다. 이를 이 전 시장은 수용했고, 박 전 대표가 거부하면서 심각한 갈등을 빚었던 것이다. 국민경선의 낮은 투표율을 여론조사에서 높게 반영하면 1인 1표의 등가성에 문제가 있고, 국민지지율에서 앞서고 있는 이 전 시장이 유리하다는 것은 양측 모두 인정할 정도로 공정성에 문제가 있었다.

정당의 경선규칙은 당의 대통령후보를 민주적으로 선출하기 위한 절차와 방법을 규정하는 것이다. 한나라당이 둘로 쪼개지지만 않는다면 12월 대선에서 누가 후보가 되어도 집권가능성이 높다는 각종 여론조사 결과 때문에 양 캠프에서 게임규칙에 사활을 거는 것은 너무 당연한 일이다. 한나라당 후보가 되는 것은 곧 대통령 당선을 의미한다고 기대하기 때문이다.

이번 경선규칙 파동을 보면서 두 가지를 지적하고자 한다. 첫째, 집권을 노리고 있는 공당의 게임규칙이 원칙 없이 어느 일방의 요구에 따라서 조변석개해서는 안 된다는 것이다. 2005년 11월 현행 국민경선규칙을 만들 때도 그랬고, 20만 명과 8월 경선을 합의할 때도 그랬고, 강 대표의 중재안이 나온 배경도 그렇다. 게임규칙은 당사자 간의 합의에 따라서 그리고 시대와 상황에 맞춰 바꿀 수 있지만 어느 한쪽의 요구 때문에 일방적으로 바뀐다면 게임 규칙은 권위를 잃게 된다.

둘째, 게임규칙은 모든 플레이어에게 공정해야 한다. 게임규칙이 한 편에 유리하다면 불리한 쪽이 시합에 나설 리 없다. 더구나 표의 등가성 문제가 제기되고 만약 민의를 왜곡시킬 가능성이 있는 불공정 게임규칙이라면 누가 경선 결과에 승복하겠는가? 민주적 경선을 기대한다면 게임규칙이 민주원칙에 조금도 어긋나서는 안 될 것이다. 경선규칙을 합의한 이제부터 당당하고 멋진 한판 승부를 기대해 본다.

(2007. 5. 16. 기호일보)

경선 후 한 가족 두 지붕을 면하려면

한나라당 대통령후보 경선을 채 50여 일도 남겨두지 않은 가운데 '내전' 양상을 보여 후유증을 걱정하는 목소리가 높다. 지금 당장 대선을 치른다면 한나라당 대선 후보가 누가 되든 본선에서 승리할 가능성이 높다는 여론조사 결과 때문에 당내 경선이 과열되고 있는 것은 사실이다. 이명박 전 서울시장과 박근혜 전 한나라당 대표 간에 이전투구 양상을 보이면서 경선 후를 걱정하는 이들이 많다. 특히 후보검증 문제가 불거지면서 양 후보 간 지지율 격차도 줄어들고, 갈수록 검증공방은 더욱더 치열해질 전망이다. 대선 예비후보로 등록한 이상 탈당도 불가능하고 오로지 경선 승리냐, 결과승복이냐 등 제한된 선택밖에 없기 때문에 불꽃 튀기는 공방이 예상된다.

하지만 당내 경선이 과열되는 것을 막거나 걱정할 필요가 없다고 본다. 치열하게 진행되는 경선과정을 오히려 권장해야 할 것이다. 경선이 너무 과열되어 초반에 기력을 모두 소진하게 되면 정작 본선에서 경쟁력이 약화될 것을 우려하기도 한다. 그보다 더 큰 문제는 당내 후보검증 때문에 두 후보 모두 만신창이가 된다면 본선에서 승리를 장담할 수 없기 때문에 자숙을 요청하기도 한다. 양측 간 경선이 격화되면서 당내 화합이 깨질 것을 우려하고 있으며, 상호 비방의 정도가 지나치면 레드카드를 꺼내겠다는 출당경고 으름장이 나오는 상황이다.

후보검증을 위하여 당내 기구가 설치되어 있지만 얼마나 공정하고 신속하게 실체적 진실을 밝혀 국민적 의혹을 말끔히 씻어 줄 수 있을지 의구심이 든다. 항간에 떠돌고 있는 후보들에 대한 모든 의혹과 약점에 대하여 하나도 숨김없이 철저한 검증과정을 거쳐야 할 것이다. 여야 대선후보가 결정되면 후보검증 문제는 당연하게 재등장할 것이다. 네거티브 공세도 피할 수 없을 것이다. 홍준표 예비후보는 "대선은 팬티까지 벗는 게임"이라고 하지 않았던가. 지금도 여권에서는 한나라당 두 후보를 꺾을 자료가 있다고 엄포를 놓고 있다. 열린우리당 대권예비 주자인 이해찬 전 총리는 "한나라당 후보는 경량급이라 한방이면 간다"는 말까지 서슴지 않고 있다. 여권은 대선 결과를 단번에 뒤집을 수 있는 무슨 파일이 있으니까 공공연하게 큰소리치는 것이 아닌가 싶기도 하다. 김대업 효과가 이제는 더 이상 통하지 않을 것이라는 안이한 태도는 금물이다. 대통령으로서 부적격하다고 판단될 정도의 치명적인 흠이 확실한 증거와 함께 제시한다면 본선 게임은 어려워질 수 있다.

이런 맥락에서 한나라당 경선은 과열되어도 문제가 없고, 후보 검증문제도 쉬쉬할 것이 없다고 본다. 지금보다 더 과열되어 시끄럽게 경선이 치러져도 무방하다. 본선에서 상대방 진영에서 제기할 가능성이 있는 모든 문제를 경선과정에 모조리 여과시켜야 한다. 경선과정에 김을 뺄 것이 있으면 완전하게 빼고, 의혹이 있다면 진실을 밝히고, 오해는 해명하고, 사과할 것은 백배 용서를 빌어야 한다. 본선에서 상대후보가 더 이상 새로운 사실을 폭로할 수 없을 정도로 혹독한 검증과정을 밟아야 한다. 설사 메가톤급 핵폭탄이 투하되어도 끄떡없을 정도로 경선과정에서 모두 걸러내야 한다. 예방주사를 맞는다고 생각해야 한다. 한나라당도 당내 차원에서 접근하지 말고 본선을 염두에 두고 후보검증에 나서야 한다.

아무리 경선과정에 감정의 골이 깊어도 이명박 전 서울시장과 박근혜 전 한나라당 대표는 체면 때문에 경선결과에 승복하면서 웃는 모습을 보일 것이다. 문제는 양 진영의 핵심 참모, 특히 상대후보의 저격수나 검증주역으로 나섰던 사람들은 본선에서 뒷짐을 짚고 차라리 여권 후보가 대통령에 당선되었으면 하는 생각을 가질 수 있을 것이다. 한나라당은 대선 승리를 위해서 그리고 한 가족 두 지붕 사태가 일어나지 않도록 하기 위해서 경선 승리자와 패배자 간에 대권후보와 당권후보 또는 대통령과 국무총리 등의 역할을 분담하는 사전 합의를 이루는 것이 하나의 방법이 될 수 있을 것이다.

(2007. 7. 4. 기호일보)

아름다운 패배

지난 20일 정말 모처럼 만에 감동적인 한편의 정치드라마를 보았다. 코가 찡하지 않은 사람이 없었을 것이다. 많은 분들이 눈시울을 적셨을 것이다. 바로 17대 대통령 후보를 선출하는 한나라당 전당대회에서 경선승복과 백의종군을 선언하는 의연하고 침착한 박근혜 전 대표의 모습을 두고 하는 말이다. 박 전 대표는 어디서 그런 담대함과 여장부다운 기질을 쌓았는가? 기가 막힌 상황에서 조금도 흐트러지지 않는 당당한 자세, 차분한 말솜씨, 북받치는 감정을 표출하지 않는 냉정함, 시종일관 미소를 잃지 않는 모습 등은 많은 국민들의 마음을 사로잡았다. 경박하고 품위 없는 정치인들이 난무하는 정치판이기 때문에 더욱더 돋보였다.

아름다운 패배라고 해도 말이 되는지 모르겠으나 정말 감동을 주고 국민 마음속에 파고드는 아름다운 모습을 보였다. 짧은 연설이었지만 분명한 메시지가 있었다. 할 말을 다했고 진한 감동을 주었다. 아마도 연설장면을 직접 본 사람들은 오랫동안 그 모습을 잊지 못할 것 같다.

왜 모두 아름다운 패배라고 입을 모으는가? 경선에서 지고도 이긴 사람보다 더 많은 박수를 보내고 싶은 마음이 드는 것일까? 무엇이 그토록 국민들을 감동시켰는가?

무엇보다도 박빙의 패배인데도 불구하고 깨끗하게 승복하는 모습을 보였기 때문이다. 모든 여론조사 결과는 담합이라도 한 듯 아니 개표가 진행되는 순간까지도 최소 6%에서 최대 10% 차이로 확실하게 패배한다고 예측했다. 뚜껑을 열어 본 결과 결국 패배는 했지만 모든 여론 조사결과가 터무니없이 빗나갔다. 박근혜 전 대표는 직접투표에서 이기고 여론조사 한 명이 6표를 행사한 것으로 간주하는 불합리한 규칙 때문에 사실상 졌는데도 깨끗하게 패배를 인정하고 승자에게 축하를 보냈다. 박빙의 표차로 패배할수록 더욱더 분통이 터지고 억울하고 패배를 인정하기 어려운 것이 사실이다. 그런데도 패배를 인정했고 결과에 승복했다. 더 나아가 한나라당의 대선 승리를 위해서 당의 화합과 열정을 주문했다. 정말 아름다운 모습이 아닐 수 없었다.

둘째, 경선과정이 그 어느 때보다 이전투구식으로 치열하게 진행되는 과정을 보면서 많은 국민들은 승복여부를 우려했기 때문이다. 경선 막바지에는 특정후보 필패론과 후보사퇴론까지 노골적으로 제기되어 감정의 골이 너무 깊어져 후유증을 심히 염려했던 것이 사실이다. "아름다운 동행"을 전당대회 구호로 정한 이유도 여기에 있었다. 하지만 경선불복에 대한 기우를 말끔히 씻어주고 오히려 감동적인 드라마를 연출하였다. 패자의 경선승복으로 승자는 후보로서의 정당성을 얻게 되었고 우려했던 당의 분열은 일단 외형적으로 봉합되는 모습을 보였다.

셋째, 한국정치 발전을 한 단계 업그레이드시켰기 때문이다. 그동안 경선에 불복하는 정치인을 보아왔다. 자기가 하면 로맨스요 남이 하면 불륜이라는 얼토당토않은 논리를 펴는 정치인들에 식상해 있었다. 최근에는 경선에서 승산이 없자 10년 넘게 먹던 우물에 침을 뱉고 자신을 정치적으로 출세시켜준 당을 떠난 변절자도 목격하였다. 경선불복이나 변절은 절차적 민주주의를 송두리째 부정한다. 정치발전의 커다란 걸림돌이 되고 있다. 국민의 정치교육에도 부정적으로 작용한다. 하지만 박근혜 전 대표의 경선승복은 한국정치 발전의 또 하나의 이정표를 세웠다.

아름답게 패배한 박근혜 전 대표에게 위로와 더불어 찬사를 보낸다. 이번 패배는 앞으로 더 큰 인물로 성장하라는 기회를 제공하는 것인지 모른다. 더 멀리 보고 더 크게 보고 원칙과 대의에 충실하길 바란다. 이번의 아름다운 패배는 먼 훗날 헛된 것이 아닐 수도 있다. 세상에는 때가 있는 법이다. 설사 대통령이 되지 않더라도 국민에게 감동을 주는 것만으로도 성공한 정치인이라고 평가받을 수 있을 것이다.

(2007. 8. 22. 기호일보)

아름다운 동행이 필요하다

한나라당은 8월 20일 제9차 전당대회를 열어 17대 대통령 후보로 이명박 전 서울시장을 선출하였다. 먼저 한나라당 대통령후보로 선출된 이명박 전 서울시장에게 축하를 보낸다. 승자에게 축하를 보내는 것보다 깨끗한 경선승복과 백의종군을 선언한 박근혜 전 한나라당 대표에게 더 큰 박수를 보내고 싶은 것이 솔직한 심정이다. 끝까지 선전하고 박빙의 표차로 패배한 뒤 결과에 승복하여 아름다운 패배라는 찬사가 잇따르고 있다. 박근혜 전 대표는 비록 경선에서는 졌지만 국민을 감동시켰다. 승자도 패자도 모두가 승리자가 되었다고 볼 수 있다.

전당대회 구호로 내건 "아르다운 동행"은 박 전 대표의 승복으로 일단 성공하였다. 한국정치 발전을 한 단계 업그레이드시킨 아름다운 경선이었다고 평가할 수 있을 것이다. 전당대회 이전에 자신이 지지하는 후보가 경선에서 패하면 차라리 다른 당 후보를 밀겠다는 응답자가 50%가 넘는다는 여론조사 결과가 나왔다. 하지만 전당대회 이후의 여론조사에서는 패자의 지지표가 대부분 승자에게 흡수되는 것으로 나타나 일단 아름다운 동행은 순항하고 있다고 볼 수 있다. 대동단결하여 12월 대선에서 승리하느냐 아니면 3연패하느냐 하는 것은 아름다운 동행의 성공여부에 달려 있다.

아름다운 동행이 성공하기 위해서는 무엇보다 당내 화합과 통합이 이루어져야 한다. 화합과 통합의 전제조건은 승자가 패자 측에 대한 각별한 배려와 포용에 있다고 볼 수 있다. 이명박 후보가 수락연설에서 밝힌 대로 반대했던 사람들과 하나가 되기 위한 노력을 게을리 해서는 안 된다. 화합이 말 같지 쉽지 않은 일이다. 머지않아 한나라당은 대선 후보중심의 선대위 체제를 출범시킬 것이다. 선대위를 구성할 때는 박근혜 전 대표 측 인사들을 대거 발탁해야 할 것이다.

승자가 패자 측을 적극적으로 배려하고 껴안지 않으면 안 된다. 그들을 소외시킨다면 내부의 적이 외적보다 오히려 더 매섭다는 사실을 확인하는 계기가 될 수 있을 것이기 때문이다. 마치 점령군처럼 행세하거나 개혁을 빌미로 경선과정의 감정을 삭이지 못하고 박 전 대표 진영 인사들을 홀대한다면 12월 대선은 성공하기 어려울 것이다. 살생부가 떠돈다면 당내 아름다운 동행은 구두탄에 지나지 않을 것이다. 박 전 대표나 그를 지지했던 인사들의 적극적인 협력과 지지 없이 정권을 획득하는 것은 쉽지 않은 일이 될 것이다. 박 전 대표의 전국적인 지지도를 확인하지 않았던가. 아름다운 동행을 하기 위해서는 선대위 구성에 능력도 고려해야 하지만 탕평인사가 꼭 필요하다고 본다.

아름다운 동행이 끝까지 성공하려면 박근혜 전 대표와 그 지지자들의 전폭적인 협력도 요구된다. 박근혜 전 대표는 국민적 인기를 바탕으로 선거여왕의 역할을 적극적으로 수행할 것으로 예상된다. 그리고 자신의 열렬한 지지자들에게 한나라당의 집권을 위해서 이명박 후보를 적극 도와주라고 호소할 것이 분명하다. 하지만 박 전 대표의 적극적인 지지자들이 입장을 갑자기 선회하여 이명박 후보 대열에 동참하는 것은 쉬운 일은 아닐 것이다. 마음이 썩 내키지 않을 것이다. 하지만 당의 대선 승리를 위해서 뭉쳐야 한다. 만일 한나라당의 승리를 위해서 적극 참여하기는커녕 수수방관하거나 아예 대선 전에 이명박 후보가 낙마하기를 바란다면 한나라당의 대선 가도는 붉은 불이 켜질 것이다. 뒷짐을 짚고 차라리 타당후보가 당선되길 바란다면 한나라당은 정권획득의 절호의 기회를 또 놓치고 말 것이다.

한나라당의 12월 운명은 승자와 패자의 아름다운 동행에 달려있다. 아름다운 동행의 성공에는 승자 측의 태도가 더 중요하다는 사실을 강조하고자 한다.

(2007. 9. 3. 충북뉴스)

대선후보 경선과 정치발전

12월 대선을 60여 일 남겨두고 각 당의 대선후보 경선이 거의 마무리되었다. 한나라당과 민노당은 일찌감치 이명박 후보와 권영길 후보를 각각 선출하였고, 15일에는 대통합민주신당 정동영 후보가, 16일에는 민주당의 이인제 후보가 확정되었다. 또 다른 대선 후보로 거론되고 있는 문국현 전 유한킴벌리 사장은 14일 가칭 '창조한국당' 발기인 대회를 갖고 본격적으로 독자 신당창당에 나섰다. 지난 대선에 비하면 후보 선출 시기가 6개월가량 늦어졌지만 대선을 두 달여 앞두고 각 당의 후보가 확정된 것이다. 범여 후보 간의 단일화 문제가 관심사로 등장하겠지만 일단 초반에는 이들을 중심으로 치열한 본선 레이스가 펼쳐질 것으로 예상된다.

이번 대선 후보 선출과정은 한국의 정치발전에 크게 두 가지 면에서 기여하였다. 하나는 상향식 국민참여경선방식이 이제 완전하게 대세로 자리를 굳혔다는 것이다. 종전에는 전국의 전당대회 대의원들을 한자리에 모아놓고 대선 후보를 선출하였으나, 지난 대선 때는 당원과 일반국민이 참여하는 전국 순회 국민경선제가 도입되었다. 이번에는 일반국민의 참여 폭이 대폭 확대되었다. 선거인단의 구성 비율에 있어서 당원보다 일반국민의 비중이 높아졌다. 여론조사 결과의 반영 및 모바일 투표방식까지 도입하여 국민의 참여 기회를 크게 늘렸다. 완전개방형 예비선거제와 달리 당심(黨心)도 반영했고, 동시에 민심(民心)도 더 많이 배려한 상향식 국민경선제를 실험한 것이다.

국민경선제는 아직도 보완해야 할 내용이 많다. 여론조사 결과의 반영 여부, 국민선거인단의 불법 모집 및 허술한 관리, 낮은 투표율, 조직 동원, 역선택, 지역몰표 현상, 흥행성 실패 등등 해결해야 할 문제점이 많이 노출되었다. 한술에 배부를 리 없을 것이다. 암튼 당원과 일반국민이 동시에 참여하여 대선후보를 선출하는 상향식은 당원 및 국민에 의한 대선 의제설정 기능수행이라는 측면에서 바람직한 현상이 아닐 수 없다. 앞으로 당심과 민심이 대선후보 선출과정에 정확하게 반영될 수 있도록 문제점을 보완하면서 국민경선제가 정착될 수 있도록 노력해야 할 것이다. 국민경선제는 국민의 정치참여 기회 확대와 더불어 정당의 민주화라는 측면에서 정치발전에 크게 기여하고 있는 것이다.

다른 하나는 경선결과에 모든 패자가 승복하는 모습을 보여 정치발전에 기여하였다. 이번 대선후보의 경선과정은 네거티브 전략, 불법동원, 금품제공 시비 등 이전투구 양상을 보여 경선 후유증이 매우 심각할 것으로 예상되었다. 하지만 한나라당 경선에서는 박근혜 전 대표의 승복이 '아름다운 패배'라는 찬사를 받았고, 대통합민주신당의 손학규 전경기지사의 '깨끗한 패배 인정'과 이해찬 전 총리의 '겸허한 수용'이 이루어졌다.

경선결과에 승복할 수밖에 없었던 이유는 정당의 대선 예비후보로 일단 등록하면 탈당하더라도 다른 당의 대선후보가 될 수 없다는 법 규정 때문이기도 하다. 또한 경선결과에 불복하거나 경선과정에 세가 불리하다고 탈당한 정치적 배신자는 국민의 지지를 결코 받을 수 없다는 교훈 때문이기도 하다. 경선 불복을 제도적으로 막았든 배신자의 정치적 치명상을 경험적으로 확인했든 모두가 경선에 승복한 것은 정치발전을 위해서 매우 바람직한 현상이 아닐 수 없다.

한국정치는 속도가 더디긴 하지만 많은 시행착오와 정치실험을 반복하면서 꾸준하게 발전하고 있다. 이번 경선과정에 불복사태는 자취를 감추었고, 또한 상향식 국민경선제의 일부 문제점만 조금 보완한다면 대선후보 선출과정은 제도화될 수 있을 것이다. 경선이 끝난 상황에서 앞으로의 정치발전 과제는 양질의 자유 복지 안전과 같은 정치재화를 효율적으로 산출할 수 있는 정치의 내용과 질적 변화를 놓고 후보 간 정정당당하게 겨루는 모습을 보일 차례다.

(2007. 10. 17. 기호일보)

05 100년 정당을 보고 싶다

역지사지 자세가 요구되는 여·야

최근 정치현안에 대하여 사사건건 이분법적 논리가 지배하여 양극화 현상을 보이고 있다. 북한문제에 대하여 형식과 격식을 초월하여 조건 없이 지원하자는 유화론과 상호주의론, 남북 협상과정에 남한의 일방적 양보론과 북한의 더 많은 양보론, 한빛은행 불법 거액 대출사건에 대한 단순사기론과 전형적 권력형비리론, 국회법 강행처리에 대하여 불가피론과 날치기론, 선관위 선거비용 실사 개입의혹에 대한 실언론(失言論)과 조직적 축소은폐론, 의약분업에 대하여 국민건강 증진론과 국민고통론 등으로 완전 양극화되었다.

국민적 주요 관심사에 대한 시각이 극단적으로 양극화되어 사회가 분열되고 민심이 이반된 가운데 엎친 데 덮친 격으로 제2의 외환위기론이 고개를 들고 있다. 정말 불안하고 답답하다. 이런 문제들은 정치가 풀어야 하는 것이 아닌가?

그러나 대북한 정치는 활성화되어 있으나 국내정치는 실종된 채 여야는 양극화 된 시각차를 줄이지 못하고 평행선만 가고 있다. 여야가 머리를 맞대고 해법을 제시할 가능성은 희박해 보인다. 다행히 정부여당이 정국 해법을 다각적으로 모색하고 있다니 정말 반가운 소식이다. 정부여당이 늦었지만 이제라도 적극적인 태도로 민심수습에 나서려는 것은 정말 잘하는 일이다. 정국운영의 잘잘못에 대한 책임은 결국 정부여당의 몫이기 때문이다.

난국을 풀어 가는 정부여당에게 꼭 한마디 당부하고 싶은 말이 있다. 지난 20여 년 동안 경험했던 야당 시절의 시각으로 현 정국을 보라는 것이다. 지난 야당시절에 정부여당의 실정(失政)에 대하여 날카롭게 비판하던 자세로 돌아가라는 것이다. 오랫동안 어렵고 힘들었던 야당신세를 벗어나 정부여당이 된 지 3년도 채 안 되었는데 어찌 지난 야당시절의 용기와 결단력과 돌파력을 다 잃어버렸단 말인가? 집권당이 되면 그렇게 쉽게 지난 야당시절을 잊게 되는지 묻고 싶다.

지난 야당시절을 되돌아보면 정치실종과 정국경색의 1차적 책임을 야당 탓으로 돌릴 수 없을 것이다. 여소야대의 국회이기 때문에 야당이 개혁정책의 발목을 잡는다거나, 야당은 민생보다는 대권에 눈이 어둡고 정치 갈등을 유발시키는 집단이라거나, 야당에게 밀리면 정국의 주도권을 빼앗긴다거나, 야당의 주장을 한번 수용하면 터무니없이 새로운 문제를 계속 제기할 것이라는 등의 대야당관을 갖지 않았을 것이다.

정부여당은 지난 야당시절 온갖 탄압과 박해에도 굴하지 않고 절대 권력에 얼마나 강력하게 맞섰던가? 정부여당의 독선·독주·독단에 대하여 이 눈치 저 눈치 살피지 않고 오직 민심만을 의지한 채 의사당 점거, 시위, 농성, 집회, 장외투쟁, 현판식, 서명운동, 단식투쟁, 의원직 사퇴 등 온갖 수단과 방법을 총동원하여 부양된 야당이 아닌 선명자생 야당의 면모를 유감없이 발휘하지 않았던가?

당시 집권여당은 야당을 반대를 위한 반대만 일삼는 세력으로 규정했다. 또한 야당의 지도자를 대통령병 환자라고 몰아붙였다. 한국정치는 대화와 타협보다는 대결정치 흑백논리 양극화 정치 벼랑 끝 정치가 지배한다는 비판도 받았다. 그럼에도 불구하고 현 집권여당은 야당시절에 대중동원과 대중호소 등 민심을 등에 업고 민주화 투쟁에 결연하게 나서지 않았던가?

야당이 기댈 곳은 오직 민심이 아니었던가? 그렇게도 민심에 민감하고 국민여론을 하늘같이 받들던 태도가 다 어디로 사라졌는가? 집권한 지 3년도 안 되었는데 국민을 무시한다고 몰아붙이던 옛날 여당의 모습을 왜 빼닮고 있는지 모르겠다.

정부여당은 현재와 똑같은 상황에서 다수의석을 가진 제일야당이었다면 어떻게 대응했을 것인가를 생각해 보라. 오늘 정부여당에게 요구되는 것은 지난 20여 년간의 야당시절을 되돌아보는 역지사지(易地思之)의 자세라고 볼 수 있다. 지난 야당시절의 입장에서 생각하면 양극화된 현 시국의 해법을 쉽게 찾을 수 있을 것이다.

(2000. 11. 22. 충청일보)

여당은 야당시절의 자세로

「문명충돌론」을 쓴 헌팅톤(S. P. Huntington) 교수는 제3세계 정치는 군부지배, 군의 탈정치화, 문민정부의 출범. 여야 간 평화적 정권교체, 그리고 여야 간 반복적인 정권교체 단계를 밟아 정치제도화 수준을 높이면서 발전한다고 주장하였다. 한국도 그의 주장과 꼭 같이 여야 간 평화적인 정권교체까지 경험하게 되었다. 그의 이론대로라면 한국정치도 한 단계씩 발전해 가는 과정에 있다고 볼 수 있다.

정치발전의 한 과정인 여야 간 평화적 정권교체가 이루어진 이래 정치는 하루도 바람 잘 날 없이 시끄럽고 실망스러운 일이 한두 가지가 아니다. 최초로 정권을 획득한 민주당은 여당노릇에 힘겨워하고 있으며, 정권을 상실한 한나라당도 마찬가지라고 볼 수 있다. 여야는 뒤바뀐 역할에 익숙하지 않아 잦은 시행착오를 반복하고 있으며, 말로는 상생 또는 동반자관계니 하면서도 실은 대결과 대립적인 갈등관계를 유지하고 있다.

그러나 여야 간 정권교체 이후 지위가 바뀌고 새로운 역할을 수행하는 과정은 장기적으로 정치발전에 순기능적으로 작용할 것으로 보고 있다. 여당인 민주당은 과거 여당의 행태에 대하여 사사건건 문제를 제기하더니 여당이 되고부터 과거 여당의 모습을 그대로 닮아가고 있다. 야당인 한나라당도 과거 야당의 주장을 들은 척도 않더니 야당이 되니 과거 야당과 똑같은 행태를 보여주고 있다. 여야의 지위가 바뀌고 변화된 역할을 수행하면서 상대를 이해할 수 있는 기회가 마련된다면 분명히 정치는 발전하게 될 것이다.

검찰총장과 대검차장의 탄핵안 표결 처리를 둘러싸고 여야 간 종전의 입장이 완전하게 뒤바뀐 모습을 서로 되돌아보면서 서로를 이해하는 계기로 삼았으면 한다.

첫째, 검찰의 정치적 중립에 대한 여야의 입장이 과거와 판이하게 다르게 나타났다. 민주당은 야당시절 검찰의 정치적 중립을 줄기차게 외쳤으나 여당은 이를 정치공세라고 묵살했다. 반면에 정권을 상실한 한나라당은 검찰의 정치적 중립을 주장하면서 탄핵소추안을 국회에 제출하기에 이르렀다.

둘째, 여당이 국회 본회의를 실력으로 저지하고 이에 야당과 대치하는 일은 처음 있는 일이다. 종전에는 야당이 여당의 단독처리와 날치기를 막기 위해서 물리적인 방법을 동원하는 것이 상례였으나 이번에는 그 반대의 현상이 나타난 것이다. 여당이 국회의 의사진행을 방해하여 안건을 처리하지 못하도록 원천봉쇄한 것이다.

셋째, 여당이 자당소속 국회의장의 본회의장 입장을 막기 위해서 의장실을 점거하고 의장을 감금한 것도 처음 있는 일이다. 그동안 국회의장의 본회의장 출입을 막기 위해서 의장실과 공관을 점거·농성하고, 심지어 국회부의장까지 인질로 삼은 것은 야당이었다. 그러나 이번에는 반대 현상이 나타났다.

탄핵안에 대한 표결처리와 원천봉쇄라는 여야 간 극단적인 입장차 때문에 나타난 헌정사상 초유의 일들은 국회를 공전시키고 여야관계를 얼어붙게 했지만 여야가 각각 과거 자기들의 주장과 입장 그리고 뒤바뀐 오늘의 주장과 입장을 비교해 보고 자성하는 계기로 삼았으면 한다. 구체적으로 검찰의 정치적 중립, 국회의 날치기, 의사진행 방해에 대한 여야의 시각과 입장을 재조명하는 기회가 되길 바란다.

이번 일을 계기로 여야는 역지사지(易地思之)의 자세로 상대방의 입장을 이해하고 입장차를 좁혀 하루속히 정국을 정상화 시켜야 할 것이다. 여야는 정파적 이익을 떠나 무엇이 국민을 위한 정도(正道)인지를 깨닫는 계기로 삼기 바란다.

만약 이를 자기반성의 계기로 삼지 못하고 여야의 지위가 바뀌더라도 종전의 입장을 180도 바꾸는 일을 대수롭지 않게 반복하거나, 과거의 주장과 입장을 상황론으로 정당화하거나, 여당이나 야당 역할을 무한정 실습하는 모습을 보인다면 정치발전은 요원하게 될 것이다. 정치는 여야의 역할 실습장이 아니란 사실을 유념하기 바란다.

(2000. 11)

국민과 따로 노는 정부여당

민주정치는 여론에 의해 지배되는 정치라고 한다. 여론은 한마디로 국민의 일반의지, 국민의 뜻, 민심과 동일한 의미로 사용되기도 한다. 민주정치를 여론정치라고 하는 것은 민주주의 사회에서 정치의 주인은 국민이기 때문에 국민의 뜻에 따라서 정치를 행하는 것이 국민을 위한 국민에 의한 정치라고 볼 수 있기 때문이다. 민심의 소재를 잘 파악하여 국정에 제대로 반영하는 것은 결국 국민의 지지를 받는 지름길이 된다.

민심의 소재는 정확하게 선거결과에 나타난다. 또한 과학적인 사회조사를 통하여 어느 정도 파악이 가능하다. 정부여당에 대한 민심은 지난 4·26 지방 재·보선과 민주당이 9일 발표한 전국여론조사 결과를 보면 알 수 있다. 민주당은 지방선거에서 완패하였으며, 자체 여론조사 결과 민심이 정부여당을 떠나고 있는 것으로 나타났다고 한다.

민심은 본래 변덕성, 불명확성, 감정성, 비과학성 등의 취약점을 안고 있지만 선거 결과 나타난 표심은 조작된 것이 아니다. 더구나 민주당 자체에서 실시한 여론조사에서도 충격을 받을 만한 결과가 나타난 것을 보면 정부여당에 대한 민심이반 현상이 심각한 지경에 이른 것이 분명하다.

민심을 다루는 정부여당의 태도는 대략 세 가지 유형으로 분류할 수 있을 것이다.

첫째, 민심의 향배를 정부여당이 주도적으로 유도해 나가는 유형이다. 정부여당이 민심을 이끌고 또한 국민의 정치적 요구가 제기되기 전에 미리 그 뜻을 헤아려 적절하게 정책적인 대응방안을 모색하는 경우다.

둘째, 민심을 정부의 정책 결정에 최대한 반영하려고 노력하는 여론 중시 유형이다. 하지만 지나치게 민심에 민감하면 자칫 정부여당이 정책철학이나 줏대 없이 민심에 따라 우왕좌왕 중심을 잃고 방황하는 모습을 보일 수 있다는 우려가 있다.

셋째, 정부여당이 민심을 거역하는 유형이다. 민심은 안중에 없고 오직 정부여당이 하고 싶은 일을 고집스럽게 밀고 나가는 경우이다. 한술 더 떠 청개구리같이 국민이 하지 말라면 더 하는 경우도 있다. 당장은 인기 없는 개혁정책이라도 목표가 뚜렷하고 그 결과가 좋다면 다행이지만 반대의 현상이 나타난다면 정부여당은 국민들로부터 왕따를 당하게 된다. 국민과 정부여당이 따로 노는 결과가 된다.

현재 정부여당의 태도는 어느 유형에 속한다고 볼 수 있을까? 아무래도 세 번째 유형에 가깝지 않나 싶다. 왜냐하면 민심과 동떨어진 일만 골라서 한다는 인상을 주기 때문이다. 오히려 민심과 정면 배치되는 정책을 밀어붙이기 때문에 오기정치를 한다는 오해를 받는 지경에 이르렀다.

국민여론이 좋지 않았던 정책을 강행했거나 민심을 외면하게 만든 예는 수없이 많다. 몇 가지 짚어보면 대북 저자세와 퍼주기식 외교, 의약분업, 자민련의 교섭단체 제조를 위한 의원임대, 대우자동차 노조원의 폭력진압과 국회의 국무총리 및 행자부장관 해임결의안 표결 시 선별투표 및 집단기권, 낙하산·지역편중 인사, 3당 정책야합과 1000만 원 내기 운운 호화골프 등등 헤아릴 수 없다. 국민의 소리를 정치과정에 반영시키기는커녕 민심을 몰라도 너무 모르는 방향으로 국정을 운영하기 때문에 지방선거 패배와 여론조사 결과 민심이탈 현상이 나타난 것으로 볼 수 있다.

민심을 거역하면 민주정치라고 할 수 없으며 정권재창출이 불가능하게 된다. 한번 떠난 민심을 되돌리는 것은 결코 쉬운 일이 아니다. 이를 누구보다 잘 아는 정부여당이 국민과 따로 노는 이유를 정말 이해할 수 없다. 정부여당이 민심의 소재를 잘 모르는 것인지, 알면서 묵살하는 것인지, 아니면 민심을 추스를 능력이 없는 것인지 헷갈린다. 정부여당의 임기가 얼마 남지 않았다. 제발 더 늦기 전에 민심이 천심임을 깨달았으면 좋겠다.

(2001. 5)

대통령의 탈당 불행한 악순환

김대중 대통령은 자식들의 비리 연루 의혹으로 사회적 물의를 일으킨데 대하여 사과성명을 발표하면서 새천년민주당 탈당도 함께 선언했다. 한국의 역대 대통령이 집권여당의 총재직을 버리고 탈당까지 한 것은 이번이 세 번째다. 김대중 대통령은 자신이 창당했고 자신의 대권 획득에 결정적 역할을 했던 민주당을 떠나 무소속으로 남게 되었다.

대통령이 임기를 10여 개월 남겨두고 탈당한 것은 이유를 불문하고 김대중 대통령 자신과 한국정치의 불행한 일면을 보여준 것이라고 볼 수 있다. 대통령의 집권여당 탈당은 한국정치를 또 다시 과거와 단절시키는 불행한 역사를 반복하는 계기가 되었다. 한국정치는 민주화의 이행기를 거쳐 공고화 단계에 진입했으면서도 연속적인 계승발전보다는 과거와 단절 분리 그리고 토막 난 정치를 반복하여 왔다.

김 대통령의 탈당 배경에 대하여 아들문제와 직접적으로 연계시키는 것은 적실성이 약하다. 아들들이 비리에 연루된 의혹과 민주당 탈당과 직접적인 상관성을 찾기 어렵기 때문이다. 또한 남은 임기 동안 여야의 협력 속에 오직 국정에만 전념하기 위해서 그런 결심을 했다는 명분도 설득력이 약하다. 그런 말은 민주당 총재직을 내놓을 때도 들었으며 또한 민주당 당적이 국정운영의 걸림돌이 되기보다는 오히려 대통령의 든든한 정치적 기반이 되었다고 보기 때문이다.

김 대통령이 총재직을 내놓고 당적만을 보유했을 때 민주당 대통령후보 선출을 위한 국민경선 과정에 김심(金心)의 작용과 음모론의 빌미가 되었고, 12월 대선의 중립적 관리에 대한 의구심을 제공한 것은 부정할 수 없다. 하지만 처음 경험했던 국민경선이란 정치실험을 그런대로 잘 마무리하여 민주당의 지지도를 상당부분 회복하였으며, 각종 여론조사에서도 민주당

후보가 선두를 유지하는 상황에서 탈당한 것은 아무래도 다른 정치적 계산이 깔린 것으로밖에 달리 평가할 방법이 없다.

다름 아닌 대선이 본격화되면 현재 조성된 여론과 달리 민주당이 재집권하는 데 김대중 정부의 지난 4년간의 수행실적이 별로 도움이 되지 못할 것이란 판단 때문에 그 걸림돌을 대통령 스스로 제거해 준 것이라는 분석이 가능하다. 한마디로 김대중 정부와 민주당 대통령후보를 단절·분리시키겠다는 의지가 아니겠는가. 민주당 대통령 후보가 김대중 대통령과 동일체로서 또한 계승자로서 김대중 정부의 연속선상에서 본선에 임하는 것은 득표에 도움이 되지 않을 것이란 우려 때문에 아예 그 연결고리를 끊어주자는 정치적 배려가 작용했다고 볼 수 있다.

그동안 한국정치는 과거를 비판·부정하고 청산의 대상으로 삼아왔으며, 대선 때는 지난 정권과 차별화하는 선거전략을 채택하여 왔다. 대통령 선거에서 승리하기 위해서 자기 당 소속 대통령을 짓밟는 일이 용인되었다. 같은 당의 정책을 승계하기는커녕 오히려 청산하려는 모습을 보인 것은 역대 정부가 공보다는 과가 많았기 때문이다. 지난 정부를 본받고 따르고 승계하기보다는 단절해야 하는 정치 현실이 정말 불행한 것이다. 나를 밟고 올라서서라도 정권을 재창출하라던 과거의 사례와 같이 김 대통령의 탈당도 노무현 후보를 구하기 위한 것이 아닌가 싶다. 김 대통령 자신의 정책이나 업적을 민주당 대통령 후보에게 당당하고 떳떳하게 계승시키지 못하고 스스로 자신과 결별하고 단절할 수 있는 기회를 제공한 것은 정말 불행한 일이다. 김 대통령의 재임기간의 업적에 대하여 국민의 재신임을 받을 자신이 있었다면 탈당까지 했을까. 한국정치가 언제까지 과거를 부정하고 단절하는 악순환을 거듭해야 하는지 안타까울 따름이다.

(2002. 2. 9. 대한매일)

참여정부와 정당정부

평화, 번영, 도약의 기치를 내건 노무현 참여정부가 출범하였다. 노 정부에 대하여 의외로 잘할지 모른다는 기대와 왠지 불안하다는 상반된 견해가 팽팽하게 맞서 있는 것이 사실이다. 이런 느낌은 첫 내각의 파격인사에서도 나타나 기대와 우려가 교차되고 있다. 이번만은 대한민국을 위해서 꼭 성공한 대통령이 되어 주길 진심으로 바란다. 하지만 대통령직이 그리 쉬운 자리가 아니기 때문에 섣불리 성공한 대통령이 될 것이라고 예단하기 어려운 점이 있다. 또한 현실적으로 새 정부가 당면한 북한의 핵 문제, 한미 동맹관계의 균열, 경제상황 등 만만치 않은 과제가 가로 놓여 있을 뿐만 아니라 지역 간 세대 간 이념 간 갈등이 위험한 수위에 와 있어 더욱더 그렇다.

엎친 데 덮친 격으로 노 대통령이 반통령이라고 표현했듯이 행정부는 민주당이 입법부는 한나라당이 지배하는 분할정부 형태를 유지하고 있다. 분할정부 상황을 다른 말로 동거정부라고도 하며 국회를 지배하는 다수당 체제를 정당정부(party government)라고 부르기도 한다. 반통령이란 사실은 현실적으로 대통령 취임식 첫 날 나타났다. 국회는 대북 송금사건 수사를 위한 특별검사법안과 고건 국무총리후보자 임명동의안 처리에 대한 의사일정 합의에 실패하여 본회의를 하루 연기하였다. 그 결과 조각내용의 발표가 늦어지는 등 새 정부는 첫날부터 거대 야당의 도전을 맛보았다.

입법부를 책임진 정당정부(party politics)가 정책결과를 자신들이 원하는 방향으로 이끌 수 있을 정도의 결정적인 영향력을 행사하기 위해서는 두 가지 조건이 충족되어야 한다고 강조한다. 첫째 무엇보다 같은 당 의원 간에 정책선호가 유사하고, 둘째 자신들의 정책선호가 상대 당 의원들의 선호로부터 더욱 멀어져야 한다는 것이다. 이 두 조건이 충족되면 정당정부는 자신들이 원하는 방향으로 국회의 정책결정 과정에 막강한 영향력을 행사할 수 있다는 것이다.

내년 총선 전까지 야당인 한나라당이 입법부를 책임진 정당정부를 이끌면서 지난 2월 26일 특검법을 처리할 때 보여준 바와 같이 위의 두 조건을 충족시키는 상황이 지속된다면 정부 여당의 입지는 극히 제한될 수밖에 없을 것이다. 새 정부는 야당과 타협하지 않고는 개혁입법이 전연 불가능하기 때문에 그야말로 노 대통령은 반통령이 될 수밖에 없을 것이다.

노 정부는 행정부를 책임진 민주당과 정당정부를 맡은 한나라당과의 동거정부 현상을 그대로 받아들여야 한다. 그리고 참여정부를 표방한 이상 일반 국민은 물론 각종 이익집단과 시민단체 등 비정부기구(NGO)의 투입기능을 중시하는 것 못지않게 제도적·합법적 반대세력인 야당의 역할을 존중해야 할 것이다.

노 정부는 인위적인 정계개편을 시도한다거나 야당의원의 약점을 잡는 공작정치를 한다거나 국가공권력을 동원하여 야당을 파괴하는 등의 비민주적이고 부도덕한 행태를 보이지는 않을 것으로 믿는다. 왜냐하면 노 대통령은 취임사에서 국민이 주인인 정치, 당리당략보다 국리민복의 정치, 대결과 갈등이 아닌 대화와 타협의 정치를 국민과 약속했기 때문이다. 하지만 야당 때문에 되는 것이 하나도 없다는 인식이 확산되면 대통령 주변 참모들이 인위적으로 입법부를 통제하려는 유혹을 받을 가능성이 있다. 또한 내년 17대 총선에서 다수당이 되어 반통령 현상을 극복하고 통합정부를 이끌기 위해서 무리수를 둘 가능성도 있다. 그러나 야당과 대화하고 타협하겠다는 취임사의 약속을 꼭 지켜주길 당부한다.

야당도 입법부의 정당정부를 이끄는 책임 있는 다수당으로서 당리당략을 떠나 건전하고 합리적인 비판과 대안을 제시하면서 대선 때 내세웠던 국민 우선 정치를 실현하기 위해서 참여정부와 협조할 것은 과감하게 협조하는 성숙한 자세를 보여야 할 것이다.

나라가 안팎이 어려워 국민이 불안해하는데 여야가 갈등과 대립관계를 유지한다면 나라꼴이 무엇이 되겠는가? 정치가 나라발전의 발목을 잡는 상황이 지속된다면 국운을 탓할 수밖에 없을 것이다. 여야는 말로만 국민이 대통령, 국민이 주인, 국민우선정치를 외치지 말고 행동으로 보여야 할 것이다.

(2003. 3. 4. 충청일보)

100년 정당을 보고 싶다

민주당은 참여정부의 집권여당이 된 지 두 달 만에 신당창당 문제를 공식적으로 제기하였다. 엊그제는 신주류 중심의 신당창당 관련 워크숍을 열어 창당자금방식, 창당일정, 당원모집, 전자정당, 신당의 논리와 이념 등 신당 창당의 기본구상을 제시하였으며, 신당추진모임 의장까지 선출하였다. 어떤 형태의 신당이 선보일지는 두고 볼일이지만 현재의 상황에서는 새로운 여당이 창당되는 것은 분명한 것 같다.

신당 창당문제를 놓고 집권여당 내부가 신·구주류로 분열되어 갈등양상을 보이는 기이한 현상에 놀라지 않을 수 없다. 그동안의 경험이라면 대선에서 연거푸 패한 야당이 집안싸움의 내홍에 휩싸여야 하는데 오히려 재집권에 성공한 여당이 그것도 정권 초기 신당론을 제기하니 이상한 일이 아닐 수 없다. 그래서 그 순수성에 의구심을 갖게 되면서 신·구주류 간 당내 권력투쟁인지, 대선 공신록에 등재되지 않은 인사들의 속아내기인지, 내년 총선을 겨냥한 정치적 포석인지, 노무현당을 만들려는 것인지 별의별 억측이 난무할 수밖에 없는 상황이다.

민주국가에서는 정치적 결사의 자유가 보장되어 있으니 신당을 창당하든, 분당하든, 통합하든 왈가왈부할 성질은 못 된다. 하지만 대선과 총선 전후 그동안 목격했던 반복적인 창당·분당·통합정당사의 경험은 정치발전에 순기능적으로 작용하기보다는 역기능적 측면이 더 컸기 때문에 씁쓸하게 바라보지 않을 수 없는 것이다.

정당발전을 평가하기 위해 제도화란 개념을 사용하고 있다. 제도화란 정당과 같은 정치조직이 가치와 안정성을 얻는 과정이라고 정의된다. 정당이 가치와 안정성을 얻는다는 것은 그 역할과 기능을 효율적으로 수행하여, 쓸모 있는 것으로 인정되고 받아들여져 안정과 질서를 유지하는 것을 의미한다. 정당의 제도화 수준을 평가하는 지수의 하나로 적응성을 들고 있다. 적응성이란 정당이 변화하는 환경과 도전에 얼마나 잘 견뎌냈는지를 측정하는 것이다. 한마디로 역사가 오래된 정당일수록 적응성이 높다고 보며 그만큼 정당의 제도화 수준이 높은 것으로 평가한다.

한국정당의 제도화 수준은 어느 정도일까? 현재 선관위에 등록된 정당은 22개이며 1964년 이래 103개의 정당이 등록된 바 있다. 50년의 정당사에 정당통합 사례가 62건이나 되며 정당의 평균 나이는 2년이 조금 넘는다. 현존하는 정당의 역사도 한나라당 5년 6개월, 민주당 3년 4개월, 자민련 8년, 개혁국민정당 5개월 등으로 나타났다. 미국은 200년사에 5개의 주요 정당이 있었으며, 민주당 약 180년, 공화당 약 150년, 영국은 보수당 약 170년, 노동당 약 100년 등의 역사를 갖고 있다. 이들과 비교하면 한국정당의 역사는 유치원생 수준도 안 된다. 이래서 한국정당의 제도화 수준을 낮게 평가하는 것이며 포말정당(泡沫政黨)이란 말을 듣게 되는 것이다.

물론 역사가 오랜 된 정당이 무조건 다 좋다는 것은 아니다. 하지만 오랜 역사를 지니고 있다는 것은 급변하는 시대환경과 국민의 정치적 요구에 효율적으로 대응해 왔음을 보여준다고 볼 수 있다. 그만큼 가치가 있고 쓸모가 있기 때문에 국민의 선택의 대상으로서 오랫동안 자리 매김하면서 국민과 더불어 생명력을 유지해 왔다고 평가할 수 있을 것이다.

민주당은 새천년을 기약하면서 창당하였고 또한 정권 재창출에 성공하였으나 불과 창당 3년여 만에 간판을 내리는 것과 같은 상황에 놓인 것은 정당의 제도화 수준이란 측면에서 바람직하지 못하다. 또한 정권이 바뀔 때마다 신당이 창당되는 것은 정당발전과도 거리가 먼 것이다. 특히 집권초기 할 일이 산더미같이 쌓여 있는 여당이 신당창당 문제로 신·구주류로 분열되어 제사보다는 젯밥에 관심을 갖고 집안싸움에 몰두한다면 국민은 이번에도 "그러면 그렇지" 하면서 실망할 것이다. 신당 창당은 자유다. 하지만 내년 총선 후, 아니면 5년 후 또 하나의 포말정당을 추가하는 기록을 남기지 말길 당부한다.

(2003. 5. 22. 대한매일)

민주당 내분의 원인(遠因)

정당정치는 오간 데 없고 행정과 이익집단의 집단행동만이 판을 친다. 정치라고는 고작 특검기간 연장과 반대의 여야 정쟁만 있을 뿐이다. 야당인 한나라당은 오랫동안 당권경쟁으로 국정에 신경쓸 겨를이 없었던 것 같고, 여당인 민주당은 집권당임을 포기한 것 같다. 분당의 수순을 밟는 듯한 민주당의 모습이 집권여당인지 도무지 알 수 없다. 집권여당이라면 어떻게 집안싸움만 하고 있을까?

민주당은 집권하자마자 신당창당 문제를 놓고 신·구주류 간 첨예한 갈등을 빚더니 얼마 전에는 당무회의가 격투장이 되어 멱살을 잡는 추태까지 보여주었다. 당 대표가 외국을 방문하면서 당내 차기 서열에게 관행적으로 넘겨주던 사회권도 당사자가 구주류 인사라는 이유 때문에 넘기지 않았다는 말도 들린다. 역대 집권여당이 국민에게 후한 점수를 받은 적은 없었지만 집권 초부터 국민은 안중에도 없이 이렇게 집안싸움에 몰두하는 모습을 보여주지는 않았다.

살기가 힘들다고 아우성치는 국민이 나날이 늘고 있는 데 집권여당이 한다는 것이 고작 신당타령인가? 정말 이래도 되는 것인지 묻고 싶다. 나라경제가 외환위기 때보다 더 어렵다고 한다. 미국은 대북봉쇄 국제 네트워크를 형성하고 동시다발적인 제재조치를 준비하는 등 당사자인 한국을 왕따시키는 것이 아닌가 우려의 목소리가 나오고 있다. 대한민국은 투쟁공화국이라고 비아냥거릴 정도로 이익집단의 하투(夏鬪)가 심상치 않다. 한마디로 나라가 몹시 어지럽고 국민은 살기 힘들어하고 있다. 집권여당이 해야 할 일이 산적해 있는데 대선이 끝나자마자 국민을 내 팽개친 채 당을 떠나라, 당을 해체하라고 신·구주류 간 싸우는 모습이 정말 볼썽사납다.

국민입장에서는 집권여당의 앞날이 불안하다. 이러라고 재집권의 기회를 준 것은 결코 아닐 것이다. 집권여당이 흔들리면 정국이 불안해진다. 여당이 방황하는 데 여야관계가 원활하게 돌아갈 리 없다. 여당이 국정을 방기(放棄)하면 국회가 정치의 중심이 될 수 없다. 의회정치가 실종되면 결국 그 자리에는 행정과 통치가 자리하게 되는 법이다. 정치가 실종된 가운데 집권여당이 개혁주체세력으로서 역할을 못하고 당내분에 휩싸여 있으니 공직사회에 개혁의 전위대를 만들어 첨병(尖兵)노릇을 시키겠다는 발상을 하는 것이 아니겠는가?

민주당이 집권하자마자 신당창당론의 소용돌이에 빠지게 된 이유는 어디에 있을까? 많은 이유 중에서 단연 대권과 당권 분리의 후유증 때문이라고 이해하고자 한다. 대권과 당권 분리는 제왕적 대통령의 해소방안의 하나로 제기되어 지난 대선 때 여야가 경쟁적으로 이를 제도화하였다. 대통령이 집권여당 총재로서 집권여당을 통제하고 집권여당을 통하여 국회에 영향력을 행사하기 때문에 사실상 행정부와 입법부를 동시에 장악하는 제왕적 행태를 보였다. 이를 막아보자는 데 대권과 당권 분리의 목적이 있었다. 대권과 당권 분리는 대통령으로부터 국회의 자율성을 얻는 데 상당부분 기여하여 본래 목적은 달성된 셈이다.

그러나 문제는 집권당이 여당 노릇을 못하는 데 있다. 만약 대통령이 민주당의 총재직을 겸하고 있었다면 집권 초 민주당 내분현상이 나타났을까? 만약 대통령이 내년 4월 총선의 민주당 공천에 영향력을 행사할 수 있었다면 신·구주류로 나뉘어 신당 창당과 반대로 이전투구만 하고 있었을까? 집안싸움은커녕 일치단결된 모습을 보였을 것이다.

대권과 당권 분리는 대통령의 국회 영향력 축소에는 분명하게 기여한 측면이 있다. 하지만 집권당이 지도력의 부재상태에서 구심점을 잃고 여당의 위상을 정립하지 못하는 역기능이 나타났다. 이는 대권과 당권 분리실험의 과도기적 현상이라고 치부하고 싶다. 민주당은 하루빨리 신당창당 문제를 마무리 짓고 집권여당의 위상을 되찾아 실종된 정당정치를 복원하고 최선을 다하여 국정을 챙기는 모습을 보여주었으면 한다. 내년 4월은 그리 멀지 않았다.

(2003. 6. 27. 충청일보)

한나라당 전화위복하려면

한나라당 최병렬 대표가 관훈클럽 토론에서 차떼기 정당의 오명을 이회창 후보 탓으로 돌리면서 불거진 한나라당의 내홍은 결국 최 대표가 전당대회를 열어 새 대표를 뽑고 백의종군하겠다는 사태로 발전하였다. 총선을 불과 50여 일 앞두고 한나라당이 직면하고 있는 위기의 원인은 겉으론 최 대표의 '책임전가론'에 있는 것 같지만 실은 그동안 잠복해 있던 위기감이 폭발한 것으로 보아야 할 것이다.

한나라당 위기의 본질은 대선에 연거푸 패한 데 있지만 불법대선 자금 수사로 나타난 부패정당이란 이미지 때문에 국민의 지지도가 추락한 것도 한몫했다고 볼 수 있다. 대선에서 패했지만 원내 제1당으로서 줄곧 유지해 온 정당 지지도 1위 자리를 열린우리당에게 내주고 마땅한 반전카드가 없는 상황에서 최 대표의 발언이 도화선이 된 것이다.

총선을 목전에 두고 내홍에 직면한 한나라당이 위기를 기회로 반전시키려면 어떻게 해야 할까. 먼저 최 대표와 그 지지자들에게 당부하고자 한다. 최 대표가 대표직을 던지기로 한 결단은 정말 잘한 일이다. 기왕에 백의종군을 선언했으면 침몰 직전의 잠수함을 구한 용감한 선장답게 끝까지 마음을 비워야 할 것이다. 최틀러란 별명에 걸맞게 공천심사위원회의 자율성을 완전 보장해 주고, 새 대표 선출과정에 중립적 입장에서 공정한 심판자 역할을 해야 할 것이다.

또한 소위 소장파도 마음을 비워야 한다. 제사보다는 젯밥에 눈이 어두워 구체제 타도를 당권투쟁의 계기로 삼으려 하지 말고 가라앉는 잠수함을 재부상시켜야 한다는 순수한 구당적 차원에서 제2창당을 추진해야 할 것이다.

하지만 제2창당이니 환골탈퇴니 정당개혁이니 하는 말들은 그럴듯하게 들리지만 실은 현실적으로 내용과 방법이 그리 간단치 않다. 한나라당 해체,

신당창당, 새로운 정강정책 채택, 당명변경 등으로 부패정당의 이미지가 불식될 것인지 장담할 수 없다. 왜냐하면 그동안 선거를 앞두고 이미지 변신을 위해서 급조된 신당이 제1당이 된 예가 없었기 때문이다. 또한 썩은 속을 도려내지 않고 겉만 바꾼다고 국민의 마음을 되돌릴 수 있을까. 속된 말로 호박에 줄긋는다고 수박이 될 수 있느냐는 비아냥거림이 있을 수 있다.

한나라당은 위기 탈출의 묘수를 찾기 어려운 진퇴양난에 처해 있다. 하지만 돌고 도는 것이 민심이요, 이탈과 재이탈 투표행태를 반복하는 것이 유권자들의 성향이란 사실을 위안으로 삼고 위기 탈출과 지지세 만회의 길을 찾아야 할 것이다. 겉보다는 속을 완전하게 바꾸는 길 뿐이다. 다른 말로 정치는 사람이 하는 것이기 때문에 사람을 바꾸는 것이다. 이번 총선은 정당에 대한 불신이 높아 정당지향형 대신후보본위의 투표행태가 나타날 가능성이 높기 때문에 인물로 승부를 걸어야 할 것이다. 공천과정에서 조금이라도 흠이 있는 인사는 예외 없이 탈락시키고, 도덕성, 전문성, 참신성이 돋보이는 후보를 공천하는 것이 급한 일이다.

그다음 전당대회에서 그 사람이면 기대할 만하다고 할 정도의 젊고 깨끗하고 개혁적인 인물을 당 대표로 선출해야 할 것이다. 그런 인물을 찾기란 쉬운 일이 아니지만 머뭇거릴 시간이 없다. 당원이 모두 나서서 국민에게 꿈과 희망을 줄 수 있는 제대로 된 인물을 당 안팎에서 찾아내 대표로 선출하고 개혁의 청사진을 제시한다면 지난 대선 때 한나라당을 지지했던 46.6%의 유권자들의 마음을 움직이는 데 도움이 되지 않을까 기대해 본다.

(2004. 2. 27. 세계일보)

침몰위기를 재부상의 기회로

17대 총선을 불과 50여 일 남겨둔 시점에서 국회 제1당이면서 제1야 당인 한나라당이 침몰하는 잠수함에 비유되고 있다. 총선승리를 위해서 표밭을 누벼야 할 시점에 선장인 최병렬 대표가 퇴진 압력에 굴복하고 급기야 전당대회 후 퇴진을 발표하기에 이르렀다. 대선불법 자금 문제에 대한 검찰의 출구조사로 이적료 의혹과 매수정당 오명까지 제기되어 한나라당은 분명 침몰위기를 맞고 있다. 특정 정당의 위기에 대하여 왈가왈부할 입장은 아니지만 한나라당의 좌초는 국민선택의 폭을 줄어들게 하여 총선 결과 및 향후 한국정치의 지형에 직접적인 영향을 미칠 것이 뻔하기 때문에 관심을 갖지 않을 수 없다.

그동안 한나라당은 수차례의 침몰위기를 맞았지만 요행히도 잘 넘겼다. 이번에도 총선이 얼마 남지 않은 시점이기 때문에 침몰위기를 재부상의 기회로 삼을 것으로 기대한다.

한나라당의 첫 번째 침몰위기는 2002년 12월 대선에서 패한 데서 찾을 수 있을 것이다. 한나라당은 대선에서 연거푸 패하고 이회창 후보가 정계를 떠난 이후 분명 위기를 맞았지만 잘 넘겼다. 그 이유는 한나라당은 비록 행정권 획득에는 실패했지만 정당정부로서 입법권을 장악하고 행정부를 충분하게 견제 할 수 있는 힘이 있었기 때문이다. 더구나 대선에서 승리한 집권 민주당이 분열되는 정당사상 초유의 기이한 현상 때문에 상대적으로 한나라당은 결속을 유지할 수 있었다. 그보다 중요한 것은 갓 출범한 노무현 정부에 대한 국민의 지지도가 최하 10%대까지 곤두박질치는 상황에서 한나라당은 반사이익 때문에 첫 번째 위기를 잘 넘길 수 있었다.

두 번째 침몰위기는 불법대선 자금 수사로 차떼기 정당이란 이미지가 확산되면서 찾아왔다. 지난 대선에서 한나라당이 집권했어도 별수 없었을 것이라는 비판적 시각이 팽배해지면서 한나라당에 대한 지지도가 추락하기 시작하였다. 그런 와중에 열린우리당은 전당대회에서 50대 초반의 젊은 의장을 선출하면서 정당지지도 1위로 부상하는 전기를 마련하였다. 한나라당은 이를 전당대회 반짝 효과라고 평가절하 하다가 아직도 지속되고 있는데 놀라지 않을 수 없었을 것이다. 한나라당은 17대 총선에서 공천혁명, 보수 세력의 결집, 노 정부에 대한 중간평가를 내세워 제1당으로 부상할 수 있을 것이라는 낙관적 기대 때문에 침몰위기를 모면하는 듯싶었다. 또 총선이 얼마 남지 않은 상황에서 공멸의식도 작용했을 것이다.

서청원 전 대표의 석방결의안 때문에 여론의 뭇매를 맞고 있는 상황에서 엎친 데 덮친 격으로 최병렬 대표의 관훈클럽 토론이 잠재된 의기의식을 폭발시켰고 부메랑이 되어 퇴진 압력을 받게 된 것이다. 국민이 공감할 수 있는 위기 타개방안을 제시하기 보다는 최틀러라는 별명에 어울리지 않게 지지도 추락 원인이 된 차떼기 오명을 이회창 후보 탓으로 돌리는 안이한 처방을 내린 것이다. 처음에는 수도권, 소장파 의원들 중심으로 제기된 최대표 퇴진 요구가 순식간에 당 전체에 확산되었다.

한나라당은 지난 대선에서 46.6%를 득표한 정당이며, 아직도 원내 제1당이다. 정치가 발전하려면 건전하고 합리적인 비판세력 그리고 대안을 제시할 수 있는 제도적 반대자인 야당이 정부 여당의 독주를 견제해야 한다. 여야가 상호 균형과 견제를 이루면서 경쟁적으로 국민의 지지와 동의를 획득하기 위해서 노력할 때 정치의 질적 수준이 향상될 수 있는 것이다.

한나라당이 침몰위기를 극복하고 총선에서 제1당으로 부상하기 위해서는 잠수함 재건조 수준의 전면수리가 이루어져야 할 것이다. 그렇지 않으면 한나라당은 진짜 침몰하게 될 것이다. 빠른 시일 내 전당대회를 열어 깨끗하고 개혁적인 새로운 리더를 내세워 차떼기 정당의 오명을 희석시켜야 할 것이다. 그리고 공천혁명을 통하여 올인 작전을 펴는 여당에 인물로 맞서야 할 것이다. '침몰위기를 재부상의 기회'로 삼아야 할 절박한 시점이다.

(2004. 2. 23. 충청일보)

당·정·청 갈등의 양면성

당·정·청 갈등이 갈수록 볼썽사나워지고 있다. 여당, 정부, 청와대의 불협화음과 국정혼선에 대한 책임전가가 점입가경이다. 국무총리가 대통령 측근과 사조직의 발호를 우려하자, 대통령 측근 여당의원은 경거망동하지 말라고 직격탄을 날렸다. 대통령 직속위원회의 월권과 아마추어리즘이 비판의 대상이 되자 청와대 고위 참모는 '아마추어가 희망'이라는 궤변으로 되받았다. 여당의 어느 의원은 대통령의 이상주의적 정책이 문제라고 대통령을 직접 공격하고 나섰다. 한국정치에서 보기 힘든 현상들이 잇달아 나타나고 있다.

당정 간 정책에 대한 견해차가 공개적으로 노출되는가 하면 감정싸움으로까지 발전하는 듯한 모습을 보이고 있다. 정부여당 내에서 막말이 오가고 여당 의원이 대통령의 국정운영에 대하여 공개적으로 직접 비판하는 것은 보기 드문 일이다. 당·정·청 불협화음의 본질에는 완패한 4·30 재·보선 후유증과 국정운영 실패에 따른 국민의 외면 때문이라고 볼 수 있다. 권력 주변이 연루된 각종 게이트가 발생하고 검찰 수사는 싱겁게 진행되는 가운데 대통령과 집권여당에 대한 국민의 지지도가 추락하기 때문에 책임전가와 회피현상이 나타나는 것이라고 해석할 수 있을 것이다.

당·정·청 갈등은 영면성이 있다. 하나는 매우 우려할 만한 시각이다. 아무리 대권과 당권이 분리되었지만 대통령은 열린우리당 소속이다. 집권당은 한나라당이 아니지 않는가. 열린우리당 소속 국무총리 통일부장관 복지부장관 등 다수가 내각에 배치되어 있다. 집권여당이 국정혼란에 대하여 정부와 공동으로 책임을 지기는커녕 정부나 청와대를 탓하는 것은 책임 있는 공당의 모습이라고 볼 수 없다. 정부 위기의 본질은 국정의 실패에 있지만 집권세력 내부의 균열에서도 온다는 것이 정치학의 기본 이론이다. 집권세력 내부가 균열되어 반목과 대립이 심화되면 책임회피와 정책혼선으로 국정이 표류하고 마침내 통치불능 사태로 발전한다는 것은 상식이다.

당·정·청 갈등은 하루빨리 수습되어야 할 것이다.

다른 하나는 당·정·청 갈등에 대한 긍정적 시각이다. 대권과 당권 분리의 실험 효과가 이제야 서서히 나타나는 것으로 정치발전에 순기능적으로 작용할 것 같다는 인식 때문이다. 대권과 당권 분리를 주장했던 근본적인 이유는 제왕적 대통령의 폐해를 줄이기 위한 데 있었다. 여당의원들이 대통령이나 정부정책에 대하여 공개적으로 비판할 수 있는 것은 대통령의 리더십에 근본적인 문제가 있지만 다른 한편으로 제왕적 대통령이 더 이상 존재하지 않는다는 증거도 될 수 있다.

여당 의원들이 공천권이 없는 대통령의 눈치를 살피지 않게 된 것은 발전된 모습이다. 더 나아가 여당 의원들이 입법부 소속이라는 사실을 망각하고 행정부 대변인이나 국회 파견관과 같았던 과거의 역할을 접는 계기가 된다면 정치발전에 더욱더 기여할 수 있을 것이다. 대권과 당권 분리이전 입법부는 행정부를 견제하지 못했다. 국회의 전문성이 행정부에 비하여 떨어졌기 때문이기도 했지만 여당 소속의원들이 행정부 편에 가담했기 때문이다. 그동안 입법부와 행정부의 관계는 야당과 정부여당의 관계라는 등식이 성립될 정도였다. 입법부 소속 여당 의원들은 행정부와 같은 편이 돼서 정부를 비판하는 동료 야당의원을 오히려 반격하는 것이 국회의 모습이었다. 여당 의원 스스로 입법부의 권위를 손상시키는 일을 서슴지 않았던 것이다. 야당의원의 행정부 공격에 대하여 여당의원이 충성경쟁이라도 하듯 육탄전을 벌이면서 방어하고 그 공로로 청와대에 초청되어 격려를 받고 무용담을 자랑하던 시절도 있었다. 이런 문제점 때문에 국회와 정당의 개혁방안으로 대권과 당권분리를 제기했던 것이다. 참여정부가 출범하면서 최초로 당권과 대권이 분리되어 현재 실험 중에 있다. 당·정·청 갈등이 내친김에 여당의원들이 입법부로 돌아와 행정부와 균형과 견제를 이루는 계기가 되었으면 좋겠다. 문제는 한국정치가 언제까지 한가하게 정치실험을 해야 하는가에 있다. 당·정·청 갈등으로 이래저래 국민만 골창 나게 생겼다.

(2004. 5)

정부여당이 뻣뻣해진 이유

노무현 정부가 무척이나 **뻣뻣**해졌다. 강성정부가 되어 심한 말로 안하무인 정부로 변해가고 있다는 인상이다.

헌법재판소의 행정수도 이전 위헌판결에 대하여 헌법재판관에 대한 탄핵소추 발의와 재판관 전원에 대한 인사청문회 추진 등이 거론되고 있다. 이해찬 국무총리는 취중에 조선동아는 까불지 말라고 한 말에 대하여 국회 본회에서 평소 느끼던 소회라고 분명하게 밝혔다. 한나라당을 차떼기 정당이라고 자극했다. 근래에 보기 드문 강성총리·정치총리의 면모를 유감없이 보여주고 있다.

국민 다수가 반대하는 국보법 폐지와 과거사법 제정을 밀어붙일 태세다. 민주주의 국가에서 전례가 없는 신문시장 점유율 규제 입법화를 서두르고 있다. 사학재단들이 폐교를 한다고 해도 눈 하나 끄떡하지 않고 사립학교법 개정을 추진하려고 한다. 참여정부가 국민 여론을 무시하고 유연성을 잃고 강경 일변도로 급선회한 것은 정말 불행하고 안타까운 일이다.

왜 정부가 이렇게 변했을까? 정부여당에 등을 돌린 민심은 10·30 재·보선 지방선거에서 잘 나타났다. 그리고 국정파행이 불을 보듯 뻔한데 이렇게 밀어붙이는 이유를 도저히 알 수 없다. 그 원인을 집권층의 열등의식과 자질 관련설, 총리의 악역분담설과 차기도모설, 이판사판설, 개혁실종에 대한 신경과민설, 과반수 의석 붕괴우려설. 지지세력 결집설 등등 다양하게 이해되고 있다. 모두가 일리가 있지만 무엇보다 열린우리당이 행정권력과 입법권력을 동시에 장악했기 때문일 것이다. 여소야대의 분점정부가 아닌 여대야소인 통합정부가 출범했기 때문에 **뻣뻣**한 태도를 보이고 있다고 보아야 할 것이다.

노무현 대통령은 의회 소수파 정당 소속으로 당선되어 여소야대 정치구도 때문에 국정의 발목을 잡혀 개혁을 안정적으로 추진할 수 없다고 변명하였다. 국정의 비효율적 운영과 정국 불안의 원인을 거대야당 탓이라고 주장했다. 재집권에 성공한 민주당이 분열되고 열린우리당이 창당되면서 집권여당은 제3당 신세가 되었다. 제3당 전락은 자초한 것이지만 2/3 이상의 국회의석을 차지한 야권이 헌정사상 초유의 대통령 탄핵안을 가결시켰기 때문에 거야의 횡포니 다수의 폭거니 해도 반론을 제기하기 어려웠다.

그래서 대통령이 안정적으로 국정을 운영할 수 있도록 여당에 힘을 실어달라는 주장이 먹혀드는 분위기도 있었다. 이것이 탄핵역풍과 맞물려 열린우리당은 거뜬하게 원내 다수당이 되었다. 통합정부의 출범은 16년 만에 처음 있는 일이며, 창당된 지 5개월여 만에 원내과반 정당이 된 것도 정당사에 보기 드문 사례가 되었다.

17대 총선이후 국민들은 여대야소 정치구도에서 국정이 효율적·안정적으로 운영되길 바랐다. 집권여당이 그토록 부르짖던 개혁도 커다란 성과가 나타날 것으로 기대했다. 재임기간 동안 경제는 걱정하지 않아도 된다는 대통령의 말을 철석같이 믿었다.

하지만 이게 웬일인가. 경제는 IMF 때보다 더 어렵다고 아우성들이다. 편 가르기는 계속되고 있다. 정치는 불안하다. 여야 간 대립과 갈등도 달라진 것이 없다. 무려 63%나 물갈이 된 17대 국회가 생산적이라는 이야길 들어본 적도 없다. 오히려 총리의 국민과 국회와 일부 언론을 무시하는 듯한 고압적인 태도로 파면요구까지 제기되고, 정기국회는 공전상태다. 정부여당은 정권의 사활을 걸듯이 4대 쟁점법안을 밀어붙일 태세다. 그 법안들이 왜 국정의 최우선 의제가 되어야 하는지, 그리고 민생과 어떤 직접적인 연관성이 있는지 도저히 이해할 수 없다.

정부여당이 민심이 등을 돌려도 조금도 개의치 않고 뻣뻣해진 이유는 결국 행정권력과 입법권력을 동시에 장악한 힘을 과신하기 때문일 것이다. 힘만 믿는 것은 정말 어리석은 일이다. 뻣뻣한 것은 부드러움을 이기지 못하고 부러질 수 있다는 사실을 잘 알면서 그러니 더욱더 답답할 뿐이다. 유연성과 여유를 갖기 바란다.

(2004. 11)

국정운영의 한계 인식

집권세력 내부가 바람 잘 날 없는 것 같다. 서로 치고받는 모습이 정말 가관이다. 국무총리가 대통령 측근과 사조직의 발호를 우려하자, 대통령 측근 여당 의원은 경거망동하지 말라고 직격탄을 날렸다. 대통령 직속위원회의 월권과 아마추어리즘이 비판의 대상이 되자 청와대 고위 참모는 '아마추어가 희망'이라는 궤변으로 되받았다. 여당의 어느 의원은 대통령의 이상주의적 정책이 문제라고 대통령을 직접 공격하고 나섰다. 상황은 여기에서 끝나지 않고 집권세력 내부의 균열된 모습이 계속 불거지고 있다. 상임중앙위원인 어느 의원은 그 직을 내 던지면서 '불붙은 당 전소시키고 다시 짓고 싶은 심정'이라고 했다. 또 인천이 지역구인 어느 의원은 '한 줌도 안 되는 개혁당 측과 대다수 의원들 간의 관계는 이미 돌아올 수 없는 강을 건넜다'면서 '그들이 나가 준다면 웃을 의원들이 많다'는 말을 하기에 이르렀다. 누가 죽으면 화장실 가서 웃는다는 우스갯소리가 생각난다.

집권세력은 임기 중반이 되면 국정 수습을 마치고 자신감에 차 있어야 할 때다. 국정운영에 탄력이 붙어 효율성이 극대화될 때다. 대선 공약 실천에 여념이 없어야 할 때다. 그런데 국민은 안중에 없는지 당·정·청 간 모두가 네 탓이라는 책임공방과 노선갈등이 난무한다. 대통령의 레임덕 현상이 벌써 시작된 것 아니냐고 우려하기도 한다. 집권세력 내부의 균열은 통치불능 사태를 가져온다는 정치이론이 있기 때문에 걱정을 하는 것이다. 정말 큰일 났다는 생각이 든다. 앞으로 어떻게 남은 임기 2년 반을 버텨낼지 걱정이다.

집권세력 내부가 왜 이렇게 내홍을 겪고 있을까? 한 가지 이유로 설명하기 곤란하다. 다양한 요인이 상호 복합적으로 작용하기 때문일 것이다. 예컨대 준비되지 않은 대통령, 코드중심 인사와 대통령 측근의 아마추어리즘, 당권과 대권 분리로 인한 집권세력의 구심점 상실, 17대 총선을 앞두고 급조된 여당의 복잡한 내부 사정, 당내 실용파와 개혁파간의 노선차이, 탄핵 역풍의 거품 소진, 당내 리더십 부재와 위계질서 파괴, 권력실세가 연루된 각종 게이트의 발생, 4·30 재·보선 참패와 과반의석 붕괴, 국민지지도 10%대 추락과 고정지지층 이탈 등등을 지적할 수 있을 것이다.

하지만 보다 본질적인 문제는 지난 2년 동안 집권세력으로서 국정운영 경험을 통하여 자신들의 무기력을 인식했기 때문이라고 볼 수 있을 것이다. 정치권력을 획득하면 무엇이든지 다 할 수 있을 것이란 자신감과 기대를 갖고 출발했지만 막상 국정을 운영해보니 그리 간단한 문제가 아니라는 한계에 직면한 것이다.

반미면 어떠냐, 미국에게 할 말을 한다던 자주외교도, 동북아 균형자론도 국제정치 현실 앞에 맥을 출 수 없게 되었다. 북핵문제 해법도 민족공조도 시원치 않다. 호전될 것이라고 장담하던 민생경제도 풀릴 기미를 보이지 않는다. 강남 불패신화를 깨겠다고 호언장담했지만 공염불이 되었다. 행정수도 이전도 좌절되었다. 지배세력 교체도 만만치 않다. 과거 청산으로 미래가 열릴 것 같지도 않다. 정치 경제 사회 문화 등 전방위 개혁만이 살길이라고 외쳤지만 개혁의 목적도 방향도 내용도 뭔지 모르겠다. 개혁구호만 요란했고 의욕에 불탔으나 성과는 별로다. 대한민국은 구멍가계가 아니라는 사실을 알게된 것이다. 엎친 데 덮친 격으로 국민의 지지도는 바닥으로 추락하고 반전카드도 마땅치 않다. 당장 집권세력의 국정운영 능력을 향상시킬 수 있는 묘안도 없다. 그러니 집권세력은 분열되고 네 탓 공방에 휩싸일 수밖에 없는 것이다.

현 집권세력을 지지해 준 국민들은 지금쯤 어떤 생각을 하고 있을까? 아직도 후회 없는 선택이었다고 평가할까? 집권세력은 당·정·청의 대대적인 인적쇄신을 통하여 새롭게 출발해야 할 것이다. 코드성 인사나 보상성 인사를 지양하고 전문성과 도덕성을 겸비한 각계각층의 인재를 발탁하여 다시 시작해야 할 것이다. 그렇지 않으면 훗날 태어나서는 안 될 정권이었다는 평가를 받지 않는다는 보장이 없다. 늦었다고 생각할 때 시작해도 늦지 않는 경우가 많다.

(2005. 6. 15. 기호일보)

재선거 전패의 충격에서 벗어나라

정부여당의 모습이 가련하다. 10·26 재선거 전패(全敗) 이후 당의장을 비롯한 지도부가 총사퇴하고, 야당에서나 볼 수 있는 현직 대통령을 '너무 오만하다'고 정면 비판하는 등 후폭풍에 휩싸여 있다. 여당이 10·26재선에서 단 한 석이라고 건졌더라면 선거결과를 아전인수식으로 해석하면서 반성은커녕 그냥 어물쩍 넘어갔을 것이다. 여당은 지난 4·30 재·보선에서 국회의원 6명, 기초단체장 7명, 광역의원 10명을 뽑았을 때 0 대 23으로 전멸하고서도 등 돌린 민심의 심각성을 외면하는 행태를 보였다. 재·보선에서 연거푸 전패하지 비로소 국민의 신뢰가 떨어진 것을 인식하는 것 같다. 사태의 심각성을 진작부터 알고 대처해야만 했다.

정부여당이 충격에 빠져 있으면 그 피해는 고스란히 국민생활에 부정적인 영향을 미치기 때문에 하루빨리 벗어나길 바란다. 해법을 찾기 위해서는 무엇보다도 통렬한 자기반성에서 시작해야 할 것이다. 청와대와 여당이 서로 내 탓, 네 탓이라고 책임 떠넘기기 공방에 빠져서는 안 된다. 누구의 잘잘못을 가릴 것 없이 청와대, 정부, 여당 모두 공동책임이라고 볼 수 있다. 세계 어디에도 여당이 0대 27로 참패한 선거결과를 본 적이 없다. 세계 어디에도 대통령의 지지도가 20% 안팎에서 왔다 갔다 하면서 정권을 유지하는 것을 본적이 없다. 민심이반이 대단히 심각한 것이다.

민심이 정부여당에 대하여 등을 돌린 책임의 경중을 굳이 따진다면 아무래도 노 대통령의 몫이 더 크다고 볼 수 있다. 노 대통령은 국민의 충동구매에 의하여 우연적 대통령(accidental president)으로 당선되었다. 준비되지 않은 상태에서 대통령이 되고 보니 정권초기에 잦은 시행착오가 있을 수밖에 없었다. 처음이라 그럴 것이라고 너그럽게 이해하면서 머지않아 학습효과가 나타날 것이라고 기대했다. 대통령이 헌정 사상 초유로 탄핵소추대상이 되었을 때도 국민이 선출한 대통령의 임기를 보장해주어야 한다는 생각과 잘 할 수 있는 기회를 한번 줘보자는 기대 때문에 야당에게 탄핵역풍을 맞게 했고, 지난 총선에서 여당에게 과반수가 넘는 의석을 안겨주었다.

그러나 그 후 민심은 단단하게 화가 났다. 민심이 등을 돌린 것은 국민의 시대적 요구를 잘못 짚은 대통령의 엉뚱한 리더십에 있다. 국민은 여름에 부채질하고, 겨울에 난로 피우는 대통령을 원하고 있는데 엉뚱하게 여름에 난로 피우고, 겨울에 부채질하는 리더십 행태를 보이고 있다. 우리 사회가 당면한 가장 절박한 시대적 현안은 민생문제다. 이 시대가 요구하는 대통령상은 민생대통령이다. 그런데 노 대통령은 철저하게 이를 외면하고 정치대통령이기를 고집하고 있는데 문제가 있다. 대통령은 국민의 먹고 사는 문제와 별로 관련이 없는 대연정, 개헌, 지역주의 해소, 선거구제 개편, 과거사 진상규명 등 정치쟁점에만 매달리는 듯한 인상을 주고 있다. 국정우선과제를 잘못 설정한 것이다. 설상가상으로 코드인사, 편 가르기, 기득권 세력의 부정, 경솔하고 품위 없는 언행, 자화자찬, 고압적 태도, 언론 탓, 실정법 경시, 공산통일을 지지하는 강 아무개 교수 구하기, 국가정체성 혼란 등 등 이 시대의 국민코드와 맞지 않는 일을 반복하면서 민심은 완전하게 등을 돌린 것이다. 국민이 별로 관심을 보이지 않는 일만 철저하게 골라서 하는 것 같다는 오해를 살 정도였다. 0대 27로 패할 수밖에 없는 상황이었다.

이제 노 정부가 실질적으로 일할 수 있는 기간은 1년 남짓하다. 당이 정치의 중심이 되는 것도 필요하지만 연정, 정계개편, 개헌, 대북카드 등 정치적 승부수로 반격할 궁리는 그만 접고 민생정치로 방향을 180도 전환해야 할 것이다. 그러기 위해서는 당, 정, 청의 코드 인사를 청산해야 할 것이다. 노 대통령은 이해찬 총리와 계속 일하겠다고 밝혔지만 덕망 있고 겸손한 경제전문가로 교체하고, 균형감각을 갖춘 합리적 인사들을 청와대 참모로 임명하여 새롭게 출발해야 할 것이다. 이때를 놓치면 성공한 대통령이 되는 것을 포기해야 할지 모른다. 사실상 이번이 마지막 기회다.

(2005. 10. 31. 새충청일보)

여당이 홀로서야 국회가 산다

여당과 대통령 사이가 벌어지는 것 같다. 1.2개각 파동이 그것을 확인할 수 있는 대표적 사례라고 볼 수 있다. 헌정사상 보기 드물게 30명이 넘는 초·재선 의원들이 대통령 인사권에 이의를 제기하자 노 대통령은 탈당론으로 되받았다. 25일 신년기자회견에서는 탈당론은 과거형이라고 했다. 당에서 반대했던 보건복지부장관 임명 논란에 대하여 어느 나라 대통령이 각료 임명에 당의 표결에 부치느냐고 하면서 처음부터 못 들은 척했어야 한다고 했다. 여당 다수의 목소리를 정면 묵살하는 발언이다. 신임 당의장이 사립학교법 재개정 문제를 거론했다가 청와대가 안 된다고 쐐기를 박자 꼬리를 내렸다. 여당과 대통령 사이에 근본적 인식차가 노출되고 있다. 여당이 대통령으로부터 무시당하고 여당이 반발하는 모습은 당·정·청 관계가 제대로 정립되지 않았다는 반증이기도 한다. 당·정·청 갈등을 해소하기 위해서 TF(Task Force)팀을 구성한다는 자체가 이를 인정한 셈이다. 제왕적 대통령이 여당 총재직을 겸하던 시절 당·정·청 관계는 일사불란했지만 당권과 대권이 분리된 상황에서 관계가 애매한 것이 사실이다. 여당은 청와대로부터 대접은커녕 무시당하고 있다는 인식과 청와대는 여당이 정국을 주도하지 못한다는 불만이 있는 것 같다.

개각파동을 계기로 사실상 당·정·청 관계에 금이 가고 있음이 확인된 이상 여당은 완전 자율성을 확보하여 홀로서는 계기로 삼아야 할 것이다. 입법부와 행정부 간 일원적 관계를 유지하는 내각책임제가 성공적으로 작동하기 위해서는 유기적인 당정관계가 필수적이다. 하지만 대통령중심제에서 입법, 사법, 행정부가 상호 분리·독립되어 균형과 견제를 이루기 위해서는 국회가 정치의 중심이 되어야 한다. 국회가 정치의 중심이 되기 위해서는 여당이 '청와대 눈치 보기'나 '정부 예속으로부터 탈피'하여 홀로서는 것이 선행되어야 한다.

　제왕적 대통령이 집권여당의 총재를 겸할 때는 국회는 정부로부터 자율성을 유지할 수 없었다. 당 총재인 대통령은 국회의장이나 국회요직 인사를 내정하고, 국회의원 후보 공천권을 행사했다. 대통령이 여당을 통제하고 여당이 장악한 국회는 행정부의 고무도장 역할을 수행할 수밖에 없었다. 국회의원들도 국회직보다는 당직을 선호했다. 하지만 이제는 대권과 당권이 분리되어 대통령이 겸하던 여당총재는 사라졌다. 국회의장이나 상임위원장도 자유 경선을 통하여 선출된다. 당내 민주화를 통하여 공직후보에 대한 상향식 공천이 대세로 자리 잡아가고 있다. 국회에서 교차투표가 일반화되어 당론정치가 약화되고 있다. 17대 국회는 의정경험이 전무한 초선의원 비율이 63%나 되어 국회의 관행인 선수(選數)가 파괴되고 위계질서도 무너졌다.

　하지만 국회가 정부나 청와대로부터 독립하여 완전한 자율성을 유지한다고 볼 수 없다. 거대 여당이 아직도 평당원인 대통령의 눈치를 살피고, 대통령의 한마디에 대부분의 여당의원들이 정책 소신을 바꾼다. 여당이 정·청으로부터 완전 자율성을 확보하기 위해서는 의원 각자의 태도가 중요하지만 우선 고위당정협의회를 폐지해야 한다. 여당과 정부 간 협의를 통하여 국정을 사전 조율하는 것은 국회의 위상을 행정부에 예속시키는 결과가 되기 때문이다. 국회의 협조가 필요하면 대통령이 국회의장이나 여야 원내대표 또는 상임위원장단을 만나 설득하면 된다.

　보다 중요한 것은 당정인사교류가 금지되어야 한다. 아무리 내각제적 요소가 가미된 정치체제라 해도 여당의원이 국무총리가 되고 장관에 임명되는 상황에서 여당은 행정부 예속으로부터 벗어나기 어렵다. 장관자리가 대권수업의 필수코스나 겸직장관이 꿈으로 인식되어서 그런지 모르지만 국민이 직접 선출한 국민의 대표가 임명직 장관시켜 준다고 '성은이 망극하다'고 한다면 여당과 국회위상은 약화될 수밖에 없을 것이다. 여당은 이번 기회를 정부나 청와대로부터 홀로서 청와대 중심정치를 여의도 중심으로 바꾸고 국회위상을 높이는 계기로 삼아야 할 것이다.

(2006. 1. 27. 새충청일보)

여당 새 당의장이 해야 할 일

열린우리당은 지난 18일 치러진 전당대회에서 새 당의장에 정동영 전 통일부장관을 선출하였다. 장관직을 사퇴하고 당에 복귀하여 당의장으로 당선된 것을 축하한다. 화려한 복귀로 자신은 물론 지지자들은 대단히 기쁘겠지만 다른 한편 어깨가 보통 무겁지 않을 것이다. 왜냐하면 정 의장 앞날에는 기회와 도전요인이 함께 도사리고 있기 때문이다. 당의장에 선출된 것은 내년 대선 예비후보로서 프리미엄을 선점했지만 역대 어느 여당보다도 낮은 국민 지지도를 빠른 시일 내 회복시켜 5·31 지방선거에서 승리해야 한다는 절박한 난제가 놓여 있다.

당의장으로서 기회와 도전에 어떻게 대응하느냐에 따라서 정 의장 개인의 정치생명은 물론 여야관계에 미치는 영향이 클 것으로 예상되기 때문에 두 가지만 주문하고자 한다.

먼저 국민의 마음을 보듬어 주기 바란다. 아기가 울면서 보챌 때도 다 이유가 있는데, 하물며 21세기를 살고 있는 국민이 두 번의 재·보선에서 여당을 0:27로 참패시키고, 노 정부 3년의 국정평가에서 낙제점을 준 것은 그만한 곡절이 있기 때문이다. 그런데 아직도 그 정확한 이유를 모르는 것 같아 안타깝다. 정부와 국민 간 인식의 괴리가 이만저만이 아닌 것 같다. 얼마 전 정부가 읽기를 권장한 조셉 나이(Joseph S. Nye, Jr.)의 「국민은 왜 정부를 믿지 않는가」를 '세계적인 추세'라고 아전인수 격으로 해석해서는 안 된다. 정부가 불신 받는 것을 존슨이나 닉슨과 같은 대통령의 형편없는 자질 탓이라거나 카터와 같이 4년 동안 대통령을 하고도 워싱톤의 아웃사이더 의식을 버리지 못했다는 등의 내용에 왜 밑줄을 긋지 못하는가. 살기 어려워 하는 국민에게 경제위기는 다시 오지 않는다고 엉뚱한 소리하지 말고 진정으로 국민의 먹고사는 문제에 관심을 갖는 당의장이 되기 바란다. 대선을 지나치게 의식하여 군 병력 절반 줄여 양극화 해소한다는 등의 경솔한 발언 보다는 진정으로 국민의 어려움을 보살피는 당의장이 되기 바란다.

다음은 야당을 진정한 정치파트너로 인정하고 그렇게 대우하라. 자유민주주의 국가에서 야당을 무시하는 여당의 존재는 의미가 없다. 종전에는 야당이 여당에게 먼저 싸움을 걸었는데 요즈음은 그 반대 현상이 자주 목격되곤 한다. 열린우리당이 집권한 이후 여야관계가 원만한 적이 거의 없었다. 한나라당에게 대연정을 제안할 때 잠깐 동안 반짝하고는 이내 대화와 타협이 실종되고 대결정치만 지속되고 있다. 정 의장은 선거운동 과정에 한나라당 박근혜 대표, 이명박 시장, 뉴라이트를 3각 편대라고 하면서 그들을 냉전수구세력, 의회주의 파괴세력, 과거세력이라고 몰아 붙였다. 당선 뒤에는 국정조사권을 발동하여 지방자치단체에 대해 감사를 실시해야 한다고 하면서 10년의 썩은 지방권력 교체를 주장했다. 선거운동 기간은 물론 당선 후에도 한나라당과 정면 대결하겠다는 결전의지를 분명하게 밝힌 것이다. 여야관계가 지방선거를 앞두고 대화와 타협보다는 대립구도가 지속될 것으로 보인다. 야당에게 선전포고를 하면서 어떻게 "국민을 안심시켜주는 안심정치"를 하겠다고 하는지 알 수 없다. 한 나라의 대통령을 꿈꾸는 정치지도자라면 정치적 반대자를 포용할 수 있는 관용과 상생의 리더십을 발휘해야 할 것이다. 새 당의장 선출로 오히려 여야 관계가 악화된다면 결국 그 피해는 고스란히 국민에게 돌아갈 것이다. 정 의장이 기회와 도전요인을 어떻게 관리하는지 국민은 예의 주시할 것이다.

(2006. 2. 20. 세계일보)

또 신당(新黨) 타령인가

열린우리당이 '당 해체론'과 '당 개조론'을 놓고 내홍을 겪고 있다는 보도다. 결국 당 해체 후 통합신당을 창당하는 쪽으로 가닥을 잡았다고 한다. 대세가 통합신당 창당이라는 소식을 접하고 몇 가지를 생각하게 한다.

무엇보다 여당은 정말 뻔뻔하다는 생각이 든다. 지난 3년 8개월 동안 나라를 거덜 내다시피 해 놓고 신당을 만들어 정권을 재창출하겠다니 어이가 없고 정말 얼굴이 두꺼운 사람들처럼 보인다. 이제 더 이상 반복하고 싶지 않지만 노무현 정부는 업적에 의한 정통성을 완전하게 상실했다. 경제불황, 전국적인 부동산 투기장화, 북한의 핵실험과 안보불안, 국가정체성 상실, 한미동맹관계 파열 등등 헤아릴 수 없는 실정(失政)으로 민심이 정부여당에 등을 돌린 지 오래다. 수차례 실시된 재·보선에서 40대 0으로 패한 것을 보면 국민의 지지를 전연 받지 못하고 있는 것이 확인된 것이다. 정부여당에 대해 이제는 완전 포기한 상태다. 노 대통령의 임기가 빨리 끝났으면 좋겠다는 것이 국민들의 솔직한 심정일 것이다. 그런데 반성은커녕 또 신당을 만들어 국가를 경영할 기회를 다시 갖겠다고 하니 염치가 없는 것 같다.

둘째, 올 것이 왔다는 생각이 든다. 민주적 거버넌스 능력이 없는 정당은 생명력을 유지할 수 없기 때문에 당을 해체하는 것은 어찌 보면 당연한 일인지 모르기 때문이다. 열린우리당은 창당 후 불과 5개월 만에 치러진 17대 총선에서 원내 과반수를 차지하는 다수당으로 부상했다. 모두가 성공한 창당인 줄 알았을 것이다. 창당 당시 공언한 대로 100년 동안 집권할 수 있는 정당을 비로소 탄생시켰다고 환호했을 것이다. 하지만 객관적으로 평가할 때 열린우리당이 지난 총선에서 제1당이 된 것은 전적으로 노무현 대통령에 대한 탄핵역풍 때문이라는 것이 정설이다. 창당의 주역인 전·현직 당 의장이 솔직히 고백했듯이 열린우리당 창당은 실패한 것으로 보아야 할 것이다.

셋째, 그러면 그렇지 선거 때마다 도지는 정계개편이란 고질병이 어디 갔겠나 하는 생각이 든다. 선거철만 다가오면 습관적으로 정계개편을 추진해 기득권을 유지하려는 정략적 꼼수에 익숙한 정치권인데 그냥 있을 리 만무하다. 더구나 현재의 민심으로는 열린우리당은 내년 12월 대통령 선거를 낙관할 수 없는 상황이다. 이대로 앉아서 야당에게 정권이 넘어가는 것을 보고만 있을 수 없을 것이다. 울고 싶은데 뺨 맞는 격으로 잇따른 재·보선 참패가 빌미를 제공했을 것이다. 더구나 다른 당이나 정파와 선거제휴나 공조 없이 대선에서 승리하기 어렵다는 것을 수차례 경험한 여당 사람들 입장에서는 당연하게 신당창당 카드를 뽑으려고 할 것이다.

열린우리당은 재집권을 위해서 통합신당을 창당하든 어떤 형태든 정계개편을 추진해 정국의 반전을 시도할 것이다. 또한 정당정치 발전에 문제점이 많은 완전개방형 예비선거제(open primary) 도입을 추진해 전국적으로 신당 붐을 일으키는 정치흥행을 도모하려고 할 것이다. 열린우리당이 추진하는 통합신당은 결국 국민이 평가할 것이다. 하지만 노무현 대통령과 결별하지 않는 한 성공 가능성은 낮다고 보아야 할 것이다. 그래도 한마디 하고 싶은 말은 통합신당이 내년 대선 승리만을 위해서 지역정당과 손을 잡거나, 정책노선이 완전하게 다른 정파를 끌어들이거나, 이념이 다른 어중이떠중이를 세 불리기 차원에서 참여시킨다면 대선 승리 여부와 관계없이 또 실패를 반복하고 해체되어 포말(泡沫)정당으로 기록될 가능성이 크다는 점이다.

3년 전 열린우리당을 창당하려고 할 때 한 말을 되풀이하게 만들지 말았으면 좋겠다. 2003년 5월16일 신당창당추진모임이 공식적으로 결성되어 열린우리당 창당을 구체화할 즈음인 5월 22일자 모 일간지에 "100년 정당을 보고 싶다"는 제목의 글에서 이렇게 적은 적이 있다. "신당 창당은 자유다. 하지만 내년 총선 후, 아니면 5년 후 또 하나의 포말정당을 추가하는 기록을 남기지 말길 당부한다"고.

(2006. 11.1. 기호일보)

진보정권의 몰락

충북은 전국 민심의 거울

내 년 6월에 치러질 지방선거와 12월의 대통령 선거 준비전은 아직 후
보가 결정되지는 않았지만 이미 시작되었다고 볼 수 있다. DJP 연
합이 통일원장관에 대한 국회의 해임건의안 때문에 붕괴되었으나 과연 일
개 장관의 거취문제가 공동정부를 깰 만큼 그렇게 중대한 사안이었나 하는
의구심이 생기면서 무슨 말 못 할 속사정이 있지 않았다면 내년 지방선거
와 대선을 염두에 둔 포석이라고밖에 볼 수 없을 것이다.

JP는 자기를 팽(烹) 시켰던 YS와 신당창당을 논의하고 보수세력을 결집
하겠다고 하면서 연말에 정치권의 지각변동을 예고하고 있다. 정기국회에서
여야가 민생문제보다는 정치적 쟁점 부각에 열을 올리고, 의원의 원내 발언
을 문제 삼아 국회를 공전시키는가 하면, 정기국회 이후 여당은 대권후보
가시화시기에 대한 구체적 논의가 있을 것이라고 밝혔다. 정치권은 지방선
거와 대선 승리를 위해서 짝 지을 대상을 물색 중인 가운데 유력후보들의
몸 풀기가 시작된 지 오래되었다.

내년 양대 선거와 관련하여 현재 관심을 끄는 쟁점은 정당별 충북도지사
와 대선 후보는 누가 될 것인지, 가장 경쟁력 있는 후보는 누구인지, 정계
개편의 내용은 무엇인지, 충북의 민심은 어떤지 등으로 요약될 수 있을 것
이다. 하지만 가장 궁금한 것은 과연 누가 차기 대통령에 당선될 가능성이
높은가에 있다.

대선 결과를 예측하는 방법은 여러 가지가 있으나 일반적으로 여론조사
를 이용한다. 여론조사를 실시할 때 모집단의 대표성을 최대한 유지하면서
신뢰도를 높이고 표본오차를 줄이기 위해서 다양한 표본추출 방법을 활용
한다. 그중에서 표집표본추출 방법은 모집단인 전국을 여론조사 대상으로
삼는 대신 역대 선거 결과와 비슷한 경향을 보인 특정 지역 하나를 선정하

여 집중적으로 조사를 실시하여 선거 결과를 예측하는 것이다.

충북이 바로 대통령 선거 결과를 예측할 수 있는 표집표본의 대상이라는 조건을 갖추고 있어 정치권은 충북의 민심에 민감할 수밖에 없을 것이다. 왜냐하면 대통령을 직선으로 뽑았던 2~7대와 13~15대의 아홉 번의 대선 중 1963년 치러진 5대를 제외하고 충북에서 1등을 차지한 후보가 당선되었기 때문이다. 또한 국회에서 대통령을 간선했던 1대를 제외하고 8~12대의 대선에서도 비슷한 양상이 나타났다고 볼 수 있기 때문이다.

충북 유권자가 전국에서 차지하는 비율은 3.15%에 지나지 않아 정치적 영향력이 별로 없을 것 같아 보인다. 하지만 다수의 충북 유권자가 지지하는 후보가 당선된다는 경험적 사례 때문에 충북이 여론조사 대상의 중심지로 부상될 가능성이 크다. 따라서 각 당은 초반부터 충북 유권자의 표심을 잡기 위해서 치열한 각축전을 벌일 것으로 예상된다.

역대 대선 결과 충북에서 1등을 차지한 후보가 당선되었다는 것은 충북 유권자가 대세를 결정했다거나 아니면 전국의 여론 동향을 정확하게 읽을 수 있는 정치적 감각이 뛰어나 될 사람을 찍었다는 해석이 가능하다. 그러나 분명한 것은 그동안의 대선 결과가 충북 유권자의 대다수 선택과 일치했다는 것은 충북은 전국 민심의 거울이요, 여론의 중심지라는 사실이다.

충북의 민심이 대권의 향방을 예측하는 척도가 될 수 있기 때문에 정치권은 충북에 대하여 더 많은 관심을 나타낼 것으로 예상된다. 충북의 정치적 위상이 어떤 이유든 높아지는 계기가 될 수 있을 것이다. 이럴 때일수록 보다 냉정한 자세로 양대 선거를 맞이할 마음의 준비를 해야 할 것이다.

(2001. 10. 25. 충청일보)

후보단일화 설득하라

이번 대선은 역대 선거에 비하여 희한한 일들이 한두 가지가 아니다. 대선이 한 달여 남은 시점에서 중앙당을 창당하면서 집권당이 되겠다는 야무진 꿈을 꾸기도 하고, 이제서 무슨 교섭단체를 만들어 대선에 캐스팅보트를 행사하려고 한다. 대선 전 야당이 분열하는 모습에 익숙해 있던 한국정치에서 여당 국회의원들의 집단 탈당과 철새 행각으로 여당이 사실상 분당되었다. 대선후보 경선에 불복하고 뛰쳐나온 후보는 있었지만 국민경선으로 선출한 후보를 고립시키려고 핵심당원이 탈당한 보기 드문 사태도 일어났다. 대선구도가 유동적인 가운데 여론조사 결과 지지율 2위와 3위 후보 간에 단일화 협상이 한창 진행 중이다. 후보 단일화 협상은 고착화 가능성이 높은 1강2중 대선 구도를 깨기 위한 최후의 승부수라고 볼 수 있다.

민주당 노무현 후보와 국민통합21의 정몽준 후보가 단일화하지 않으면 한나라당 이회창 후보에게 대선 패배가 확실하게 보장되어 있다는 위기의식에서 나온 궁여지책임에 틀림없다. 노 후보는 정 후보가 제안한 TV토론 후 여론조사를 통한 단일후보 선정방식을 전격 수용하겠다는 방침을 밝힌 것으로 알려져 단일화 전망은 한층 높아졌지만 아직도 첩첩 산중이다. DJP 대권공조 협상은 1년여 동안 진행되다가 대선 40여일 전인 1997년 11월 3일 합의에 이르렀는데 이제 막 시작된 후보단일화 협상이 오는 27일 후보 등록 전까지 매듭지어질지, 불복 사태 등 후유증은 없을지 의구심이 생긴다. 또한 대선일이 너무 촉박하여 국민의 검증을 받을 시간도 없다.

후보단일화 협상은 본질을 외면한 채 단일화 절차와 방법론에만 매달려 있다.

첫째, 후보단일화의 목적과 명분을 제시해야 한다. 단지 반이회창 세력의 결집으로 대선에서 어떻게든 이겨야 한다는 목적이라면 설득력이 없다. 정치는 실리도 중요하지만 명분이 있어야 당당해질 수 있다. 정치혁명과 새정치를 주장하는 두 후보가 정책이나 이념 그리고 정치적 성장과정 등 유사점을 발견하기 어려운 상황에서 단지 이회창 대세론을 꺾어보자고 의기투합한다면 반창야합이란 비난을 면하기 어려울 것이다. 국민이 납득할 수 있는 후보단일화의 목적과 정체성 그리고 명분을 분명하게 제시해야 할 것이다.

둘째, 후보 단일화의 효과가 미지수다. 후보단일화가 성사되면 대선 구도를 2강으로 변화시켜 결국 단일후보 쪽으로 표의 쏠림현상이 나타나 반전의 기회가 와야 할 것이다. 그런데 그에 대한 선거 전문가들의 예측은 엇갈리고 있다. DJP 대선공조는 지역당간 선거제휴이기 때문에 효과가 나타났다. 특정지역에 지지기반을 두고 있어 무조건 따라가는 확실한 고정표가 있었기 때문에 가능했다. 양자의 지지자를 모으면 충분하게 이길 수 있다는 산술적인 계산보다는 노무현-정몽준 후보 중 누가 단일후보가 되든 조건 없이 따라갈 수 있는 견고한 지지층이 있는지, 반이회창표를 한군데로 결집할 수 있을지를 분석해 봐야 할 것이다.

셋째, 후보단일화에 성공하여 정권을 잡았을 경우를 대비한 정부구성안과 국정운영의 청사진을 제시해야 한다. 대선 승리가 너무도 절박하여 사전에 정부구성 문제를 확실하게 합의하지 않고 우선 선거에서 이기고 보자는 심산이라면 설사 집권하더라도 국정을 성공적으로 운영할 수 없을 것이다. 대선 승리만을 위해서 정치적으로 야합한 DJP 공동정부가 실패한 교훈을 타산지적으로 삼아야 한다. 공동정부의 정치실험이 실패한 이유는 국민회의와 자민련 간 정치이념이나 정책노선상의 차이도 컸지만 권력공유의 절차와 규범이 생소한 가운데 합의와 약속을 헌신짝처럼 버리는 정치풍토에서 오직 권력 나눠먹기만을 위한 야합의 성격이 짙었기 때문이다. 후보 단일화 협상에서는 무엇보다 집권했을 경우의 정부구성과 국정운영 방안을 국민에게 분명하고 명쾌하게 밝혀야 할 것이다.

각종 여론조사 결과 다자구도에서 필패가 확실한 2, 3위 후보 간 단일화를 모색하는 것은 이해가 가지만 대선 승리만을 목표로 하는 것은 설득력이 없다. 권력 나눠먹기 때문에 실패한 DJP 공동정부의 전철을 국민은 더 이상 밟고 싶지 않다.

(2002. 11. 14. 인천일보)

후회도 미련도 없을 충청인의 선택

대통령 선거가 코앞에 바짝 다가왔다. 지난 대선 때 같으면 지금쯤 판세가 드러나 대권의 향배를 어느 정도 가늠할 수 있었을 텐데 아직도 예측 불허의 접전이 벌어지고 있다고 한다. 특히 이번 대선의 승부를 결정짓는데 지역별로는 부산과 충청권, 세대별로는 40대의 선택이 중요한 변수가 될 것이라는 보도가 잇따르고 있다. 이는 부산 충청지역과 40대의 표심이 아직 유동적이며 그들이 어느 후보를 선택하느냐에 따라 승패가 갈린다는 것을 의미한다. 충북 유권자 입장에서는 역대 대선에서 충북에서 1등한 후보가 당선되었기 때문에 새삼스러운 이야기는 아니다.

대통령을 잘못 뽑으면 5년 동안 국정이 표류하고 나라 살림살이가 거덜나 임기가 빨리 끝나기를 기다리면서 두고두고 후회하게 될 것이다. 잘못 선택하고 나서 국운이 이것밖에 되지 않느냐고 가슴을 치면서 후회한들 무슨 소용이 있겠는가? 한 나라의 최고 정치지도자를 선택하기 위해서 요모조모 꼼꼼히 따져보면서 최종 순간까지 심사숙고하여 후회도 미련도 없을 선택을 해야 할 것이다.

후회도 미련도 없을 선택을 하기 위해서는 이회창 후보와 노무현 후보의 모든 것을 종합적으로 평가하고 비교 우위적인 시각에서 합리적인 판단을 해야 할 것이다. 일반적으로 투표행태의 유형을 정당지향형, 쟁점지향형, 인물지향형, 개인연고지향형 등 네 가지로 분류하는데 그동안 개인연고에 치중하는 지역주의 투표행태가 비판의 대상이 되어 왔다. 이번 대선에서는 지역감정을 타파하고 정당, 공약, 인물 등을 종합적으로 평가하는 투표행태를 보여주었으면 한다.

대통령이 소속한 정당의 이념, 과거의 업적, 당 간부를 비롯한 인적자원 등을 살펴보아야 한다. 대통령이 국민을 직접 상대하는 정치를 하든 포퓰리

즘에 의존하든 정당은 대통령의 중요한 정치기반인 동시에 후원조직이기 때문에 소속정당의 전폭적인 지원 없이 국정을 안정적으로 운영할 수 없다. 한나라당과 민주당의 이념, 지난 5년간의 공과, 정당소속 엘리트의 면모 등을 후보 선택에 참고해야 할 것이다.

대통령 후보의 공약도 중요하다. 그동안 대선 공약(公約)은 현실성 없는 무지갯빛 공약(空約)이 된 사례가 많아 불신이 이만저만이 아니었다. 하지만 그래도 대통령 후보가 국민을 상대로 국정운영 방향을 제시하는 것이기 때문에 분야별로 비교해 보아야 한다. 이회창 후보와 노무현 후보는 정치개혁과 부정부패 척결 등 정치분야는 비슷하지만 햇볕정책, 경제성장과 분배, 가계금융위기 대책, 고교평준화, 대학입시, 주5일 근무, 의약분업, 건보재정통합, 의료보험제도, 국민연금, 아파트 분양가, 호주제 등 국민생활과 직결되는 정책에 대하여 확연하게 대비되고 있다. 이번 대선은 역대 선거와 달리 경합후보 간 국민이 선택하는 데 심각하게 고민하지 않아도 될 정도로 정책 차별성이 분명하다. 국민은 자신의 정책선호와 일치되는 공약을 내세운 후보를 선택해야 할 것이다.

마지막으로 국가의 운명을 맡길 수 있는 대통령 감이 누군지 인물을 따져봐야 할 것이다. 한 인물을 평가하는 데는 가정환경, 성장과정, 교육배경, 경력, 성격, 신념, 철학, 정치이념, 수행실적, 비전 등을 종합적으로 고려해야 한다. 대통령감으로 크는 데 이와 같이 다양한 요인들이 복합적으로 작용하기 때문에 대통령에 당선되었다고 갑자기 다른 사람으로 확 바뀔 수 없는 것이다. 대통령의 리더십 행태는 과거와 현재가 투사되어 미래의 모습으로 나타나는 것이다. 이회창 후보와 노무현 후보가 과거 걸어온 길과 지금 걷고 있는 길을 보면 어디로 걸어갈지 미래가 보일 것이다.

12월 19일 국민의 선택은 5년 동안 번복이 불가능한 선택이며, 국가의 장래 운명과 직결되는 선택이 될 것이다. 대선을 일과성 정치행사로 가볍게 치부하거나 일시적 감정에 사로잡히지 말고 후보의 소속정당, 공약, 인물 등을 꼼꼼하게 따져보고 후회도 미련도 없을 합리적 선택을 해야 할 것이다. 이번 대선의 캐스팅 보트를 쥐고 있는 충청인의 현명하고 탁월한 선택이 기대된다.

(2002. 12. 18. 충청일보)

알다가도 모를 표심

17 대 총선이 목전에 다가왔다. 총선이 막바지에 들어서면서 총선 결과에 대한 궁금증이 더해지고 있다. 여론조사 결과의 공표가 금지된 상황에서 표심의 향배를 가늠할 수 있는 뾰족한 방법이 없기 때문에 더욱더 그렇다. 하지만 정당별 예상 의석수에 대한 각종 예측보도를 접하면서 표심의 향배를 어느 정도 감지할 수 있을 뿐이다.

17대 총선 시작 전에는 이번 선거는 하나마나 결과가 뻔한 것이 아니냐는 것이 대체적인 시각이었다. 탄핵역풍 때문에 야당의 지지도는 날개 없이 추락하여 여당이 200석 이상의 의석을 석권할 것이라는 예측이 주를 이루었기 때문이다. 야당은 탄핵역풍을 잠재울 수 있는 마땅한 반전카드도 없었고 또한 대세를 역전시키기에는 시간도 촉박하고 역부족이라는 것이 그 이유였다. 조건 없이 여당지향의 묻지마 투표행태를 보일 것 같다는 민심에 여당은 한껏 고무되었고, 심지어 표정관리에 들어갔다는 말까지 나돌았다. 17대 총선은 정말 싱거운 선거가 될 것이란 예상이 지배적인 가운데 과연 여당이 싹쓸이 할 것인가, 야당은 개헌저지선을 확보할 수 있을 것인가가 초미의 관심사가 되었던 것이 사실이다.

하지만 선거 중반이후 민심이 초반과 달리 변하고 있다는 것이 일반적인 시각이다. 그 변화의 폭이 얼마인지 정확하게 짚어내긴 어렵지만 변화가 일고 있다는 데 여야는 일치된 견해를 보이고 있는 것 같다. 경합지역이 늘고 있다는 판세분석이 나오고, 또한 여당이 야당을 비판하는 빈도수가 늘어나고 선거법 위반건수도 여당이 가장 많은 것을 보면 초반의 여유가 사라진 것이 아닌가 짐작할 수 있다.

민심은 원래 변덕스럽고 감정적이며 쉽게 망각하고 분노하는 속성이 있다. 상황에 따라서 시시각각 변하는 것이 표심이다. 70%가 반대하다가 초대형 쟁점이 부각되면 역으로 70%가 찬성 쪽으로 돌아서는 쏠림현상을 보이는 것이 민심의 특징이다. 특히 표심은 바람에 약하다. 선거 때 부는 바람에 표심은 요동친다. 탄핵역풍, 박풍(朴風), 추풍(秋風), 노풍(老風), 북풍, 지역풍 등등이 폭발적인 위력을 발휘하는 것이 사실이다. 그래서 여야는 자신들에게 유리한 바람이 불기를 바라며 또한 선거판세를 일시에 뒤집을 수 있는 돌풍을 일으키려고 안간힘을 쓰게 된다. 광풍이 불면 아무리 뛰어난 인물도 하루아침에 추풍낙엽 신세가 되고 만다. 묘한 것이 민심이요 알 수 없는 것이 표심이다. 그래서 선거결과는 뚜껑을 열어봐야 한다고 하지 않던가.

표심은 유권자가 어느 후보, 어느 정당, 어느 정책을 선택하는 가에 따라서 향배가 달라진다. 유권자는 이번 총선에서 후보 정당 정책은 물론 향후 한국정치의 행로를 결정짓는 중요한 선거라는 사실을 유념하여 4년간 후회없을 선택을 해야 할 것이다. 일시적인 감정에 치우치지 말고 요모조모 따져보고 신중하게 한 표를 행사하여야 할 것이다. 민주주의 국가에서 나라의 운명을 결정하는 것은 결국 유권자의 몫이며, 선택결과 나타나는 잘잘못도 유권자의 책임이다. 이번 총선은 무조건 찍기보다는 신중하게 뽑는 지혜를 발휘해야 할 것이다.

(2004. 4. 12. 인천일보)

국민주권 꼭 행사하길

내일은 4년 만에 돌아 온 국민의 대표를 뽑는 국회의원 선거 날이다. 민주주의 국가에서 선거는 국민주권을 일정기간 정치인에게 위임하는 합법적인 절차다. 전자통신기술을 활용한 직접민주주의가 다양하게 실험되고 있지만 아직도 모든 국민이 국가의 정책결정 과정에 직접 참여하는 것이 불가능하다. 때문에 선거를 통하여 국민의 대표를 뽑아 그들로 하여금 국민을 대신하여 국가의 주요 정책을 결정하도록 권한을 위임하는 간접민주주의 방식을 채택하고 있는 것이다.

국민주권을 위임하는 역사적인 투표 날이 임시공휴일이라고 여행을 떠나려는 사람들 때문에 비행기 좌석 예약이 폭주하고 해외여행 상품이 불티가 난다는 소식이다. 부재자 투표율도 지난 총선에 비하여 낮다고 한다. 하지만 무슨 일이 있어도 반드시 투표에 참여하여 신성한 국민주권을 후회 없이 행사해야 할 것이다. 꼭 투표해야 하는 이유 두 가지만 강조하고자 한다.

먼저 여야의 죽고 살기식 싸움을 국민이 아니면 말릴 수 없기 때문이다. 싸움에 익숙한 정치권은 특히 선거 때는 더욱더 치열하게 싸운다. 살기가 등등할 정도로 정당 간 후보자 간 이전투구가 펼쳐진다. 권력을 놓고 다투는 정치권이 스스로 싸움을 멈추기를 기대하는 것은 불가능한 일이다. 정치권의 싸움을 최종적으로 말릴 수 있는 힘은 국민에게 있기 때문에 결국 국민이 나서야 한다. 합법적으로 제도화된 투표를 통하여 국민이 정당과 정치인에 대한 심판자 역할을 하는 것이다. 국민이 투표를 통하여 누가 옳고 그른지, 누가 잘했는지 잘못했는지를 심판해야 싸움을 멈추게 된다. 표로 심판하면 그 결과에 따라서 정치권의 싸움은 자동적으로 정리되는 것이다.

여야는 탄핵심판론, 국정심판론, 거여견제론, 거야부활론, 부패응징론, 독선정치견제론, 인물론, 지역일꾼론 등을 내세워 나만 옳고 상대방은 틀렸다고 주장한다. 한 치의 양보도 없는 싸움판이 점입가경이다. 국민은 어느 정당 어느 후보의 주장이 옳고 틀렸는지 심판할 책임과 의무가 있다. 그러기 위해서는 투표에 반드시 참가하여 자신의 의사를 분명하게 밝혀야 할 것이다.

다음 국민의 정치적 효능감을 회복해야 하기 때문이다. 한국정치는 국민의 신뢰를 잃었다. 정치가 국민의 기대는 아랑곳하지 않고 그들만의 잔치판을 벌이기 때문에 정치를 사랑하고 아끼고 투표하고 싶은 마음이 별로 없을 것이다. 정치가 엄청 미운 것이 사실이다. 더구나 그 사람이 그 사람이고, 그 정당이 그 정당이고, 그 정책이 그 정책인데 투표가 무슨 의미가 있느냐는 회의감이 들 수도 있을 것이다. 정치에 대한 불신과 혐오 그리고 냉소주의가 정치적 무관심을 불러 온 것은 사실이다.

하지만 국민이 정치에 무관심 할 때 정치인들은 멋대로 국정을 농단하고 국민을 업신여길 가능성이 커진다. 정치가 아무리 밉고 보기 싫고 정이 떨어져도 투표에 참여하여 국민 스스로 나라의 운명을 결정해야 할 것이다. 모든 국민이 '나 하나쯤 투표하지 않는다고 뭐가 문제가 되겠는가,' '내 한 표가 정치를 바꾸는 데 무슨 도움이 되겠는가'라는 무기력하고 무책임한 태도를 보여서는 안 된다. 내 한 표로 정치를 바꾸고 나라를 살리고 국가발전 방향을 제시할 수 있다는 자신감을 가져야 할 것이다. 그래야 정치인들이 국민 무섭다는 것을 재삼 깨닫게 될 것이다

투표에 불참하고 정치의 잘잘못을 따지는 것은 의미가 없다. 투표에 참여하여 현명하게 선택하고 그 결과에 대하여 4년 동안 책임을 지는 것이 민주시민의 기본자세라고 볼 수 있다. 꼭 투표에 참가하여 최선이 아니면 차선이라도 선택해야 한다. 등산 갔다 와 보니 세상이 바뀌어 있더라는 후회는 한 번으로 족하다.

(2004. 4. 14. 세계일보)

17대 총선이 던진 메시지

17대 총선은 한국정치의 변화를 주문한 선거였다. 19년 만에 여대야소인 통합정부의 출현, 63%에 달하는 대폭 물갈이, 43%에 달하는 30·40대의 세대교체, 44년 만의 진보정당 원내진입, 30년 이상 지배해 온 3김정치 종식, 13%에 달하는 최다 여성의원 국회진출 등 숱한 기록이 이를 말해 준다.

반면에 지역에 따라 표가 한쪽으로 쏠리는 고질적인 투표행태는 변함이 없었다. 영남과 강원지역, 호남과 충청지역 등 동서로 분할된 투표성향이 극명하게 나타났다. 충북은 17회의 역대 총선 중 1967년 7대 때 민주공화당 후보 8명이 전원 당선된 데 이어 이번이 두 번째 특정 정당이 모든 의석을 석권하는 결과를 보여주었다. 충북인은 지역주의에 비교적 초연한 투표행태를 보여 왔고, 한쪽으로 치우친 적이 거의 없었는데 이번에 싹쓸이 대열에 동참한 것은 커다란 아쉬움이 아닐 수 없다.

이번 총선은 인물론이나 지역일꾼론보다는 탄핵역풍 박풍(朴風), 노풍(老風) 등 바람에 의한 선거였다. 그중에서도 가장 거센 바람은 아무래도 탄핵역풍이었던 같다. 탄핵가결 직전보다 탄핵역풍이 많이 수그러든 것은 사실이지만 여당승리의 결정타 역할을 했다. 충북의 경우는 탄핵안 가결과 그로 인하여 만의 하나 신행정수도 이전계획에 차질이 생기는 것이 아니냐는 우려감이 상승 작용하여 여당후보를 일방적으로 지지하는 '묻지마 투표행태'를 보였다고 볼 수 있다. 충청인은 신행정수도 이전이 가져올 지역발전을 철저하게 계산하여 실리투표를 한 셈이다. 신행정수도의 충청권 이전 계획에 대한 기대 때문에 지난 대선 때는 노무현 후보의 대통령 당선에 결정적인 역할을 했으며, 또 이번에는 여당의 과반수 의석 확보에 단단하게 한몫하였다. 노 정부는 충청권에 대하여 많은 빚을 지고 있다고 보아야 할 것이다.

이번 총선에서 국민은 변화와 동시에 안정도 주문하였다. 행정권과 입법권을 동시에 열린우리당에 위임하는 통합정부를 출범시켜 정부여당이 국정을 책임지고 안정적으로 운영할 것을 주문하였다. 한편으로는 야당인 한나라당에게 개헌저지선 이상의 충분한 힘을 실어주어 여당의 독주를 견제하고 균형을 이루라는 메시지를 던졌다.

이제 17대 국회는 국민의 요구대로 획기적으로 달라져야 할 것이다. 국민의 기대와 달리 민생정치 생활정치를 내팽개친 채 허구한 날 당리당략 차원의 싸움질만 일삼는다면 대한민국의 앞날을 기약할 수 없다. 63%라는 대폭적인 물갈이가 이루어져 젊고 참신한 인물이 국회에 대거 진출하고, 여대야소가 되었는데도 국회가 변하지 않는다면 한국정치는 희망이 없다.

열린우리당은 정부여당으로서 국정운영에 대한 전적인 책임을 져야 한다. 지난 1년과 같이 야당의 발목잡기를 탓할 수도, 언론의 비협조를 원망할 수도 없게 되었다. 이번 총선에서 열린우리당은 과거의 업적에 대한 심판을 받은 것도 아니고, 그렇다고 국민에게 무엇을 어떻게 하겠다는 약속이나 비전을 제시하지도 않았다, 오직 탄핵세력심판론 하나로 솔직히 과반 제1당이 된 것이다. 이제는 백 마디 말보다는 작은 것 하나라도 실천에 옮기는 모습을 보여야 할 것이다. 특히 민생정치와 개혁정치에 치중해야 할 것이다.

한나라당도 차떼기 정당으로 찍어주고 싶지 않았지만 자성의 모습이 역력히 감지되었고 또한 여당의 독단 독선 독주를 우려하여 이를 견제해 달라는 의미에서 미워도 다시 한번 기회를 주었다는 사실을 명심해야 할 것이다. 따라서 건전하고 합리적 비판과 대안을 제시하는 정책야당의 모습을 보여야 할 것이다. 그렇지 않으면 만년야당 신세를 면하기 어려울 것이다. 민주노동당도 제도권에 들어온 이상 국회를 노동운동 현장과 혼돈해서는 안 될 것이다.

정치권은 17대 총선에서 국민이 던진 메시지의 참 뜻을 되새겨 변화된 정치의 모습을 보일 것을 기대한다.

(2004. 4. 19. 충청일보)

17대 국회에 바란다

지 난달 31일부터 17대 국회의 임기가 시작되었다. 우선 국민의 대표가 된 국회의원들에게 축하의 말을 전한다.

국민 앞에 나타날 때 자랑스러운 금배지를 슬그머니 떼어 주머니에 넣는 일이 이제는 사라지길 진정으로 바란다. 또한 역대 어느 국회보다도 민의의 전당으로서 정치의 중심 역할을 다해줄 것으로 믿는다.

모범적인 국회가 될 것을 기원하면서 축하 메시지를 보내지만 왠지 마음이 놓이지 않는다. 국민을 위한 국회보다는 당리당략을 앞세워 과거처럼 정쟁으로 날을 지새우지는 않을지, 비리에 연루되지나 않을지, 또는 다수의 횡포와 소수의 폭거로 난장판 의사당이 되지는 않을지, 볼썽사나운 모습을 또다시 목격하지는 않을지……

새롭고 참신한 정치 신인들이 대거 입성해 국민적 기대가 큰 17대 국회의 앞날에 대하여 아무리 낙관하려고 해도 찜찜한 생각이 드는 것은 무슨 까닭일까. 아마도 불확실한 요인이 몇 가지 발견되기 때문일 것이다.

무엇보다도 여당이 가까스로 152석을 차지하여 불안한 과반수인데도 불구하고 의회를 일방적으로 운영할 가능성이 적지 않다. 여당이 안정적으로 의회를 운영하기에 불안한 의석이라면 무엇보다도 상생 정치에 앞장서야 한다. 세 명만 당론을 따르지 않으면 여당의 입지가 흔들릴 수밖에 없고, 향후 재·보선에서 과반수 의석을 유지한다는 보장도 없다.

이런 가운데 최근 말로만 상생의 정치를 외치는 듯한 모습을 보이고 있다. 야당이 반대하는 총리후보 지명을 강행할 태세를 보이는가 하면 여당 내에서 벌써부터 총독론, 민주대연합론, 민주당과의 합당론 등이 불거지는 것은 예삿일이 아니다.

다음으로 의정 활동 경험이 전무한 의원이 63%나 되는 상황도 낙관적 기대를 갖지 못하게 한다. 새 술은 새 부대에 담아야 한다는 말이 항상 옳다고 볼 수는 없다. 초선 의원이 많으면 의회의 낡은 관행으로부터 자유로울 수 있어 국회가 새롭게 변신할 가능성이 높지만, 반대로 국정 운영이 그리 단순한 것이 아니기 때문에 무경험과 전문성 부족에서 오는 시행착오에 대한 우려가 크다. 과거 국정운영에서 보듯 대통령과 정부를 견제하는 의회 권력은 막강하기 때문에 시행착오에 대한 걱정이 앞선다.

젊다는 것 하나로, 또한 의욕만 앞세운다고 생산적인 의정활동이 이루어지는 것은 아니다. 이번 총선은 바람 때문에 일부 전문성도 부족하고 사회 경험도 많지 않은, 그리고 젊은 후보가 대거 당선되었다. 그런 국회 구성원들에게 우리 국민은 향후 국가의 운명과 국민의 행복을 전적으로 맡겨야 한다.

의원들의 이념 성향이 극단적으로 분포되어 대화와 타협 정치의 어려움도 예상된다. 44년 만에 진보정당인 민주노동당이 제도권에 진입했다. 진보 성향의 시민단체에서 활동했던 당선자의 비율이 14.8%에 이르고, 학생·노동운동을 주도했던 '운동권' 출신이 67명으로 전체 의원의 22%나 된다.

민주노동당은 기성 정치권과는 판이한 진보적 성향의 정책 대안을 끊임없이 제시하면서 파란을 몰고 올 것으로 예상된다. 의원은 10명에 불과하지만 그 목소리나 영향력은 아마도 어느 정당 못지않게 클 것임이 분명하다. 일부 '운동권' 출신 의원들도 어디로 튈지 가늠하기 어려운 행동을 보일 수 있다. 여기에 보수 성향 의원들의 반작용도 만만치 않을 것이다. 이 때문에 이번 국회는 극단적인 이념 분포 때문에 역대 어느 국회보다도 가장 논란이 많을 것이라고 예상하는 국민이 적지 않다.

17대 국회에 대한 이런 걱정이 기우로 끝나길 바란다. 해법은 간단하다. 자기는 선이고 상대는 악이라는 이분법적인 극단적 사고를 떨치는 데서 찾아야 할 것이다.

(2004. 6. 2. 세계일보)

여론도 무게가 다른가?

노무현 정부는 그 성격이나 특징을 스스로 참여정부라고 명명하였다. 참여정부의 참뜻은 모든 국민의 정치참여를 보장하고 권장하면서 그들의 목소리를 적극적으로 정책결정에 반영하겠다는 의지가 담긴 것으로 이해할 수 있을 것이다.

하지만 민주정치는 여론정치라는 초등학교 사회과 교과서 수준의 이야기를 할 수밖에 없는 처지가 되었다. 대다수 국민의 일반의지에 따라서 정치과정을 운영하는 것이 바로 국민의 국민에 의한 국민을 위한 정치라는 것을 새삼 거론해야 할 입장이 되었다. 정부가 민심의 소재를 잘 파악하여 국정에 제대로 반영하는 것이 국민의 지지를 받는 지름길이라는 사실도 일깨워줘야 하는 상황이 되었다.

왜냐하면 참여정부는 국민여론을 정책에 반영하는 과정에 일관성을 잃고 있기 때문이다. 국민여론을 수렴하는 과정에 차별성과 모순이 발견된다. 여론 평가의 잣대가 이현령비현령이다. 정부여당의 정책을 지지하는 여론, 정부여당에게 유리한 여론, 젊은층의 여론, 좌파적 성향의 여론은 높게 평가하고, 그것을 진정한 국민의 뜻으로 받아들인다. 반면에 정부 정책에 반대하는 여론, 정부여당에 불리한 여론, 원로들의 여론, 보수적 성향의 여론은 무시하고 폄하하는 모습을 보이고 있다. 입맛에 맞으면 국민여론이고, 그렇지 않으면 수구 꼴통들의 반개혁적 정부 발목잡기라고 치부하는 경향이 있다. 한마디로 코드여론은 진정한 여론이고, 반코드 여론은 여론 취급을 하지 않는다.

예컨대 지난 9월 초 1,000여 명이 넘는 각계 원로들의 "국보법폐지, 수도이전, 과거사청산 중단 촉구" 시국선언에 대하여 정부의 고위인사는 원로들과 유신을 연계시키고 원로들을 비하하는 발언을 한 적이 있다. 지난 10월

초에도 경찰추산 10만여 명의 시민이 시청 앞 광장에 모여 국보법 사수를 외쳤다. 노무현 정부 출범이후 최대 규모의 정권 반대 집회다. 그런데 이를 두고 여당의 어떤 인사는 "꼴보수들의 집합"이니 국보법 폐지에 반대하거나 문제를 제기하는 측을 "반민주"라고 몰아붙이고 있다. 탄핵반대 촛불 시위 등은 진정한 민의라고 높게 사면서 정부정책을 반대하는 집회에는 들은 척도 하지 않고 무시하는 태도를 보이는 것은 국민을 차별하는 것이 아닌가?

보수 원로인사들은 집단행동을 통하여 이익을 표출하는 노하우가 젊은 좌파적 성향의 인사들에 비하여 뒤떨어질 것이다. 보수 원로 인사들은 사이버 여론을 주도하는 N세대와 비교할 때 민심 표출과 집약의 기술적인 방법이 서툴 수밖에 없을 것이다.

하지만 보수 원로도 엄연한 대한민국 국민으로서 대표성을 인정받아야 한다. 국민은 누구나 재산, 납세액, 소득, 직업, 신분, 성별, 종교, 이념 등에 구애받지 않고 1인1표를 행사하는 동등한 투표권을 갖고 있으며, 그들의 표에 대하여 등가성을 부여하고 있다. 그렇다면 노인이든 원로든 보수층 인사든 그들의 주장이나 요구가 국민다수의 여론이라면 젊고 좌파적인 성향의 목소리와 똑같이 대접해야 할 것이다.

아무리 정치가 적과 동지로 나뉘어 권력게임을 하는 측면이 강하다 하더라도 같은 나라 같은 국민을 누구는 중요한 국민이고, 누구는 무시해도 상관없는 국민으로 구분해서는 안 된다. 코드가 맞지 않는 국민의 목소리는 여론 취급을 하지 않고 코드가 맞으면 맞장구를 치는 일이 참여정부에서 벌어지고 있으니 개탄스럽지 않을 수 없다. 어떤 경우에는 아전인수 격으로 여론을 팔고, 어떤 경우에는 여론을 깔고 뭉개는 이중적 행태를 보이는 것은 민주주의 사회에서는 있을 수 없는 일이다. 이런 모습은 참여정부의 기본정신에 어긋나는 일이다. 구미에 맞지 않는 여론이라도 뱉지 않고, 입에 쓰더라도 국민 다수가 원하면 존중할 줄 아는 것이 민주정부의 참 모습이 아닌가?

(2004. 10. 15. Konas)

반코드 여론을 중시하는 기회로

헌법재판소가 수도 이전의 법적 근거인 '신행정 수도의 건설을 위한 특별조치법'을 8:1로 위헌이라고 결정하였다. 헌재의 위헌 결정으로 가장 커다란 피해자가 된 충청도민은 분노와 허탈감에 빠졌다. 지난 대선 때 충청도는 행정수도 이전 공약을 믿고 노무현 후보를 지지하여 그의 당선에 기여했고, 또한 17대 총선에서도 대통령이 탄핵되면 행정수도 이전이 물 건너갈지 모른다는 우려 때문에 열린우리당을 압도적으로 지지하여 여대야소의 정국을 탄생시킨 측면이 강하기 때문에 정치 불신과 실망이 클 것이 분명하다.

정치적으로는 가장 큰 타격은 노 대통령이 받았다고 볼 수 있다. '수도 이전 반대는 대통령에 대한 불신임 운동, 퇴진운동으로 느끼고 있다'고 정권의 명운을 걸었기 때문이다. 더구나 '구세력의 뿌리를 떠나서 새세력이 국가를 지배하기 위한 터를 잡기 위해서 천도가 필요하다'고 하여 노 정부가 추진하고 있는 지배세력 교체와 평등주의 실현 전략의 하나가 사실상 무용지물이 되었기 때문이다.

노 대통령과 정부여당의 충격과 실망감은 충분하게 이해가 간다. 하지만 헌재의 결정이 나자마자 "정부는 헌재의 결정을 겸허히 수용한다. 수도권 과밀문제 해소와 국가균형 발전을 위해서 다른 방안을 모색할 것이다. 충청도민에게 죄송하다. 특단의 수습책을 세우겠으니 조금만 기다려 달라"는 의연하고 성숙한 모습을 보였으면 모든 국민들은 박수를 쳤을 것이다. 노 대통령이 통 큰 정치, 속 시원한 정치, 관용의 정치, 법을 존중하는 정치, 생산적인 정치, 통합의 정치, 화끈한 정치를 선보였다고 대통령의 리더십에 대한 종래의 시각을 바꾸는 계기가 되었을 것이다.

청와대는 처음에는 관습헌법은 처음 듣는 이론이라고 하면서 반발하는 모습을 노골적으로 표출하였으나 국회시정 연설에서는 "헌법재판소의 결정

이유에 대한 다양한 의견과 평가가 있음에도 불구하고 누구도 그 결론의 법적 효력에 대해서는 부정하지 않을 것"이라고 밝혀 울며 겨자 먹는 식으로 헌재 결정의 법적 구속력에 대하여 완곡하게 수용하는 자세를 보여 다행스런 일이다. 국민들은 그동안 벼랑 끝에 선 노 대통령이 헌법개정이나 국민투표 추진 등 어떤 승부수를 던질 것인가 불안했던 것이 사실이다. 정부여당은 탄핵심판이 기각되었을 때 헌재가 민주주의를 수호했다고 극찬하더니 자신들에게 불리한 결정이 나자 헌재가 헌법을 훼손했다고 맹비난을 퍼붓고 인정하지 않는다면 달면 삼키고 쓰면 뱉는 정부 여당을 어떻게 신뢰할 수 있겠는가. 이는 결국 초법성과 탈법성을 부채질하여 무정부 상태를 촉발시킬 가능성이 컸던 것이 사실이다. 심지어 화가 난 충청권 의원들은 헌재 재판관에 대한 탄핵 발의를 추진한다고 했으니 국민들은 정말 불안했다. 정치적 이해관계가 복잡한 것은 다 알지만 정부여당이 그동안 보인 행태는 보기 민망하고 딱하고 안쓰러웠다. 정부여당이 왜 그리 이유가 많고 쩨쩨한지 실망한 것이 사실이다.

정부는 이제 행정수도 이전과 아무런 이해관계가 없는 국민들이 헌재의 결정을 높게 평가한 이유를 살펴봐야 할 것이다. 많은 국민들이 오늘은 기쁜 날, 좋은 날, 즐거운 날이라고 하면서 이제 한국의 미래가 보이기 시작했다는 등등의 반응을 보였다. 이는 행정수도를 옮길 수 없어 좋고 즐겁고 기쁜 것이 아니라 국민여론을 무시하고 과거로 과거로, 좌로 좌로 질주하는 노무현 정부에 대하여 헌재가 합법적으로 제동을 걸었기 때문이라는 사실이다. 민심은 천심이다. 여론(輿論)은 가마를 끌고 다니는 평민들의 소리라고 한다. 코드 여론만 여론이 아니다. 반코드 여론도 국민여론이다. 정부여당이 국민여론을 주도적으로 이끌 능력과 자신이 없으면 최소한 국민의 뜻에 따르기만 해도 욕은 덜 먹을 것이다. 20%대의 지지를 받는 정치지도자는 오히려 국민에게 짐이 된다는 사실을 왜 모르는가. 이제부터 반코드 여론에도 순응하는 모습을 보였으면 한다. 그리고 충청권의 아픔을 치유할 수 있는 합법적인 대책을 조속히 마련하기 바란다.

(2004. 10. 29. 중앙일보인터넷)

선거인단의 선택을 주시한다

이번 주말인 19일은 한나라당 대통령후보를 선출하는 국민참여선거인단의 투표일이다. 20일에는 제9차 전당대회를 열어 투표결과의 개표와 대통령후보를 지명하게 된다. 그동안 한나라당 경선이 제대로 치러질지, 당이 둘로 쪼개지는 것은 아닌지 등등 의구심을 갖는 국민이 많았지만 몇 차례의 위기를 잘 넘기고 예정대로 국민참여경선이 이루어질 것으로 보인다.

한나라당의 대선후보 경선과정에 치열한 정책대결도 있었다. 정당사상 최초의 후보검증청문회, TV합동토론회, 지역별 합동연설회, 개별적인 선거운동 등등을 통하여 후보의 자질과 능력을 평가할 수 있는 기회를 가졌다. 지나친 과열과 후보 검증과정에 나타난 이전투구 때문에 국민의 눈살을 찌푸리게 한 적도 있었고, 공멸을 자초한다는 우려의 목소리도 높았다. 또한 경선과정에 발생한 탈레반에 의한 한국인의 불행한 인질사태와 전격적으로 발표된 남북정상회담개최 때문에 국민과 언론의 관심이 줄어들어 경선의 정치적 흥행성이 반감되었다는 지적도 있었다.

하지만 한나라당의 대선후보 경선과정을 지켜보면서 한국 민주정치가 서서히 발전하고 있음을 확인할 수 있었다. 또한 누가 한나라당의 대선후보로 선출되느냐 하는 것은 12월 대선에서 국민에게 선택지를 제공한다는 차원에서 많은 관심을 불러오는 계기가 되었다. 일주일도 채 남지 않은 경선대회를 앞두고 18만 4천709명의 선거인단과 4만 5천717명의 여론조사에 참여할 국민들의 선택과 역할이 매우 중요하다는 인식을 갖게 된다.

무엇보다 선거인단의 빠짐없는 투표참여가 기대된다. 선거인단은 전당대회 대의원 20%, 전당대회 대의원이 아닌 당원 선거인 30%, 일반국민을 대상으로 공모한 선거인 30%로 구성되어 있으며 여론조사 결과를 20%로 반영하게 되어 있다. 당원 선거인단은 당을 대표하고 일반국민 선거인단은 전체 유권자를 대리하여 대통령후보 선출에 참여한다는 사명감을 갖고 반드시 투표에 임해줄 것을 당부한다.

다음은 당심과 민심이 동시에 반영되길 기대한다. 당심과 민심의 조화를 이루기 위해서 선거인단의 비율을 50대 50으로 정한 것이다. 비당원인 일반 유권자에게 정당의 공직후보 결정권을 전적으로 위임하는 개방형 예비선거제는 당원의 개념파괴와 정당기능의 실질적인 약화를 가져온다는 문제점이 있다. 또한 민심을 고려하지 않고 당심만을 반영하는 것은 본선 경쟁력을 약화시킬 우려가 있다. 이러한 문제점을 보완하기 위해서 당심과 민심의 반영 비율을 반씩으로 구성한 것이다. 당원과 국민이 동시에 원하는 후보가 선출되길 바란다. 당과 국민의 지지를 받는 후보가 선출되어야 본선 경쟁력을 높일 수 있을 것이다.

마지막으로 선거인단은 어떤 자질과 능력을 갖춘 후보를 선택할 것인가 진짜 많은 고민을 해야 한다. 한나라당의 대선 후보는 대통령 당선 가능성이 그 어느 때보다 높다고 한다. 대선 후보선택 기준을 구체적으로 제시하는 것은 매우 조심스럽다. 그래서 원론적 차원에서 로버트 윌슨(Robert Wilson)이 편집한 「대통령과 권력」이란 책에서 일관되게 지적한 내용을 일부 소개하고자 한다. "훌륭한 지도자, 위대한 대통령은 좋은 헌법에 의해서만 태어나는 것은 아니다. 오히려 대통령 개인적 성품에 영향을 더 많이 받는다. 타고난 본성, 성장기까지 거슬러 올라가면서 일생에 걸쳐 형성된 성격, 교육과 체험을 통해 쌓은 높은 도덕성, 국민을 설득하고 감동시킬 수 있는 언어 능력, 의회와 반대파를 움직이는 데 반드시 필요한 정치적 기술, 그리고 부단한 노력으로 축적한 지적 교양, 그 모든 것이 대통령의 리더십을 특징짓는다."

대선후보를 선출하는 한나라당의 경선대회가 당원과 국민의 축제 속에 성공적으로 끝나길 기대한다. 경선결과에 흔쾌히 승복하는 멋진 모습도 보고 싶다.

(2007. 8. 13. 인천일보)

여론조사 결과 공표는 매우 신중해야

여론(輿論)의 여(輿)자는 가마처럼 수레에 사람이나 물건을 싣고 다니는 것을 의미한다. 그것을 메고 다니는 사람을 여인(輿人)이라 불렀고, 동양에서는 그들의 소리를 여론이라고 했다는 것이다. 한마디로 여론은 지체가 낮고 힘든 일을 하는 밑바닥 민중들의 소리를 의미한다고 볼 수 있다. 12월 17일 대선을 앞두고 대선후보의 지지율에 대한 여론조사 결과가 수시로 발표되고 있다.

행태주의 등장과 더불어 여론조사는 각광을 받기 시작하였다. 정치의 주체인 인간의 행태를 과학적으로 측정하고 사전에 예측하려는 시도가 사회과학에 등장한 것이다. 민주주의 국가에서 여론의 순기능과 장점은 많다. 여론은 정치에 많은 영향력을 행사한다. 여론은 특히 정책결정 과정에 국민이 원하고 필요로 하는 공공의 요구를 정부의 정책결정과 연결시켜주는 정치적 연계수단이나 기제로써 작용한다. 선거기간 중에 발표되는 후보들에 대한 국민의 지지도를 사전에 알 수 있어 정치적 선택과 판단에 귀중한 참고자료가 된다.

여론조사 결과가 발표될 때마다 각 후보 진영에서는 일희일비할 수밖에 없다. 여론조사 당시의 민심의 소재가 파악되었기 때문이다. 선거 여론조사는 국민의 정치적 의사를 사전에 확인할 수 있어 선거전략 수립 등에 커다란 참고가 되고 있다. 최근에는 과학적 여론조사기법의 개발로 결과가 매우 정확성을 더해가고 있는 추세라고 볼 수 있다.

하지만 여론조사 결과를 공표할 때는 매우 신중해야 한다. 우리나라 국민은 대세에 편승하거나 사표방지 심리가 다른 나라에 비하여 높기 때문이다. 이를 선두후보 지지효과(bandwagon effect)라고 부른다. 대세순응 심리가 작용하여 여론조사 결과 1등한 후보를 지지하는 경향이 강하다는 것이다. 외국과 달리 선거 일주일 전까지만 여론조사결과 발표를 허용하고 이유도 여기에 있다.

물론 추적후보지지효과(underdog effect) 이론도 있다. 여론조사 결과 2위로 달리고 있는 후보를 지지한다는 것이다. 자신이 선호하는 후보의 낙선을 우려하여 적극적으로 추적후보를 지지하는 심리가 작용한다는 것이다. 하지만 일반적으로 우리나라 유권자의 투표성향은 대세편승이나 대세순응 효과가 더 크게 나타난다고 한다. 대세가 기울었다고 하면 그것을 좇아가는 경향이 두드러지다는 것이다.

그래서 여론조사 결과 발표는 매우 신중해야 한다. 왜곡된 여론이나 오도된 여론 또는 표집이 잘못된 여론조사 결과를 공표하여 선의의 피해를 당하는 일이 없도록 해야 할 것이다. 한나라당 대선후보 경선 때의 일이다. 경선결과 개표가 진행되는 순간에도 몇몇 주요 일간지의 인터넷 판에는 톱기사로 1위와 2위 후보의 지지율 격차가 6~12%라고 보도하고 있었다. 하지만 결과는 1.5% 미만의 박빙의 승부였다. 만일 여론조사 결과 1, 2위 간 격차가 1-2%라고 정확하게 보도했었다면 결과에 어떤 영향을 미쳤을까? 하지만 치명적인 오보에 대하여 해명하거나 그 결과에 대하여 누구하나 책임을 지는 사람도 없었다. 틀린 여론조사 결과의 공개 때문에 희생당한 피해자가 하소연할 길이 전무한 것이 현실이다.

대선 전에 후보들에 대한 국민의 지지도를 여론조사를 통하여 알려주는 것은 현명한 선택을 도와주기도 한다. 하지만 국민여론을 오도하는 오류를 범한다면 희생자 개인차원만의 문제라고 볼 수 없을 것이다.

여론조사 결과를 발표할 때는 미국의 여론조사위원회(NCPP)가 제시한 공개원칙이 꼭 지켜져야 할 것이다. 우리나라 대중매체는 핵심적인 내용을 공개하지 않고 있다. 가장 대표적으로 여론조사 결과를 발표하면서 여론조사 경비제공자, 응답률, 공개내용과 관련된 전체 질문지 등은 대부분 공개하지 않고 있다. 만일의 경우 1000명의 표본에서 응답자가 200명이라면 이런 여론조사는 통계적으로 의미도 없고 발표해서 안 되는 것이다. 잘못 조사된 여론조사를 공표하여 국민여론을 호도하는 일이 있어서는 안 될 것이다.

(2007. 12. 5. 기호일보)

대선 현명한 선택을

17대 대통령 선거가 이틀 앞으로 다가왔다. 5년 만에 국가 최고 정치 지도자를 선택하는 날이 목전에 다가 온 것이다. 유권자들이 누굴 찍을 것인가 결정하는 시기는 전당대회 직후, 대선 한 달 전, 일주일 전, 전날, 당일, 투표소로 가는 도중, 투표소 안 등등 다양하다는 것이 선거전문가들의 연구 결과다. 여론조사 결과를 공표할 수 있는 마지막 날을 전후하여 대략 유권자의 70%가 찍을 후보를 결정한 것으로 나타났다. 대선 일주일 전에 약 70%가 이미 마음을 굳혔고, 30%는 부동층이라는 이야기다. 물론 투표행태의 연구에 의하면 처음 작심을 끝까지 변하지 않는 고정형, 왔다 갔다 하다가 결국 초심으로 돌아가는 기복형, 처음 결심을 최종 선택에서 바꾸는 변경형 등이 있다고 하니 차이는 있을 것이다.

앞으로 5년 동안 우리나라를 이끌고 갈 17대 대통령으로 누굴 선택할 것인가 이미 결정한 유권자나 그렇지 않고 최종 순간까지 요모조모 따져보고 결정을 미루고 있는 유권자나 모두의 선택은 매우 귀중하고 값진 것이다. 국민이 누구를 대통령으로 선택하느냐 하는 것은 국가의 장래와 직결된 문제이기 때문이다.

솔직히 지난 5년 동안 우리 국민은 대통령에 대한 불만이 많았다. 국민이 대통령을 걱정하는 초유의 사태를 경험하면서 임기가 빨리 끝나기를 기다린 것이 사실이다. 5년 전 투표 바로 전날 어느 신문에 쓴 칼럼을 다시 떠 올리면서 국민의 현명한 선택을 주문하고자 한다.

"국가의 운명을 맡길 수 있는 대통령감이 누군지 인물을 따져봐야 할 것이다. 한 인물을 평가하는 데는 가정환경, 성장과정, 교육배경, 경력, 성격, 신념, 철학, 정치이념, 도덕성, 수행실적, 비전 등을 종합적으로 고려해야 한다. 대통령감으로 크는 데 이와 같이 다양한 요인들이 복합적으로 작용하기 때문에 대통령에 당선되었다고 갑자기 다른 사람으로 확 바뀔 수 없는 것이다. 대통령의 리더십 행태는 과거와 현재가 투사되어 미래의 모습으로 나타나는 것이다." 이번에는 5년 전 우려했던 바와 같이 노무현 대통령을 닮지 않은 대통령이 나오길 기대한다.

드디어 기다리고 기다리던 선택의 순간이 이틀 앞으로 다가왔다. 귀중한 주권을 포기하지 말고 꼭 투표에 참가해야 할 것이다. 5년 동안 학수고대했던 기회 아닌가? 그런데 이번 대선은 투표율이 의외로 낮을지 모른다고 우려하는 사람들이 있다. 선거전이 정책선거가 아닌 상대방 흠집 내기로 전락하여 정치에 대한 불신을 부추겼다는 이유를 내세우기도 한다. 다른 한편 기권과 같은 정치적 무관심을 설명하는 이론을 원용하기도 한다. 투표에 참가하지 않는 이유로 선거결과가 자신의 참가와 관계없이 대동소이하다고 믿거나 또는 자신의 선택과 무관하게 결과가 만족스럽게 나타날 것이라고 판단할 경우라는 것이다. 자신이 투표하든 않든 뻔한 결과가 나타날 것이라고 예상하거나, 자신이 투표하지 않아도 자신이 원하는 후보가 당선될 것이라고 판단했을 경우에 기권한다는 것이다.

국민주권 행사를 포기하여 투표율이 낮게 나타난다면 국민이 원하는 후보가 대통령에 당선되지 않을 수도 있다. 더 중요한 것은 국민이 얼마나 소중하고 무서운지를 정치인들에게 알리는 기회를 포기하는 결과를 가져와 국민여론을 아랑곳하지 않고 권력자들이 정치과정을 자의적으로 끌고 갈 가능성이 높기 때문이다. 그동안 얼마나 기다렸던 기회인가? 모두가 투표에 참가하여 이 나라를 5년간 이끌 훌륭한 지도자를 선택하길 바란다. 선택결과에 대하여 국민은 전적으로 책임을 져야 한다. 국민이 직접 선택해 놓고 후회하거나 대통령만 탓하는 일은 더 이상 없었으면 한다. 국가의 운명은 국민 스스로 결정하는 것이다. 선택결과에 대하여 무한책임을 질 수 있는 현명한 선택을 기대한다.

(2007. 12. 17. 인천일보)

진보정권의 몰락

앞으로 20년 동안 정치권력을 유지하겠다고 장담하던 진보정권이 몰락하는 대선결과가 나타났다. 국민은 무능하고 이념의 덫과 이상주의에 빠졌던 진보정권 대신 보수정부를 선택한 것이다. 일반적으로 국민의 정치적 성향은 보수주의 30%, 진보주의 30% 그리고 중도주의가 40%로 분포되어 있다고 한다. 선거에서 중도를 표방하는 유권자가 어느 편에 가담하느냐에 따라서 정부의 성격이 달라진다. 이번 선거에서 중도주의를 표방하는 유권자들이 진보정권을 외면하고 대거 보수진영에 합류한 것이다. 보수주의를 지향하는 후보들의 득표가 약 65%에 달하는 결과가 나타나 이를 두고 좌파의 퇴조라고 평가하고 있다.

진보정부의 정책노선은 보수주의와 많은 부분에서 상반된 입장을 취하고 있지만 한두 가지 예를 들면 실용주의보다는 이념을 중시하고, 현실주의보다는 이상주의를 선호한다는 것이다. 지난 10년간 진보정권은 대외정책의 근간으로 실용주의보다는 이념적 자주노선과 현실주의보다는 이상주의를 택했다. 그 결과 실리외교에 실패했다.

대미관계에 있어서 민족공조를 앞세우면서 자주노선을 지나치게 강조했다. 민족공조나 자주외교를 마다할 사람은 한 사람도 없을 것이다. 외교정책의 목표 중 국가의 자율성 확보라는 것은 국가의 주권보호와 국위 차원에서 매우 중요하게 취급된다. 하지만 준비도 없이 감정적으로 대미 자주외교를 외치다보니 한미관계에 금이 갔다. 국익에 별로 도움을 주지 못했다. 자주외교의 대표적인 사례로 전시작전권 이양 문제를 들 수 있을 것이다. 힘이 있다면 전시든 평시든 작전권을 외국군 장성에 맡긴다는 것은 어불성설이다. 하지만 때가 있는 법이다. 국가안보가 이상과 감정만으로 보장되는 것은 결코 아니다.

대외관계는 국익을 우선하는 실용적·전략적 접근이 필요한 것이지 실속도 챙기지 못하면서 국내용으로 자주나 외치는 것은 아마추어적인 접근이다. 특히 노무현 정부는 국제정치의 현실주의와 이상주의라는 두 패러다임 중 후자를 철저하게 믿고 실천하려고 노력했다. 이상주의도 장단점이 있다. 하지만 상황에 따라서 그 효과는 다르게 나타난다. 이상주의도 무정부상태인 국제사회에서 국력의 뒷받침 없이 평화를 유지할 수 없다.

진보정권은 대북 관계에서 실용주의를 간과했다. 북한을 개방과 개혁으로 이끌기 위한 교류와 협력정책에서 실용주의보다는 햇볕정책을 지나치게 신봉했다. 햇볕정책 덕분에 남북관계가 화해와 협력의 상생의 길로 발전한 것을 송두리째 부정하는 것은 아니다. 남북 간 경제협력대표부를 설치하고 상주대표부로 격상하는 방안이나 남측 이산가족이 통일 이전이라도 북측의 가족에게 재산을 증여하거나 할 수 있는 법적 장치를 마련하는 등의 '제1차 남북관계발전 기본계획'도 나무랄 수 없다. 햇볕정책은 분명한 공과가 있다. 또한 남북은 특수한 관계를 유지하고 있기 때문에 철저한 실용주의나 상호주의 잣대로 평가하기 어려운 부분도 있다.

하지만 지나치게 북한의 비위만 맞추고 할 말도 못하는 것이 문제다. 미국에 대해서는 그렇게 각을 세우면서 북한에 무슨 큰 약점이나 잡힌 것처럼 한 번도 당당하게 나선 적이 없다. 북한의 참혹한 인권문제에 대하여 유엔 등 국제사회에서 지대한 관심을 보이고 있지만 외면하였다. 북한 동포의 처참한 인권상황을 개선하기 위한 국제사회의 노력을 강 건너 불구경하듯 수수방관하고 있다. 진보정권이 금과옥조로 신봉하던 이상주의가 추구하는 가치 중에 인권신장은 빼 놓을 수 없는 목표다. 미국에 대하여 그토록 강조하던 이상주의도 북한에 대해서는 적용하지 않는 이중성을 보였다. 진보정권의 대북정책 실패는 작년 10월 북한의 핵실험으로 여실히 드러냈다. 한마디로 북한의 핵무장에 대하여 속수무책이다.

국민이 10년 만에 진보정권을 보수정권으로 바꾼 이유 중에 대미관계나 대북정책의 실패도 한몫 단단하게 했을 것이다. 대외관계에서 진보정권이 한계를 보인 이념중시적인 입장이나 이상주의를 지양하고 보수주의 정권이

지향하는 실용주의를 기조로 한미관계를 복원하고 대북관계를 개선하기 바란다. 새 정부는 진보정권을 심판한 국민의 뜻을 헤아려 국익을 극대화하는 현실주의적인 입장에서 실용적인 대외정책을 결정하기 바란다.

(2007. 12. 30. Konas)

07

누가 자주외교를 마다하겠는가?

힘의 논리 · 바그다드 효과

이라크 전쟁이 사실상 종결되면서 국제질서의 장래를 논의하는 과정에 바그다드 효과란 말을 자주 접하게 된다. 바그다드 효과란 힘의 논리에 의한 현실주의가 국제관계를 이해하는 주요 패러다임으로 재확인되었다는 것을 의미한다. 현실주의는 무정부 상태인 국제사회에서 전쟁을 예방하고 평화를 유지하기 위해서는 오직 힘이 있어야 한다는 입장이다. 현실주의는 실리를 강조하면서 국력으로 뒷받침된 힘의 정치(power politics)만이 평화를 유지하고 국가이익을 안정적으로 추구할 수 있다고 본다.

현실주의와 대비되는 이상주의는 명분을 강조하면서 국제기구, 국제법, 국제여론, 국제도덕 등을 통하여 무정부상태에서 탈출할 수 있다는 시각이다. 바그다드가 맥없이 함락되자 이상주의의 한계와 힘의 중요성을 다시 한 번 일깨워주는 계기가 되었다.

미국은 이라크 전쟁에 대하여 대량살상무기 확산 방지와 이라크 해방이란 명분을 내세웠지만 대표적 국제기구인 유엔의 결의를 거치지 않고 국제법을 위반했다는 비난을 감수하면서 일방적으로 전쟁을 시작하였다. 세계 제1차 대전의 참상에 대한 반성적 차원에서 등장한 국제기구나 국제법을 통해서 세계평화를 유지할 수 있다는 이상주의가 도전을 받게 된 것이다. 반전이라는 국제여론이 지구촌 전체를 뜨겁게 달궜지만 이를 아랑곳하지 않고 무력으로 후세인 정권을 무너뜨렸다.

바그다드 효과라고 볼 수 있는 현실주의의 위력은 세계도처에서 나타나고 있다. 미국의 패권주의를 비난하면서 전쟁의 부당성을 전 세계에 호소하던 러시아, 독일, 프랑스 등 많은 국가들의 태도를 변화시켰다. 미국의 이라크 공격을 신랄하게 비판하던 자세를 하루아침에 뒤집고 미국에게 러브콜을 하고 있다. 독일의 슈뢰더 총리는 이라크전 비난에 대하여 미국에게 유감을 표명하기도 하였다.

현실주의의 여파는 한반도에도 불어왔다. 노무현 대통령은 대선 전에는 반미면 좀 어떠냐, 미국과 견해가 다른 것은 달라야 한다고 하면서 미국에게 고분고분하지 않겠다는 태도를 보였다. 미국과의 수평적 관계를 강조하여 노 대통령의 민족주의적 노선과 배짱 그리고 대미 자주적 태도에 진보세력은 특히 열렬하게 반겼다. 하지만 반전을 외치고 이라크 파병을 반대하는 국내여론이 만만치 않았는데도 불구하고 파병을 결정하였다. 북한의 핵문제 해결에 주도적인 역할을 늘 강조해 왔지만 한국이 배제된 3자회담에 대하여 실용적 결과론으로 정당화하였다. 노 대통령은 방미를 앞두고 한·미 동맹관계를 부쩍 강조하는 등 대미 자세가 눈에 띄게 바뀌고 있다. 이를 참여정부의 대미 외교가 명분보다는 실리를 중시하는 방향으로 선회하고 있는 것으로 평가한다.

북한도 핵문제 해결에 대하여 조-미 쌍방회담만을 고집하다가 바그다드 붕괴이후 중국을 포함한 3자회담을 수용하기에 이르렀다. 북한은 3자회담을 앞두고 폐연료봉 8,000여 대의 재처리 준비가 끝났다고 발표하여 회담 성사를 불투명하게 만들었으나 결국 베이징 3자회담은 시작되었다. 3자회담의 성공 전망은 불투명하지만 북한이 실제로 핵무기를 보유하고 있지 않는 한 바그다드 함락 이전과 같이 레드라인을 넘나드는 벼랑 끝 전술을 활용하기는 어려울 것 같다.

무정부 상태인 국제사회에서 승자만이 살아남는다는 영원한 진리를 부정하고 싶지 않다. 힘만이 정의를 낳는다는 마키아벨리안적 접근법은 싫지만 국제정치의 현실인 것 같다. 하지만 많은 나라들이 그토록 내세우던 명분론을 슬그머니 접고 힘의 논리에 따라 현실주의적 태도로 바뀌는 모습이 민망스럽다. 외교는 실리 못지않게 명분도 중요하기 때문이다. 외교문제에 관한 한 신중한 언행이 요구된다는 것을 다시 한번 일깨워 준 것도 바그다드 효과가 아닐까?

(2003. 4. 25. 대한매일)

집단행동의 논리

참여정부 출범 이후 집단행동을 통하여 목적을 달성하려는 이익집단들이 부쩍 늘고 있어 걱정스럽다. 참여정부의 취지에 맞게 참여를 행동으로 보이려는 것인지, 자기네 편이라고 생각했던 노 대통령을 못 믿어서인지, 정부의 노동편향정책의 산물인지 모르겠다.

두산중공업 파업, 철도노조의 민영화 반대 시위, 화물연대 파업, 5.18 광주 기념식장 시위, 교육행정정보시스템(NEIS) 시행을 둘러싼 전교조와 교총의 집단행동, 공무원 노조의 파업 찬반투표, 조흥은행 노조의 공적자금관리위원회의 회의장 난입, 호주제 폐지 반대를 요구하는 전국 유림의 궐기대회, 노동부 공무원의 노조 설립 결의 등 집단행동을 통하여 문제를 해결하려는 움직임이 계속되고 있다. 또한 지하철 노조, 국민연금관리공단, 건강보험공단을 포함하여 100여 개 기업의 노조가 집단행동을 예고하고 있다.

이익집단의 결성과 자유로운 활동은 절대 보장되어야 한다. 하지만 지나친 집단행동은 문제가 된다. 지나친 집단행동은 비단 어제와 오늘의 일이 아니다. 특히 4.19 직후, 10.26 사태 이후 1980년 봄, 6.29 선언 이후 권력의 공백기에 특히 심했다. 이익집단들이 집단행동을 통하여 문제를 해결하려는 시도는 수십 년 동안 지속되고 있다. 하루가 멀게 세상이 바뀌고 있지만 과격한 집단행동을 통해서 의사를 관철하려는 태도는 예나 다름없다. 목소리 큰 사람이 이긴다는 논리가 너무 오랫동안 한국 사회를 지배해 오고 있다. 참여정부 출범 초기 권력누수기나 공백기도 아닌데 집단행동이 더 심해진 것 같다. 대~한민국이 떼~한민국이 되었다고 비아냥거리는 소리도 들린다.

집단행동의 논리는 무엇일까? 이익을 추구할 때 집단을 결성하여 조직적으로 대응하는 것이 보다 효과가 있다는 데 있다. 집단행동은 효과적인 이익표출의 한 방법이다. 나 홀로 외롭게 1인 시위를 하는 것보다 조직적인 집단행동이 보다 강력한 압력요인이 될 수 있기 때문이다. 조용하게 평화적인 방법으로 의사를 표시하면 정책결정자는 말할 것도 없고 언론이나 여론이 별로 관심을 보이지 않기 때문에 파업 등 극단적인 방법을 택할 수밖에 없을 것이다. 평화적인 집단행동은 의사가 관철 되지 않기 때문에 더욱더 거칠어지는 성향이 있다.

하지만 집단행동이 공동체의 이익보다는 지나친 집단이기주의를 앞세우거나 과격해질 때 문제가 심각해진다. 나만 살고 네가 죽든 말든 나는 상관할 바 아니라는 자기중심적인 논리는 결국 모두가 죽는 길을 택하는 것이나 다름없다. 나만 살고 남이 죽어서 무슨 그리 좋은 일이 있겠는가?

또한 집단행동이 지나쳐 국가 공권력의 권위를 무력화시키는 일은 자제되어야 한다. 외국의 경우 시위현장에는 경찰선이 그어진다. 아무리 격렬한 집단행동을 하더라도 그 선을 넘지 않으려고 노력한다. 그 선을 무시하는 것은 곧 국가 공권력에 대한 정면 도전을 의미하기 때문이다. 국가 공권력의 권위가 땅에 떨어지면 법질서를 유지할 수 없어 사회불안이 조성되고 그 폐해는 결국 국민 모두에게 돌아간다.

최근 세계경제포럼이 펴낸 한 보고서에 의하면 한국의 노사관계는 분석대상 80개국 중 55위로 분류해결 후진국 수준이라고 한다. 정말 부끄러운 일이다. 이래서는 동북아의 중심국이 될 수 없을 것이다. 맨슈어 올슨은 「국가의 흥망성쇠」라는 책에서 "대영제국이 경제열등국으로 전락한 것을 이익집단의 상대적 힘이 우월하여 외부여건의 변화에 신속히 대응하는 유연성을 잃었기 때문"이라고 분석했다. 우리는 이 분석에 귀를 기울여야 할 것이다.

동북아 중심국가의 근처에도 가보지 못한 채 이익집단들의 지나친 집단행동 때문에 임기 초반 한창 의욕에 넘쳐있어야 할 대통령이 "못해먹겠다"는 소리를 하는 상황이라면 경제열등국이 되지 않는다고 누가 보장하겠는가?

(2003. 7. 8. 대한매일)

모양을 갖추되 추상같은 군의 개혁

창군 이래 처음으로 현역 대장이 부대 공금횡령 혐의로 구속되어 재판을 받고 있다. 별 넷을 단 제복을 입고 군사 법정에 들어서는 모습을 본 국민들은 모두 안타까운 심정을 떨칠 수 없었을 것이다. 그뿐만 아니라 수명의 전현직 고위 장성이 각종 비리 혐의로 군과 검찰에 소환되어 조사를 받고 있다는 잇따른 보도를 보면서 군의 비리에 대하여 다시 한번 생각하지 않을 수 없게 되었다.

무엇보다 명예를 금과옥조로 삼고 있는 군 전체를 생각하면 정말 가슴 아픈 일이 아닐 수 없다. 더구나 주한 미군의 이라크 차출과 사실상의 미군 감축 그리고 주한 미군의 완전 철수를 검토했었다는 내용이 보도 되면서 안보 공백에 대한 우려감이 증폭되고 있는 가운데 군의 비리가 불거져 더욱더 안타깝게 생각한다.

군의 각종 비리사건이 터질 때마다 국민은 실망이 컸다. 군이 부패하면 국가안보가 위태롭기 때문이다. 그러나 군이 조국을 위해서 정말 힘들고 고된 임무를 수행하는 사실을 누구보다 잘 알고 있는 국민들은 그래도 군을 가장 신뢰할 수 있는 집단의 하나로 인식하는 마음에는 변함이 없을 것이다. 이번 사건도 군 전체가 썩은 것이 아니라 극히 일부 군 고위 지휘관들에 한정된 비리로 치부하고 싶다. 틀림없이 그럴 것이라고 믿는다.

그동안 군 비리의 유형은 인사 납품 공사 등과 관련된 사건이 주를 이루고 있었다. 하지만 이번에는 관행적으로 용인되던 공금의 개인 유용 문제가 사법처리 대상이 된 것이다. 공금이란 바로 국민의 혈세이기 때문에 횡령하는 것은 절대 안 된다. 그동안 관행적으로 적당하게 얼버무렸는지 모르지만 이제는 더 이상 통할 수 없는 시대가 되었다. 사회 모든 분야가 투명해지고 정상화되는 상황에서 군이라고 예외일 수 없다.

군 내부의 비리 척결은 군 개혁의 일부라고 볼 수 있다. 군이 부패하면 방위력 약화를 가져오고 곧바로 국가안보를 위태롭게 하기 때문에 군의 부정부패는 엄정하고 단호하게 처리되어야 한다. 하지만 군의 비리를 척결하는 과정에 유념해야 할 것이 있다.

무엇보다도 군의 사기를 고려해야 할 것이다. 군의 사기는 전투력의 핵심요인이다. 군의 개혁 과정에 사기를 먹고사는 집단인 군의 위상이나 지위를 약화시키거나 군에 대한 불신을 조장한다면 군의 사기에 부정적인 영향을 미치게 될 것이다. 군 개혁의 상징성과 파급효과를 부각시키기 위해서 군 고위 지휘관을 사정의 도마 위에 올려놓고 희생양으로 삼는 일은 없어야 할 것이다. 군은 일반사회와 달리 소위가 아무리 유능하고 뛰어난 전공을 세워도 하루아침에 장군이 될 수 없는 특수한 조직이다. 그래서 군의 계급은 존엄성이 있는 것이다. 군 고위 장성을 사정하는 과정에 계급의 권위를 무너뜨리는 일이 발생하면 사기에 부정적으로 작용하여 곧바로 전력약화로 연결된다. 군의 비리는 성역 없이 추상같이 처리하되 군 전체의 사기를 저하시키지 않도록 모양을 갖추어야 할 것이다. 한평생을 조국에 봉사한 그들을 전사시키더라도 최소한의 예우를 갖추어 주는 배려가 있어야 할 것이다.

다음은 군의 개혁 과정에 정치적 요소를 배제해야 한다. 오랫동안 군이 정치에 개입하여 군에 대한 불신이 컸던 것은 사실이지만 문민정부 이후 군의 정치화는 불식되었다. 과거 문민정부 시절에는 군부지배체제를 해체하는 과정에 불가피하게 수많은 별들이 추풍낙엽 신세가 된 적이 있었다. 이는 군정청산이라는 정치발전 과정에 어쩔 수 없는 선택이었다. 하지만 정권이 바뀔 때마다 개혁을 앞세운 군 고위 인사에 대한 사정이 특정 인맥을 제거하거나, 특정 군맥을 형성하거나, 인사의 숨통을 트게 하거나 또는 통치권 강화 차원에서 이루어진다는 오해를 사지 않도록 해야 한다. 군의 개혁은 단호하고 엄정하게 추진하되 순수성에 의구심을 갖지 않도록 해야 한다. 군은 순수한 집단이라는 사실을 잊지 말자.

(2004. 5. 21. Konas)

국가의 존재 이유

최근 이라크에서 발생한 한국인 근로자의 잇단 피살사건과 의문사진상규명위원회의 남파간첩·빨치산 출신 비전향 장기수에 대한 민주화 운동기여 인정 등의 결정을 접하면서 과연 국가의 존재 이유가 무엇인지, 대한민국의 정체성은 무엇인지, 국민의 국가에 대한 책임과 의무는 무엇인지를 생각하는 계기가 되었다.

지난해 11월 이라크에서 무장 세력에 의해서 오무전기 근로자 2명이 죽고 2명이 다쳤으며, 5월 31일에는 가나무역의 근로자 한명이 이라크 반미저항세력에게 납치되어 피살된 불행한 사건이 발생하였다. 이라크에서 오무전기 사건이 발생하고 가나무역 근로자 피살사건이 일어날 때까지 200여 일 동안 대한민국 정부가 '부재중'이었다는 질타와 비난이 쏟아지고 있다. 정부는 이라크에 병력을 파견한 상태에서 추가로 국군장병을 파병한다고 하면서 그리고 외국 민간인을 상대로 이라크 무장 세력의 폭탄테러와 인질사건이 잇따라 발생하는데도 불구하고 대테러 방지책이나 교민안전에 대한 준비가 소홀했다는 것이 일반적인 시각이다. 이에 '정부부재론', '국가기능정지론'까지 등장하기에 이르렀다. 국가의 존재 이유와 정부의 위기관리능력에 대하여 다시 한 번 생각하지 않을 수 없게 되었다.

끔찍한 사건이 터질 때마다 소 잃고 외양간 고치는 식으로 야단법석을 떨지만 일과성으로 끝나는 경우가 너무 많았던 지난날을 되돌아보면서 이와 대비되는 다른 나라의 예를 반면교사로 삼아야 할 것이다. 수년 전 이스라엘 국적 선박이 남해상에서 충돌하여 이스라엘 선원 수명이 실종된 사건이 발생했을 때 이스라엘은 수개월 동안 실종자 수색을 했다고 한다. 언제까지 수색을 할 것이냐고 물었을 때 실종자를 모두 찾을 때까지라고 답했다는 보도를 접한 적이 있다. 비록 사고 수습이지만 이억만 리 떨어진 공해상에서 엄청난 예산과 노력이 들어가는데도 불구하고 자국민을 위해서 최선을 다하는 모습에 놀라지 않을 수 없었다. 국가는 국민의 생명과 재산을 지키기 위해서 존재한다는 사실을 다시 한번 일깨워주기에 충분한 사건이었다. 오무전기나 가나무역 근로자의 사건 전후에 정부의 대응책을 생각하면 실종된 자국민을 찾기 위해서 안간힘을 썼던 이스라엘 정부와 너무나도 차이가 난다고 볼 수 있다.

문제는 국가존재 이유의 핵심인 국민의 생명과 재산을 보호하는 당연한 책무는 방기하면서 의문사진상위의 비전향 장기수의 민주화 운동 인정이라는 어이없는 결정을 내리는 모습을 보고 정말 대한민국의 정체성이 무엇인지 의구심을 갖지 않을 수 없게 되었다. 나라를 지키기 위해서 희생한 호국영령이나 많은 국민의 정서를 염두에 둔 결정인지 도무지 이해가 가지 않는다. 민주화보상심의위원회에서 "대한민국의 정통성을 부인하는 민주화운동은 인정하기 어렵다"고 결정하였지만 국가기관끼리 엇갈리는 입장 때문에 국민의 혼란은 가중되고 있다.

옥중 공산혁명 투쟁도 민주화운동이라고 인정한다면 대한민국의 정체성과 정통성을 수호하기 위해서 누가 몸과 마음을 바쳐 싸우겠는가? 대한민국의 정체성이 변하지 않는 한 아무리 시대가 바뀌어도 국가를 지키기 위해서 고귀하게 희생된 분들의 입장을 난처하게 만드는 일은 없어야 할 것이다. 어느 시기엔 간첩이 시대가 바뀌었다고 민주화 운동 기여자가 되는 상황이라면 국가의 정체성에 의구심을 갖지 않을 수 없게 된다.

자국민의 생명과 재산의 보호기능을 제대로 수행하지 못하여 국가가 왜 존재하는지 의구심을 갖게 하면서, 간첩과 민주화 유공자의 평가기준이 정권에 따라서 왔다 갔다 한다면 국민은 국가의 정체성에 대하여 혼란에 빠질 수밖에 없을 것이다. 만의 하나 국가를 지키기 위해서 희생할 필요가 어디에 있는지 의구심을 갖게 만들거나, 국민 각자가 알아서 신변 안전에 대한 자구책을 마련해야 하기 때문에 국가의 대국민 보호기능에 대한 기대를 포기해야 하는 상황이 온다면 국가의 존재 이유가 유명무실해질 것이다.

(2004. 7. 11. Konas)

군을 정말 자랑스럽게 여기자

노무현 대통령이 유럽순방 후 귀국길에 이라크에 파견된 자이툰부대를 2시간가량 방문하였다. 노 대통령 취임 이후 모처럼 감격적인 일을 한 것 같다. 정말 잘한 일로서 반기지 않을 수 없다. 이역만리 열사의 나라 타국 땅에 파견된 3,700여 명의 한국의 아들딸들을 위문하고 그들의 노고를 치하한 것이 국군통수권자로서 너무나 당연한 일인데 왜 감격스럽게 받아들이고 있는 것일까? 대통령의 자이툰부대 깜짝 방문은 미국의 부시 대통령이나 영국의 토니 블레어 총리가 선수를 쳐 모방적인 성격이 강한 측면도 있다. 미국의 럼스펠트 국방장관이 자이툰부대를 이미 방문한 바 있기 때문에 너무 당연한 일로 그리 감격할 정도는 아니라고 치부할 수도 있을 것이다. 그리고 북한의 핵개발을 6자회담 틀 속에서 평화적·외교적으로 해결하려는 입장에서 미국에게 한국군의 이라크 파병 사실을 상기시키고, 대통령의 해외 순방 중 수차례에 걸쳐 미국을 직접 겨냥한 압력성의 계산된 발언을 중화(中和)시키려는 정치적 계산도 깔려 있을 것이다.

하지만 대통령의 자이툰부대 방문을 감격스럽게 평가하는 이유가 있다. 무엇보다 이라크에 파병할 때 너무 서운하게 대했기 때문이다. 이라크 추가 파병에 반대하는 일부 국민여론의 눈치를 지나치게 의식하여 성대한 환송식조차 치르지 못하고 보낸 것이 솔직히 가슴 아팠다. 이라크 파병부대의 환송식에 대통령이 참석하기는커녕 쉬쉬했다. 월남파병 때 박정희 대통령이 참석하여 그들의 무운장구를 빌면서 모든 국민의 기원 속에 전쟁터로 보냈던 환송식 장면을 기억하고 있는 사람들은 너무 안타깝게 여겼을 것이다. 파병 반대여론이 일부 있음에도 불구하고 국가이익 차원에서 파병을 일단 결정했으면 보다 당당한 모습을 보였어야 했다.

대통령은 국가원수로서 상징적인 존재다. 대통령이 특정 행사에 참석하고 안 하고는 행사의 격과 의미가 달라진다. 이라크 파병 환송식은 물론 서해교전으로 전사한 해군장병들의 장례식에도 북한의 눈치를 살피느라고 무성의한 모습을 보였다. 조국을 위해서 전사한 장병들의 넋을 기리는 데 무슨 북한 눈치가 필요한 것인가? 외국의 경우 국가를 위해서 목숨을 바친 장병들의 시신이 그 나라 국기에 쌓여 운구 될 때 대통령이나 총리 아니면 최소한 국방장관이라도 나타나 애도의 뜻과 함께 값진 희생을 추모하고 유가족을 위로하는 모습을 자주 목격하게 된다. 지난 일이지만 서해교전 당시 희생자에 대한 국가의 태도는 너무했다는 생각이 든다.

또한 주한 미군 일부가 철수하여 이라크로 떠날 때도 대통령이 방문하여 그동안 의 노고를 치하하면서 미국 병사들과 포옹하는 모습을 보였더라면 미군은 감격했을 것이고 나아가 한미 동맹관계가 완전 복원은 어려워도 최소한 악화를 관리하는 데 커다란 도움이 되었을 것이다.

대통령의 자이툰부대 방문을 반기는 또 다른 이유는 군의 사기진작에 긍정적인 영향을 미쳤기 때문이다. 군은 사기를 먹고 사는 집단이다. 사기가 충천된 군대는 전투에서 반드시 승리한다. 대통령을 맞이한 자이툰부대 장병들의 사기가 충천된 모습, 활짝 웃으면서 행복해 하는 모습, 그리고 감히 사병이 대통령님을 한번 안고 싶다는 용기를 낼 정도로 감동적인 장면이 연출되었다. 대통령은 눈물을 흘리기까지 했다.

국방백서에서 주적개념을 삭제하려는 움직임, 국보법 폐지 추진, 군 장성 진급 비리 의혹으로 군 검찰이 창군 이래 최초로 육군본부를 압수 수색하고, 육군참모총장이 사의를 표하는 등 군의 사기가 떨어진 상황에서 대통령의 이라크 파병부대 방문은 군의 사기를 위해서 정말 잘한 일이다. 대통령이 자이툰부대를 방문하여 "여러분이 자랑스럽다"고 한 말과 같이 모든 국군 장병들을 "언제나 자랑스럽게 여기는" 분위기가 조성되길 바란다.

(2004. 12. 13. Konas)

맥아더 동상의 상징성과 역사성

인천 자유공원에 세워져 있는 맥아더 동상이 계속해서 수난을 당할 것 같다. 8월 11일에는 '자주 평화 통일을 위한 8·15 민족 대축전'을 앞두고 통일선봉대원이 인천 자유공원을 방문하여 맥아더 동상 철거와 주한미군 철수를 요구하였다. 통일선봉대와 보수단체 간 경찰차를 사이에 두고 대치하는 상황이 벌어졌다. 9월 8일에는 '미군강점 60주년 청산을 위한 9·8 범국민대회'가 이곳에서 열린다고 한다.

진보단체의 맥아더 동상 철거 주장과 보수단체의 맥아더 동상 지키기가 첨예하게 대립되어 있는 가운데 세상이 정말 엄청나게 변했음을 실감하게 된다. 민주국가에서는 누구나 어떤 주장이든 자유롭게 표현할 수 있겠지만 맥아더 동상 철거 주장은 그 도를 넘은 것 같다는 것이 일반적인 시각이다. 인천시장이 나서고 성우회 재향군인회 및 보수단체 등이 직접 철거 반대를 주장하지만 시위는 계속되고 있다.

맥아더 동상 철거 논의는 인천시만의 문제가 아니라 이제는 전국적인 쟁점이 되고 있으며, 국민적인 관심사로 부각되고 있다. 한국전쟁에 참전했던 우방국은 이를 예의 주시할 것으로 보이며, 만의 하나 맥아더 동상이 강제로 철거되는 불행한 사태가 오면 한-미관계에 부정적인 파장을 몰고 올 것이 뻔하다. 물론 철거를 주장하는 사람들이 이를 노리고 있는지는 알 수 없다.

맥아더 동상의 철거와 지키기 집회는 평화적으로 진행되어야 한다. 맥아더 동상이 강제로 해체되는 상황은 최선을 다해 막아야 할 것이다. 역사적인 기념물을 이념이나 역사관의 차이 때문에 부정하고 불법으로 철거하는 사태를 수수방관해서는 안 된다. 왜냐하면 시대가 변하고 정권이 바뀔 때마다 역사관과 이념의 차이 때문에 비슷한 일들이 반복될 가능성이 크기 때문이다. 시대에 따라서 이념에 따라서 역사관에 따라서 과거를 부정하고 파괴하는 악순환을 방지하기 위해서다. 시대는 변하게 되어 있고, 이념과 역사관의 차이는 언제나 존재하게 마련이다. 모든 과거사를 평가하고 해석할 때 당시의 역사적인 상황을 무시하고 현재의 시각에 초점을 맞춘다면 부정되지 않는 역사가 얼마나 될지 걱정스럽다.

역사적인 사실은 잘된 것은 잘된 대로, 못 된 것은 못 된 대로 보존하는 것이 가치가 있다. 잘된 것은 계승·발전시키고, 그 반대의 것은 두 번 다시 반복하지 말자는 데서 모두 역사적 교훈을 얻을 수 있기 때문이다.

한국전 당시 맥아더 장군 업적이 청산 대상이 되고 그의 동상을 밧줄로 묶어 철거해야 하는 정도로 잘못된 것인가? 대다수 국민들은 결코 아니라고 답할 것이다. 한국전쟁 때 우리 군은 수도 서울을 빼앗기고 낙동강까지 밀려 최후의 방어선을 구축했지만 한반도의 공산화가 시간문제인 절박한 상황에서 성공확률이 5천분의 1밖에 되지 않는다는 불확실한 인천상륙작전을 성공시킴으로써 전세를 역전시킨 역사적인 작전이었다. 노르망디 상륙작전과 더불어 상륙전사에 길이 남는 작전이다. 그 덕분에 수도 서울이 수복되고 북진의 계기를 마련하여 공산화를 막았다. 맥아더 장군은 그런 역사적인 인천상륙작전을 성공시킨 지휘관이다. 상륙해안이었던 월미도가 내려다보이는 인천자유공원에 맥아더 장군의 동상을 세운 것은 의미 있는 것이다. 맥아더 동상을 인천자유공원에 세운 목적이나 동기 그리고 그 위치는 상징성과 역사성이 있다. 맥아더 장군은 한국전을 일으킨 장본인도 전범도 남북분단의 책임자도 더욱 아니다.

그렇기 때문에 1957년 인천시민이 한국전의 전세를 우리에게 유리하게 반전시킨 인천상륙작전을 기념하기 위해서 세운 것이다. 철거 문제는 인천시민이 결정할 일이다. 일부 진보적인 시민단체가 나서서 철거를 지나치게 주장하는 것은 인천시민을 무시하는 것이나 다를 바 없을 것이다. 불법적인 강제 철거는 막아야 한다. 시대가 아무리 바뀌었다 하더라도 역사성과 상징성을 송두리째 부정하는 일은 성숙한 시민의 자세가 아니다.

(2005. 8. 17. Konas)

누가 자주 외교를 마다하겠는가?

국제정치가 큰일 났다는 주장이 제기되고 있다. 그냥 지나가는 말이 아닌 것 같다. 왜냐하면 한·미관계, 한·일관계, 북핵문제 등이 꼬이고 한반도를 둘러싼 국제환경이 우리에게 유리하게 전개되는 것 같지 않기 때문이다.

가깝고도 먼 나라 일본과는 독도문제로 외교전쟁을 선포했다. 미국 라이스 국무장관의 동북아 3국 방문 길에 한국을 잠깐 다녀가면서 보인 행보는 한·미동맹관계에 금이 가고 있음을 느끼기에 충분했다. 북핵 문제도 6자회담을 통하여 평화적으로 풀릴 기미가 보이지 않는다. 북핵 문제 해결에 중국의 역할이 중요하다고 이구동성으로 강조하고 있지만 북한 대신 한국 편을 들어줄 것 같지도 않다. 내부적으로 노무현 대통령은 자주외교 노선의 각을 날이 갈수록 더 날카롭게 세우고 있다. 한발 더 나아가 한국은 더 이상 '한, 미, 일 남방 3각동맹에 갇혀 있을 수는 없다'며 '동북아에서 균형자' 역할을 하겠다고 밝혔다.

노무현 대통령의 외교노선은 분명하다. 자주 외교를 통하여 동북아의 세력판도를 바꾸는 균형자 역할을 하겠다는 것으로 해석할 수 있다. 자주 외교를 누가 반대하겠는가. 동북아 세력판도를 우리의 의지대로 바꾸겠다는데 누가 마다하겠는가. 국가의 외교정책 목표의 하나로 자율성을 중요하게 취급한다. 주권국가로서 타국의 간섭이나 개입 그리고 종속상태로부터 벗어나 자율적으로 국가정책을 결정할 수 있는 능력을 확보하는 것은 너무나 당연한 외교정책 목표라고 볼 수 있다. 주권국가인 대한민국에 외국군이 주둔하고 전시 작전지휘권까지 넘겨준 상황을 누가 좋다고 하겠는가. 국가의 대외적 자율성이 극도로 위축되었던 상황에서 자주외교 노선을 천명하는 것은 국민의 마음을 솔깃하게 하는 것이 사실이다.

동북아에서는 미국과 새로운 동맹관계를 다지고 있는 일본이 유엔 상임이사국 진출을 노리고 있으며 국제적인 영향력과 위상을 높이려 하고 있다. 중국은 21세기 동북아의 패권적 지위 더 나아가 세계의 초강대국으로 부상하기 위해서 용틀임을 시작한 지 오래다. 러시아도 종이 호랑이라고 만만하게 볼 수 없다. 한반도는 지정학적으로 강대국의 틈새에 놓여 해양세력과 대륙세력의 각축장이 된 쓰라린 역사적 경험을 되돌아볼 때 동북아의 균형자 역할로 지역판도를 바꾸겠다는 원대한 포부에 누가 이의를 달겠는가. 대한민국 국민 누구나 국제사회에서 자주 외교를 통하여 국가의 자율성을 확보하고 동북아의 균형자 역할을 수행할 것을 희망하고 있다.

하지만 문제는 현실이다. 국제체제이론에서 균형자에게 요구되는 첫 번째 조건은 중재자와 균형추 역할을 감당할 수 있는 힘이다. 한국이 그런 힘과 외교적 역량이 있느냐 하는 것이다. 국제사회는 만인에 대한 만인의 투쟁을 특징으로 하는 무정부 상태이기 때문에 현실적으로 힘의 뒷받침 없이는 자주외교도 균형자 역할도 모두가 공허한 수사에 지나지 않는다는 사실을 직시해야 할 것이다. 한국이 북한과 손잡고 일본과 등지고 미국과 동맹을 파기하고 중국과 친해지려고 하면서 동북아에서 세력 균형자 노릇을 해낼 수 있을 것인가. 할 수만 있다면 얼마나 좋은 일인가.

문제는 그런 능력도 없으면서 상대가 있는 외교문제에 관하여 허장성세를 부리는 것이 국익에 도움이 될 수 있는지를 따져보고 할 말을 해야 할 것이다. 노무현 대통령이 주한 외교사절들이 참석한 취임식장에서 동북아 중심 국가를 선언했다가 관련 당사국들을 난처하게 만들었다는 보도도 있었다. 지나치게 허세를 부리면 국내용으로 치부될 수 있다.

중국이 전략적으로 힘을 숨기고 있듯이 그리고 분단 독일이 주변국들이 통일을 원치 않는 것을 너무 잘 알기 때문에 통일의 "통"자도 입 밖에 내지 않고 독일 내부문제라는 용어를 사용했다는 사실을 잘 알지 않는가. 국제사회에서 힘이 뒷받침되지 않는 정면승부수나 허풍은 통할 리 없다.

(2005. 3. 30. 기호일보)

동북아 균형자론과 군사능력

참여정부의 자주외교가 구체화되기 시작하였다. 참여정부 출범 이후 북한과 민족공조, 한미동맹 조정, 다자외교체제 구축, 중국경사정책 등의 외교노선을 엿볼 수는 있었으나 그 구체적인 내용이 무엇인지 자못 궁금하였다. 하지만 자주외교의 실체가 분명하게 드러났다. 한마디로 '동북아 균형자 역할론'이라고 볼 수 있다.

노무현 대통령은 우리나라는 더 이상 '한, 미, 일 남방 3각동맹에 갇혀 있을 수는 없다'며 '동북아 균형자 역할'을 강조하였다. 우리나라가 동북아 균형자 역할을 수행하여 이 지역의 평화를 지키겠다는 전략을 반대할 국민은 한 사람도 없을 것이다. 자주외교를 누가 마다할 것이며, 정글 속과 같은 국제사회에서 우리나라의 국가 위상이 높아지는 것을 누가 딴죽을 걸겠는가? 동북아 균형자 역할론을 지지하고 반기면서도 과연 현실적으로 우리에게 그런 능력이 있는지, 잘못하다 국제사회에서 왕따를 당하는 것은 아닌지 걱정이 앞선다.

무엇보다도 한미동맹을 안정적으로 유지하면서 동북아 균형자 역할을 수행하겠다니 헷갈리지 않을 수 없다. 동북아 균형자론은 미국, 중국, 러시아, 일본 등 세력 각축의 핵에 놓여 있는 우리나라가 어느 한쪽의 편을 들면 세력균형이 유지되어 이 지역에서 전쟁을 예방하고 평화를 유지할 수 있다는 것을 전제로 하고 있다. 그런데 한미동맹을 이탈하지 않고 어떻게 그런 역할을 수행할 수 있겠는가. 이는 동북아에서 미일동맹이 강화되기 때문에 유사시 한미동맹을 파기하고 중국이나 러시아 편을 들어 세력균형을 유지하겠다는 의미로 해석되기 때문이다. 이는 해양세력인 미국과 일본이 동맹을 강화하여 新에치슨 라인이나 콘돌리자 라이스 라인을 구축할 경우 대륙세력인 중국이나 러시아 편에 서겠다는 뜻을 미국에게 간접적으로 전달하기 위한 전략이라고 해석할 수도 있을 것이다.

한미동맹체제의 해체 조짐이 우려할 만한 수준에서 이미 나타나고 있기 때문에 그런 해석을 하게 되는 것이다. 한국이 미국을 버리는 것인지, 미국이 한국을 버리는 것인지 확실치 않다. 하지만 한미동맹 균열이 현실로 다가오고 있는 것이 사실이다. 주한미군 감축과 미군기지 축소, 한국 측 방위비 분담의 609억 원 삭감과 한국인 군무원 1,000명 감축, 자이툰부대 일부 병력 감축, 유사시에 대비해 한국에 비축 중인 전쟁예비물자 유지에 관한 프로그램 폐기 등 결별수순을 밟아가고 있음이 확인되고 있다. 그런 반면에 한중군사교류의 한일수준 격상 합의가 이루어지는 등 중국경사정책이 구체적으로 나타나고 있다.

한미, 한중, 한일, 미일관계가 전환기에 있는 것은 부인할 수 없다. 또한 노무현 대통령 집권기간 동안 한미동맹이 안정적으로 유지되리라고 기대하는 것은 무리라고 본다. 그렇다면 이미 자주외교를 표방하고 동북아 균형자 역할론을 제기한 이상 대비책을 서둘러야 할 것이다. 균형자 역할론은 결국 군의 책임으로 돌아오고 있다. 노 대통령은 지난 2월 25일 국정연설에서는 "우리 군대는 작전권을 가진 자주군대로서 동북아시아의 균형자로서 동북아 지역의 평화를 굳건히 지켜낼 것"이라고 군의 역할을 강조하였다. 국방장관도 합참의장과 육군참모총장이 취임식에서 "우리나라가 진정한 동북아 역할을 수행하는 데 든든한 버팀목이 될 수 있도록 군을 발전시켜 달라"고 하였다.

우리나라 경제력은 세계 11위라고 하며, 군사능력은 그보다 더 앞서고 있다. 하지만 정치군사강국인 미국, 중국, 러시아와 세계 2위의 경제 강국인 일본의 세력 각축장 한복판에 놓여 있는 우리나라가 동북아 균형자 역할을 수행하는 것은 희망과 같이 쉬운 일이 아닐 것이다. 강대국 틈바구니 속에서 어느 정도의 군사능력을 갖추어야 세력 균형추 역할을 수행할 수 있을지 가늠하기 어렵다. 재래식 무기로 무장한 우리 군이 그런 역할을 수행할 수 있을지 걱정이다. 그렇다면 북한의 핵무기까지 염두에 두고 균형자 역할을 하겠다는 것인지 이해가 가지 않는다. 자주외교는 말로만 이루어지는 것이 아니란 사실을 명심해야 할 때다.

(2005. 4. 11. Konas)

국가정체성 논란과 정치권

강 아무개 교수의 국가보안법 위반 혐의에 대한 검찰의 구속수사 방침이 법무부장관의 헌정사상 최초 불구속 수사지휘권 행사로 무산되었다. 그 결과 임기가 보장된 검찰총장이 도중에 물러나고 정치권은 물론 나라가 정체성 논란에 휩싸이고 있다. 한나라당 박근혜 대표는 이번 파문과 관련 노무현 대통령의 입장과 정체성을 밝히라고 재차 공개적으로 요구했다. 열린우리당 문희상 의장은 수구보수세력들의 색깔론 총궐기는 헌정질서와 인권을 앞장서서 파괴하려는 무책임한 행위라고 비판했다.

정체성 파문의 단초는 아무래도 강 아무개 교수의 '만경대 정신 이어받아 통일위업 이룩하자', '6·25는 북한 지도부에 의한 통일전쟁', '미국과 맥아더는 은인이 아닌 원수', '해방 후 공산사회로 됐어야'라는 등의 언행이 빌미가 되었다고 볼 수 있다. 하지만 여권은 강 아무개 교수를 국가보안법 위반혐의로 구속하든 말든, 기소하든 말든, 경찰과 검찰의 수사를 지켜보고 법원의 결정을 기다렸으면 국가정체성 논란으로 비화되지는 않았을 것이다. 그런데 정치권과 무관한 사안에 대하여 청와대와 여당이 들고 일어나고, 검찰의 정치적 중립성 훼손 및 외압의 소지가 있는 수사지휘권을 행사하는 등 하나같이 '강 아무개 교수 구하기'에 나섰기 때문이다. 불구속 수사지휘권 행사는 인권을 존중하기 위한 것이라는 명분을 내세우지만 강 아무개 교수의 주장과 여권의 정서가 비슷하기 때문에 혹시 감싸려고 하는 것이 아닌가 하는 의구심 때문에 국가정체성 논란으로 발전한 것이다.

우리는 대한민국이라는 정치공동체를 형성하고 있다. 대한민국이라는 정치공동체의 정체성은 무엇인가? 대한민국의 정체성은 헌법전문에 나와 있는 '자유민주적 기본질서'와 헌법 제1조의 '민주공화국'에서 찾을 수 있을 것이다.

대한민국의 정체성은 공산주의가 아닌 자유민주주의체제에 있다. 그런데 왜 야당대표나 1만여 명에 달하는 원로들이 국가정체성 문제를 제기하게 되었는가? 집권세력이 어떤 경우에도 자유민주적 기본질서를 부정하거나 대한민국을 인민민주공화국이라고 우긴 적이 없다. 하지만 강 아무개 교수가 한국전쟁 때 미군의 개입으로 북한식 공산통일이 이루어지지 않을 것을 몹시 아쉬워하고 있다. 사실상 대한민국의 정체성인 자유민주주의를 부정하고 북한 공산사회를 옹호하는 주장을 수차례 반복했는데도 불구하고 애매모호한 입장을 취했다. 오비이락(烏飛梨落)이라고 할까 법무부장관의 불구속 수사지휘권 행사는 이를 옹호하는 것이 아닌가 하는 오해를 사기에 충분했다. 법무부장관은 상황에 따라서 소신을 바꿔가면서까지 강 아무개 교수의 인권만 중요한 것처럼 불구속 수사지휘권을 헌정사상 처음 행사한 것이다. 청와대 등 여권이 하나같이 강 아무개 교수 구하기에 나섰다.

그동안 집권세력이 자주, 반미, 민족공조 등을 앞세우면서 북한인권에 대하여 침묵하고, 유신체제는 혹독하게 비판하면서 김정일 세습독재체제에 대하여 일언반구도 하지 않았다. 국민들은 현 정부가 생각하는 국가정체성이 궁금했던 것이 사실이다. 많은 국민들은 국가안보에 대한 불안감도 있었다. 이런 상황에서 여권 전체가 강 아무개 교수 구하기에 나서는 모습을 보이자 그동안 쌓였던 국가정체성에 대한 의구심이 구체화된 것이다. 솔직히 국민은 국가정체성에 대하여 혼란스럽다. 이를 색깔론으로 몰지 말고 국민의 궁금증을 속 시원하게 풀어주어야 할 것이다. 참여정부 출범 이후 국가정체성에 대하여 오해를 살만한 일들이 한두 가지가 아니었기 때문이다. 설사 극히 일부 국민이라도 국가정체성에 대하여 의구심을 갖고 있다면 이를 해소해 주는 것이 집권세력의 국민에 대한 책임과 도리가 아닌가? 국가정체성에 대한 혼란을 분명하게 정리해 주길 바란다. 먹고사는 문제로 피곤한 국민을 더 이상 짜증나게 하지 마라.

(2005. 10. 24. 인천일보)

미국과 정보 공유 이상 없는가?

개인 차원의 친구관계나 국가 간의 동맹관계도 유지하는 방법은 비슷한 면이 많다. 특별하게 친하고 믿을 수 있는 친구 간에는 속내를 드러내고 대화를 할 수 있지만 그렇지 않은 경우는 말조심을 하게 된다. 남남이지만 아무 계산하지 않고 하나도 숨김없이 흉금을 털어 놓을 수 있는 친구가 있는 것은 살아가면서 정말 커다란 자산이 될 수 있을 것이다. 슬플 때나 즐거울 때 함께할 수 있는 죽마고우가 있다는 것은 다행한 일이 아닐 수 없다.

국가 간에도 신뢰할 수 있는 우방이나 협력관계가 특별한 동맹의 경우에는 각종 정보를 공유하고 국제정치 현안에 대하여 공동 대응방안을 모색하는 등 긴밀한 협력체제를 유지하게 된다. 국제사회는 현실론자들이 주장하는 바와 같이 영원한 친구도 영원한 적도 없는 오직 국가의 이익만이 존재하기 때문에 상호 신뢰하고 협력할 수 있는 동맹국을 갖는다는 것은 정말 필요한 일이다. 만인에 대한 만인의 투쟁으로 비유되는 국제사회에서 어려울 때 도움을 요청하고 숨김없이 협의할 수 있는 동맹국이 있다는 것은 국익을 안정적으로 추구하고 국제협력을 이끌어내는 데 커다란 도움이 될 수 있다.

공통의 위협에 대처하기 위해서 장기간 결합한 동맹의 경우에는 제휴나 일반적인 외교관계보다는 협력과 단합의 수준이 높기 때문에 서로 도와주고 도움을 받는 긴밀한 관계를 유지하게 된다. 한·미 간에는 군사동맹을 통하여 한국은 국가안보라는 간접적인 혜택을 누리게 되고 미국은 동북아의 세력균형과 일본의 방위라는 상호 보완적인 이익을 얻게 된다.

그동안 한·미 간에는 국가안보와 관련된 중요한 정보를 공유하고 수시로 머리를 맞대고 공동대처 방안을 모색할 정도의 특별한 관계를 유지해왔다는 데 이의를 제기할 사람은 없을 것이다. 타국과 국가안보 관련 기밀을 공유할 수 있기 위해서는 무엇보다도 국가 간에 신뢰가 있어야 할 것이다. 친한 친구에게 털어 놓은 비밀이 사이가 좋지 않은 다른 친구에게 전달되어 입장이 난처하게 된다면 그 친구를 믿을 수 없게 되고 그 다음부터는 말조심을 하게 되는 것이다. 국가 간에도 똑같다.

한·미 동맹관계가 조정되면서 양국 간에 중요한 정보의 공유에 이상이 있는 것이 아니냐는 의구심이 일었던 것이 사실이다. 한·미관계가 소원해지면서 미국은 북한에 관한 중요한 정보를 한국과 공유하는 것을 꺼리고 있다는 미확인된 소문이 항간에 떠돌았다. 작전계획 5029의 언론보도 이후 의구심은 더 했다. 그때마다 정부 당국자는 한·미간 정보공유에 전연 이상이 없다고 했다. 정부의 발표를 믿으면서도 과연 그럴까하는 의구심이 있었던 것은 사실이다.

문제는 일본 외무성 야치 사무차관이 "미국이 한국을 못 믿어 정보공유가 어렵다"고 한 발언의 내용을 심각하게 생각하지 않을 수 없게 되었다. 외교적으로 무례한 발언은 좌시할 수 없지만 그의 발언내용이 만의 하나 사실이라면 그동안의 의구심이 현실로 나타난 것이라고 하지 않을 수 없다.

오랫동안 유지되었던 한·미 상호 이종이익동맹(complementary)에 균열이 생기는 것 같아 걱정하지 않을 수 없다. 체면 불구하고 흉허물 없이 모든 것을 믿고 이야기하던 절친한 친구 사이가 멀어져 서로 믿지 못하는 갈등관계가 되는 것보다 국가 간의 관계는 더 심각하게 받아들이지 않을 수 없다. 왜냐하면 국가이익에 직접 영향을 미치기 때문이다. 또한 우리는 감시정찰 능력부족으로 대북 군사첩보 및 정보 수집에 많은 제한이 있어 95%를 미군에 의존하고 있다고 알려졌기 때문이다. 국가안보와 관련된 정보공유가 미국과 제한적·선별적으로 이루어진다면 북핵 문제 등 현안이 산적한 상황에서 시급하게 대책을 마련해야 할 것이다. "知彼知己 百戰百勝"이란 말을 떠올려야 하는 현실이 정말 안타깝고 답답하다.

(2005. 5. 31. Konas)

시위는 비폭력적이어야 한다

民주사회의 특징은 누구나 정부 정책에 대하여 언제든지 자유롭게 찬반 의사를 표현할 수 있다는 데 있다. 하지만 의사표현의 방법이나 수단은 합법적인 절차에 따라야 한다는 전제조건이 따른다. 합법적이라는 의미는 법의 테두리 내에서 정당한 절차를 밟아 평화적 수단을 동원하여 의사표현이 이루어져야 한다는 것이다. 비합법적인 의사표현의 전형은 폭력을 동원하는 것이다. 폭력은 민주사회의 적으로서 가장 경계해야 할 대상이며, 민주질서를 파괴하는 암적 존재라고 볼 수 있다.

한국사회는 그동안 민주화 과정에 권위주의 정권에 맞서기 위해서 폭력적인 방법과 수단을 동원하면서 투쟁한 경험이 있다. 거대한 공룡과 같은 독재정권과 맞서기 위해서 극단적인 의사표현이 불가피했던 측면도 있었다. 그 결과 많은 희생이 뒤따랐던 사실은 정말 안타까운 일이 아닐 수 없다. 하지만 이제는 민주화 이행기를 거쳐 공고화 단계에 진입한지 오래 된 상황에서 국민의 의사표시 과정에 폭력적인 수단이 동원된다는 것은 심히 유감스러운 일이 아닐 수 없다.

지난 5월 15일 3000여 명의 시위대가 광주에 있는 공군 제1전투단 앞에서 '패트리어트 미사일 기지 폐쇄를 위한 전국대회'를 개최하는 과정에 군부대의 철조망 700~800m를 뜯어낸 사건이 발생했다. 7월 10일에는 평택의 미군기지 확장저지를 주장하는 일부 주민들과 외지에서 온 사회단체들이 미군 k-2기지의 일부 철조망을 뜯어내는 일까지 벌어졌다. 이해당사자들의 생존권과 직결된 문제이고 또한 자신들의 의사를 관철시킬 수 있는 수단의 희소성 때문에 일부 과격한 시위에 대하여 이해 할 수 있는 부분도 없지는 않지만 도를 넘었다. 군부대의 철조망을 훼손하는 것은 진짜 묵과하기 어렵다.

민주주의가 발달한 나라에서도 국민의 정치적 의사표현 과정에 시위대가 폭력적인 방법을 동원하는 경우도 일부 있지만 대부분 경찰선(police line)을 넘지 않는다. 경찰선을 위반하면 국가공권력에 대한 정면 도전으로 간주되기 때문이다. 국가공권력이 위협에 직면하면 공공질서를 유지할 수 없기 때문에 단호한 조처가 뒤따른다. 아무리 과격한 시위를 해도 국가공권력을 무력화시키고 군사 시설을 파괴하는 일은 결코 용납되지 않는다. 국가공권력에 대한 도전은 국법질서의 파괴행위로 간주되기 때문에 법과 원칙에 따라 엄격하게 처리한다.

군부대의 철조망이 절단된다는 것은 안보시설에 대한 직접적인 도전행위라고 볼 수 있다. 군부대의 철조망은 영내의 장병과 각종 군사시설을 외부의 침입으로부터 보호하기 위해서 설치한 장벽이며 경계선이다. 이것을 훼손하는 것은 군부대를 공격하는 것과 조금도 다르지 않다. 한 집안의 담장을 누가 불법으로 뜯어내고 침입하면 삶의 터전이 위태롭게 된다. 어느 누가 이를 수수방관하겠는가. 민주주의가 발달한 선진국에서 군 부대의 철조망 수백 미터가 시위대에 의하여 뜯겨지고 침입당했다고 가정했을 어떻게 대응할지 자못 궁금하다.

시위나 집회가 아무리 헌법이 보장한 기본권 행사의 일환이라고 하더라도 어디까지나 정당한 절차에 따라서 합법적·평화적으로 이루어져 한다. 민주사회에서 의사표현 수단이나 방법이 정당성을 상실하면 목적이 아무리 좋아도 용인되기 어렵다. 평화적인 시위문화가 정착될 때 선진민주사회에 진입할 수 있을 것이다.

민주주의는 법치를 근간으로 한다. 법치는 시민의 법질서 존중의식에서 시작되며 국가공권력에 의하여 유지된다. 국가공권력이 시위대에 두들겨 맞고 군부대의 철조망이 뜯기어 나가는 상황에서 국가공권력은 권위를 유지할 수 없다. 국가공권력의 권위가 무너지면 공공질서는 파괴되고 민주주의는 더 이상 지탱하기 어렵게 된다. 어찌하다 시위대가 군부대 철조망까지 뜯어내는 지경에 이르렀는지 정말 안타깝다. 국가공권력이 무력화되면 공공안녕과 질서가 파괴되고 그 폐해는 고스란히 국민에게 돌아간다는 사실을 명심해야 할 것이다. 국가 폭력은 필사적으로 반대하면서 시민이 폭력적인 방법으로 의사를 표현하는 것은 모순이다. 어떠한 경우라도 군부대 철조망을 뜯어내는 것과 같은 폭력동원은 안 된다.

(2005. 7. 19. Konas)

국정원의 개혁방향

21 세기는 정보전쟁의 시대니 국가경쟁력은 정보력에서 나온다는 말이 있다. 정보화 사회를 맞이하여 사회를 통제하는 수단은 폭력도 자본도 아닌 바로 지식이나 정보라고 할 수 있다. 누가 더 신속하고 정확하게 필요한 고급정보를 획득하느냐에 따라서 개인은 물론 국가의 운명에 영향을 미치기 때문에 많은 나라에서는 정보기관의 조직과 기능을 강화하고 있다. 미국은 9 · 11테러 이후 CIA와 FBI가 있지만 모든 정보기관의 활동목표와 우선순위를 결정하고 예산을 조정 · 통제할 수 있는 국가정보장(DNI)을 신설하고, 국토안보부(DHS)를 설치하였다. 영국도 정보기관인 보안정보부(MI - 5)와 비밀정보부(MI - 6)의 조직개편을 단행하였으며, 러시아의 국가보안위원회(KGB), 이스라엘의 모사드(Mossad)도 기능을 강화하고 있다.

하지만 우리나라는 소위 X - 파일사건으로 국정원 해체와 국내활동부서의 폐기 또는 타 정부부처로 이관을 주장하는 견해가 제기되고 있다. 한나라의 최고 정보기관이 불법도청으로 국민의 지탄대상이 되고 검찰의 압수수색을 당하는 등 수모를 당하고 있다. 정말 안타까운 일이다. 국가정보원이 국가안보와 국민의 재산과 생명을 지키기 위해서 한 일도 많다. 예컨대 참여정부 이후 총 51건(171명)의 산업스파이를 적발하여 65조 9,000억 원의 국부유출을 예방했다고 한다. 하지만 정보기관의 업무속성상 실적은 가려지고 불법적으로 자행된 사건만 부각되어 국가의 최고정보기관에 대한 국민의 불신을 초래한 측면도 있다. 과거의 유력인사 납치, 수지 김 사건, 비자금 사건, 총풍에 이어 X파일 문제가 불거지면서 국정원에 대한 국민의 불신은 커졌다고 해도 과언이 아니다.

국정원은 과거에 국내정치 개입, 정치공작, 정치사찰, 정권안보, 권력남용, 불법감청, 고문과 인권침해, 정치권 줄 대기, 대통령에 대한 과도한 충성, 공적으로 획득한 국가정보의 사사로운 이용 등등 국민의 불신을 받을 수 있는 일들을 일부 수행한 것은 부인할 수 없을 것이다. 잘한 일들은 알려지지 않고 소수의 부정적인 사례 때문에 국정원 전체가 매도당하는 것은 안타까운 일이다. 현재는 국정원의 이미지를 실추시킨 과오에 대한 통렬한 자기반성과 국정원의 역할과 기능이 재조정되어 불법적으로 자행되는 일들은 없어졌다고 한다. 대통령도 국정원장의 정보보고를 직접 받지 않고 있어 국정원에 의한 정보독점이나 국정원의 권력화가 사라졌다고 한다. 국정원 개혁의 2단계로 「국정원 비전 2005」를 추진하여 탈정치화 및 탈권력화를 가속화시키는 중이라고 한다. 국민에게 봉사하는 정보기관으로 거듭나기 위한 개혁조치를 단행하고 있는 것이다. 국정원의 탈정치화와 탈권력화는 정말 잘하는 일이다.

위기는 기회라는 말이 있다. 국정원은 이번 X파일 사건을 계기로 환골탈퇴하는 모습을 보여야 할 것이다. 국가정보원이 더 이상 대통령이나 특정 정파를 위한 조직도 정권의 시녀도 정권안보의 첨병도 아닌 국민을 위한 국민의 전문정보기관으로 거듭 태어나는 계기로 삼아야 할 것이다.

우선 무엇보다도 국정원의 기능을 선진국의 정보기관들처럼 국가안보, 테러·마약 등의 사회안보·인간안보, 과학기술안보 등에 대한 정보를 수집하고 분석하는 방향으로 조정해야 할 것이다. 그리고 일부에서 제기되고 있는 해외정보와 국내정보의 2원화체제는 국제문제와 국내문제의 연계성 때문에 일원화하되 국내정보 수집기능은 대폭 축소해야 할 것이다. 국내정보 수집에 대한 유혹은 과감하게 떨쳐야 할 것이다.

국민은 국정원의 개혁을 강력하게 희망한다. 대통령의 의지나 여야의 입장도 국정원 개혁에 적극적인 것으로 알려졌다. 문제는 국정원 내부의 태도에 달려있다. 과거 무소불위의 권력기관에 대한 향수도 있을 것이다. 하지만 세상은 많이 바뀌었다. 과거의 기득권을 과감하게 집어 던지고 자기혁신을 통하여 21세기 첨단정보시대가 요구하는 국가의 전문적 종합정보의 보고(寶庫)로 거듭 태어나길 바란다.

(2005. 9. 15. 새충청일보)

양심적 병역거부 인정하기 어렵다

국가인권위원회는 지난 26일 양심적 병역 거부권을 인정하고 현행 병역의무와 조화될 수 있는 대체복무제 도입을 권고했다. 한마디로 누구는 양심이 없기 때문에 군대 가고, 누구는 양심을 앞세워 군대 가지 않는다면 형평성에 커다란 문제가 아닐 수 없다. 솔직히 직업군인이라면 몰라도 합법적으로 군대 가지 않아도 되는데 사병복무를 자원하는 사람은 많지 않을 것이다. 누구나 피할 수 있으면 피하고 싶은 것이 병역 의무일 것이다. 분단조국의 현실 때문에, 군대 가는 것이 헌법에 명시된 국민의 4대 의무 중 하나이기 때문에, 병역 기피하면 평생 떳떳한 사회생활을 할 수 없기에 어쩔 수 없이 군에 간다고 하는 편이 솔직한 입장이다. 그런데 누구는 종교적 양심을 내세워 군대 가지 않고 대체 복무를 하고 누구는 현역으로 최전방에 배치되어 젊은 청춘을 보내야 하는가?

이번 결정은 국가인권위원회가 국방이라는 공익적 가치보다는 개인 양심의 중요성을 인정한 것이라고 볼 수 있다. 헌법에 명시된 종교와 양심의 자유와 병역 의무 중 전자의 손을 들어 준 것이다. 민주주의는 개인주의에 바탕을 두었지만 공동체라는 집합성을 무시하고 존립할 수 없다. 개인과 공동체의 가치 중 어느 것이 더 중요하냐 하는 것은 계란과 닭의 논쟁과 같이 명쾌한 답을 제시하기 어려운 측면도 있다. 하지만 국가안보와 개인의 인권이 충돌했을 때 공동체의 안위와 직접 관련된 전자를 우선적으로 고려해야 하는 것은 상식적인 일이다. 개인의 존엄성보다는 수천만 명의 재산과 생명을 보다 중시할 수밖에 없는 것이 현실이라고 볼 수 있다. 분단 상황에서 개인의 존엄성과 인권도 튼튼한 국가안보의 바탕 위에서 보호될 수 있을 것이다.

또 다른 문제는 종교적 신념을 내세워 양심적 병역거부를 주장할 경우 누가 어느 기준을 갖고 판단 할 수 있을 것인가. 종교적 신념을 내세워 양심적 병역거부자라고 우길 경우 당신은 아니라고 누가 분명하게 식별해 낼 수 있을 것인가. 개인의 신념과 양심은 인간 내면의 정신세계이기 때문에 제3자가 객관적으로 평가하기 어렵다. 양심적 병역 거부자가 병무청 통계에 의하면 10월 말 현재 3100명에 이른다고 한다. "양심의 자유가 국방의 의무에 우선할 수 없다"고 유죄를 선고해도 수감자가 약 1000여 명에 이르고 있다는 데 만약 이것이 허용된다면 아마도 기회주의적·고의적 병역 거부자까지 합쳐 수만 명이 되지 말라는 법이 없다. 이러한 상황이 현실화 되었을 경우 누가 그들의 양심과 비양심 그리고 고의성을 객관적으로 공정하게 판단할 수 있을지 걱정이다.

양심적 병역거부 인정과 관련하여 꼭 짚고 넘어가야 할 것은 군에 가는 것이 마치 살생을 하는 것과 똑같다고 해석하는 것은 문제가 있다. 물론 군은 사격을 포함하여 폭력을 관리하는 기술을 배우는 곳임에는 틀림없다. 하지만 군이 살생을 직접적인 목표로 삼는 집단은 아니다. 군의 1차적 목표는 평화유지에 있다. 그리고 만의 하나 선제공격을 받았을 경우 자위권을 행사하기 위해서 폭력관리 기술을 연마하는 것이다. 부당한 폭력 앞에서 양심을 지키는 것은 불가능하다. 폭력 관리 기술을 갈고 닦는 것과 실제적으로 폭력을 사용하는 것과는 별개의 문제일 수 있다. 또한 설사 전쟁이 발발해도 총을 들고 적과 교전하는 전투병도 있지만 총을 쏘지 않는 비전투병도 많다. '집총과 사격을 동일시'하거나 '군 입대는 곧 살생'이라는 등식 때문에 병역을 거부하는 것은 비약된 논리라고 볼 수 있다.

또 하나 간과할 수 없는 것은 양심적 병역거부를 공식적으로 인정한다는 것은 국가안보는 이제 그리 중요하지 않다는 인식을 확산시킬 우려가 있다. 그렇지 않아도 국방백서에서 주적개념도 삭제되고, 일부에서는 이미 남북한이 이념적으로 통일된 것이 아니냐고 비아냥거리는 상황에서, 그리고 국가보안법도 거의 무용지물이 된 현실에서 양심을 앞세운 병역거부를 합법적으로 인정하게 되면 국가안보관이 해이해질 수밖에 없을 것이다.

국가인권위원회가 북한의 인권에 대하여 침묵하면서, 대법원의 유죄판결과 헌법재판소의 합헌 결정을 뒤집고, 분단현실을 무시하고, 국민개병제 근간을 흔들고, 국가공동체의 안위를 등한시하는 결정을 내린 배경에 의구심을 갖지 않을 수 없다.

(2006. 1. 2. Konas)

군 병력 절반 줄여 양극화 해소하자고?

2월 18일로 예정된 열린우리당 전당대회에 당의장으로 출마한 정동영 상임고문이 양극화 해소 재원 마련 방안을 제시하였다. 정 고문은 22일 "가능하면 2015년 이전에 군병력을 현재의 절반인 30~40만으로 감축하는 획기적 평화구조가 구축될 경우 2020년까지 연평균 8~9% 증액토록 되어 있는 국방비에서 상당한 재원을 여유로 갖게 될 수 있다"고 주장했다. 그의 안보관련 발언에 관심을 갖지 않을 수 없는 것은 최근까지 통일부장관과 국가안전보장회의(NSC) 상임위원장을 역임한 바 있으며, 집권여당의 당의장 후보로 출마하였을 뿐만 아니라 차기 대권후보가 되려는 사람이기 때문이다.

저 자신 20여 년 전에 한국군을 절반 이하로 감축할 것을 제안했던 경험이 있기 때문에 더 큰 관심을 갖지 않을 수 없다. 20여 년 전에 군병력을 대폭 줄여야 한다고 주장한 이유는 한국군이 우리사회에서 차지하는 비중이 너무 커 정치개입의 능력요인으로 작용하기 때문에 군의 정치적 영향력을 약화시키기 위해서 군을 대폭 축소해야 한다는 입장이었다. 단, 핵무장을 전제 조건으로 제시했다. 핵무기를 보유한 후 다른 나라에 대해서는 절대 선제공격을 하지 않고 단지 우리나라가 먼저 공격을 받는 상황이 오면 핵무기를 사용하여 방어할 수밖에 없다는 사실을 국제사회에 분명하게 공표하자는 단서 조항을 달았던 것이다.

정 고문이 군병력을 절반으로 감축하자고 주장한 것은 노무현 대통령이 18일 신년 연설에서 '양극화 해소'를 절체절명의 과제로 내세우면서 이를 위해 세금을 더 거두는 것이 불가피하다는 것을 시사한 것이 여론의 도마 위에 오르자 재원마련의 대안을 제시한 것이라고 해석할 수 있을 것이다. 하지만 구체적으로 평화체제구축 방안의 내용이 밝혀지지 않은 상황이기 때문에 병력을 절반으로 줄인다는 주장은 국가안보에 대한 불안감을 불러오는 것이 사실이다. 정전협정의 평화협정으로의 전환이나 연방제 통일방안 등에 대하여 남북한 간에 은밀한 어떤 합의가 있었는지 모르지만 막연하게 평화체제구축을 언급한 것은 많은 의구심을 갖게 한다.

남북분단의 고착화를 바라는 사람은 하나도 없다. 잉여안보(surplus security) 때문에 과다하게 지출되는 분단비용을 아까워하지 않는 사람도 없다. 국가안보가 튼튼하다면 병력도 줄이고, 국민개병제도 지원제로 바꾸고, 안보비용을 대폭 삭감하여 국민복지 증진과 양극화 해소의 재원으로 전환해야 한다는 것은 너무나 당연한 주장이라고 볼 수 있다.

하지만 국가안보는 상대적 개념이기 때문에 일방적으로 우리만 군병력을 절반으로 줄인다고 하는 것은 대단히 위험한 발상이라고 하지 않을 수 없다. 북한과 군축에 합의하고, 그 이행이 국제적으로 보장되지 않은 상황에서 일방적으로 우리 병력만 감축한다는 것은 안보공백을 불러올 공산이 크다. 6자회담이 진행 중에 있지만 북한이 핵무장을 했는지 알 수 없는 상황이다. 재래식 무기나 병력도 우리보다 월등하다고 알려졌다. 한미 군사동맹에 이상 기류가 형성되었고, 주한미군의 전략적 유연성에 합의한 상황이다. 아무리 남북한 국력차가 크고, 남북한 교류와 협력을 통하여 긴장이 완화되었다고 하지만 평화체제구축의 구체적이고 현실적인 실행방안이 밝혀지지 않은 상황에서 군병력을 절반으로 줄여야 한다고 주장하는 것은 쉽게 납득하기 어렵다. 그렇지 않아도 국방백서에서 주적개념이 삭제되고, 국가정체성 논란이 일고 있으며, 현 정부의 대북정책에 대하여 의구심이 제기되는 상황에서 이 나라 대통령을 꿈꾸는 사람이 구체적 대안제시 없이 군병력을 절반으로 줄어야 한다고 주장하는 것은 경솔한 감이 없지 않다. 군병력을 절반으로 줄여 남는 재원을 양극화 해소를 위해서 활용하자는 주장은 초등학교 학생도 수긍할 수 있을 것이다. 하지만 병력을 절반으로 줄인 후 안보공백을 어떻게 메울 것인가에 대한 구체적인 대안제시가 있어야 한다. 현실성 있는 병력 절반 감축 방안을 제시하여 안보 불안감을 해소해 주기 바란다.

(2006. 1. 15. 기호일보)

국가 기밀문서가 줄줄이 새다니

국가기강이 땅에 떨어진 것 같다. 어찌하여 국가 기밀문서가 줄줄 새고 있는지 알 수 없다. 정말 한심하다. 국가 기밀문서가 폭로되는 것은 정상적인 사고로는 도저히 이해할 수 없는 일이다. 한두 번도 아니고 주한미군의 전략적 유연성 관련 국가안전보장회의(NSC) 문건, 대량살상무기 핵확산방지 구상에 참여하기로 결정한 내용, 유엔사 - 한미연합사 작전계획 5027 - 04, 미래한미동맹 정책구상회의 속기록, 용산기지 이전을 위한 포괄협정서, 전쟁여건 변화 모의분석, 북한 급변사태에 대비한 충무계획 등 수 많은 국가안보와 직결된 기밀문서가 공개되었다.

국가 기밀로 분류한 문서는 국가이익과 관련하여 매우 중요한 내용이기 때문에 일반인에게 공개하지 못하도록 특별하게 관리하는 것이다. 기밀문서는 취급이 인가된 제한된 사람만이 열람할 수 있다. 기밀문서는 생산 부수와 관리번호가 부여된다. 기밀문서의 생산자나 재생산자를 포함하여 열람하는 사람들은 관리대장에 모두 기록하도록 되어 있으며, 파기할 경우에도 절차가 있어 일시 및 장소 그리고 파기자 등을 소상히 기록하도록 되어 있는 것으로 알고 있다. 국가 기밀문서가 일반에게 공개되었을 경우 국가안위 등에 중차대한 지장을 초래할 것으로 예상되기 때문에 어떤 내용은 영구적으로 또 어떤 내용은 일정 기간 동안 공개하지 못하도록 그 중요성에 따라서 등급을 분류하고 재조정하면서 특별하게 관리하는 것이다. 잠재적국에 알려지면 국가안보에 대한 치명적인 위해요인으로 작용할 것으로 판단되기 때문에 철저하게 보안을 유지하는 것이다.

국가 기밀문서가 줄줄 새 나가고 그것이 일반에 공개되는 것은 세 가지 모두 문제가 있기 때문이다.

첫째, 국가보안관리 시스템에 구멍이 뚫린 것 아닌가 싶다. 그렇지 않고

서는 기밀문서가 외부로 줄줄 샐 수 없다. 청와대, 국방부, 외교부, NSC는 각각 관리하고 있는 기밀문서가 얼마나 되는지, 월별 생산과 파기 건수는 얼마인지, 보관함은 허술하지 않는지, 누가 열람하고 회람하는지 등을 정기적으로 점검하지 않는다는 말인가. 이는 보안점검시스템이 아예 없거나 있더라도 제대로 작동하지 않는다는 것을 의미한다고 보지 않을 수 없다.

둘째, 기밀문서를 관리하는 공직자들의 해이한 보안의식도 문제다. 국가기밀을 외부에 유출시키는 것은 공직자로서 기본적인 복무자세가 확립되어 있지 않기 때문이다. 한마디로 공직자의 복무기강이 땅에 떨어졌기 때문이다. 기밀문서가 폭로되면 국가안위에 어떤 피해가 올 것인지, 잠재적국이나 경쟁국에게 어떤 이익이 돌아갈 것인지, 언론에 보도되면 그 파장이 얼마나 클 것인지 등을 뻔히 알면서 외부에 건넨다는 것은 어떤 목적이 있을 것이다. 필경 어떤 대가나 보상을 기대하거나, 교사(敎唆)에 빠지거나, 정치적 음모에 가담하거나, 국가안보를 아예 망치려고 작심(作心)하거나, 내부갈등 때문이거나, 남을 모략하기 위해서나, 아니면 인사 불만 등 개인적인 요인이 작용했을 것이다.

셋째, 국가 기밀문서를 공개하는 정치인의 사려 깊지 못한 자세가 문제다. 국회정보위에 보고한 기밀내용이 외부에 샌다는 보도가 있었다. 정치인들은 국가기밀을 공개할 때는 개인적·정파적 이해보다는 국가이익을 먼저 생각해야 할 것이다. 개인의 정치적 경쟁자를 난처한 입장에 빠트리기 위해서, 자신의 정보수집 능력을 과시하기 위해서, 소영웅주의 때문에, 개인의 정치목적을 달성하기 위해서 국가 기밀을 무차별 공개하는 것은 국민의 대표로서 국가관에 의구심을 받게 한다. 국민의 알 권리와 기밀 유지를 조화시키는 것은 쉬운 일이 아니지만 국가보다 정치인 개인과 정파적 이해를 중시하는 이기적 태도가 기밀문서 공개와 관련이 있다고 볼 수 있다.

상상조차 하기 싫지만 설마 국가 기밀문서가 북한으로 새는 끔찍한 이적행위(利敵行爲)는 절대 없을 것이라고 굳게 믿고 싶다. 보안의식을 새롭게 다져야 할 것이다.

(2006. 2. 10. Konas)

훈련 중인 장갑차를 막다니

우려했던 일이 현실로 나타났다. 지난 달 30일 연합전시증원(RSOI) 연습에 참가 중인 상륙장갑차가 충남 태안군 만리포 해안으로 진입하는 것을 좌파 통일운동단체 회원들이 막았다고 한다. 극소수가 시위에 참가하여 훈련 중인 장갑차의 전진을 가로 막은 것을 대수롭지 않은 일이라고 치부할 수도 있을 것이다. 하지만 이는 묵과할 수 없는 일이다.

오래전에 중국 북경의 천안문 광장에서 민주화를 요구하는 시위대를 진압하기 위해서 입성하는 장갑차를 어느 청년 혼자서 정면에서 막고 나섰을 때 장갑차가 청년과 실랑이를 하면서 지그재그로 움직이는 모습을 아직도 생생하게 기억하고 있다. 하지만 상륙훈련에 참가하고 있는 장갑차의 앞을 가로 막은 것은 민주화운동을 탄압하기 위해서 동원되는 국가 공권력을 희생을 무릅쓰고 육탄 저지한 것과는 전연 비교할 수 없는 사건이다.

정말 위험천만한 일이 벌어진 것이다. 만의 하나 안전사고라도 발생했더라면 어찌할 뻔 했는가? 몇 년 전 훈련 중인 미군 장갑차에 어린 여중생이 사고를 당했던 비극적인 사건을 떠올리게 된다.

상륙작전은 수륙양용차를 타고 바다에서 육지를 향해서 병력과 장비 그리고 군수물자를 전개(deployment)하는 작전이다. 당연하게 수륙양용차나 장갑차 등이 접안 가능한 해안교두보를 통과하여 상륙하게 된다. 상륙훈련 중 해안으로 진입하는 장갑차의 진로를 막는다는 것은 세계 어디에도 유례를 찾아볼 수 없는 일이다. 군인은 훈련에서 땀을 많이 흘리면 실전(實戰)에서 피를 적게 흘린다는 사실을 금과옥조로 여기고 있다. 군에 갔다 온 사람은 누구나 이 말을 귀가 따갑게 들어봤을 것이다. 그래서 세계 모든 나라의 군대가 만약의 사태에 대비하여 평시에 교육과 훈련을 강화하는 것이 일반적인 현상이다. 전쟁이 없는 평상시에 막강한 군사능력을 유지하는 데는 많은 비용이 들지만 만일의 국가 비상시에 대비하기 위해서 어느 나라나 잉여안 보를 유지하는 것이 현실이다. 군이 평상시에 교육과 훈련을 강화하는 것이 당연한 기본 임무다. 군사훈련을 못하게 하는 사람들이 어느 나라 국민인지 의구심을 갖지 않을 수 없다. 훈련을 중단하라는 요구는 군을 무장해제하라는 것과 무엇이 다르겠는가?

연합전시증원 연습은 을지포커스렌즈(UFL), 독수리 연습(FE) 등과 더불어 한·미연합군이 참가하여 한반도에서 전쟁억제 및 대비태세를 강화하기 위해서 실시하는 군사훈련이다. 1994년부터 연례적으로 실시하여 왔으며, 전시 한반도에 증원될 미 증원군의 수용, 대기, 전방이동 및 통합절차와 이를 지원하는 한국군의 전시지원, 상호군수지원, 동원, 연합 후방지역조정관 임무수행, 전투력 복원절차 등을 컴퓨터 모의하에 실시하는 지휘소 연습이다. 이를 "북침을 위한 상륙작전"이나 "동족을 죽이기 위한 전쟁연습"이라는 명분으로 중단을 요구하고 물리적으로 미군 장갑차를 가로 막은 것은 이해하기 어렵다.

민주주의 국가에서 평화적인 방법으로 정치적 의사를 표현하는 시위는 보장되고 또한 보호되어야 한다. 누구나 합법적인 방법으로 시위에 참가할 수 있지만 때와 장소가 있는 것이다. 훈련 중인 장갑차의 진로를 막는 시위는 대단히 위험한 것으로 어느 명분으로도 정당성을 찾기 어렵다. 민주주의가 정착된 선진국에서 진행 중인 연례 군사훈련을 일부 시민이 저지한다는 이야길 들어보지 못했다.

우리나라는 민주화의 공고화 단계를 거치면서 아직도 성숙한 시위문화가 정착되지 못한 것이 사실이다. 시위나 집단행동을 통하여 무조건 의사를 관철하려는 태도에 근본적인 변화가 오지 않는 한 성숙한 민주질서를 기대하기 어려울 것이다. 언제쯤 금기사항이 무엇인지 분별할 줄 아는 성숙한 시민사회를 건설할 수 있을지 걱정이다. 민주질서는 하루아침에 정착되는 것이 아닌 것 같다.

(2006. 4. 4. Konas)

평택 대추분교 사태와 공동체 이익

주한 미군 기지의 평택이전이 추진 중에 있다. 주한 미군 기지의 평택 이전 배경, 과정, 필요성, 전략적 의의 등등에 대하여 더 이상 왈가 왈부하고 싶지 않다. 다만 지난 4일 강제 철거된 평택 대추분교와 또한 하루 만에 철조망이 일부 뚫리면서 빚어진 유혈충돌 사태의 본질을 한번 짚어 봐야 할 것 같다. 먼저 그 과정에 부상당한 주민, 장병, 경찰, 반대단체 회원들의 빠른 쾌유를 기원한다.

팽성읍 대추 분교는 평택 미군기지 이전 반대 세력의 근거지가 되었다. 반전, 반미 인사들은 고향을 떠나고 싶지 않다는 주민들과 접촉하여 평택미 군기지확장저지범국민대책위원회의를 구성하여 조직적으로 미군 평택기지 이전 사업을 저지해 왔다. 미군기지 이전에 따른 막대한 재정적 부담 때문에 고민이 한두 가지가 아닌 정부 입장에서는 조직적인 이전반대 투쟁으로 이전사업 지연에 따른 사업비 추가소요와 외교적 부담이 가중되는 상황이 었다. 국방부는 외교, 치안, 재정문제 등을 종합적으로 고려하여 행정대집행 카드를 뽑은 것이다.

이번 사태를 보면서 오래전에 중국동포가 서해 어느 섬을 여행하고 다녀 와서 정말 상상할 수 없는 일을 목격했다고 털어 놓은 이야기가 생각났다. 곧장 앞으로 뻗은 도로를 이용하여 차를 타고 가는데 갑자기 도로 한 가운 데 가옥 한 채가 우뚝 서 있더라는 것이다. 도로가 그 가옥을 피해서 우측 으로 반 바퀴 돌아 연결되어 있더라는 것이다. 중국에서는 개인이 살고 있는 가옥 한 채 때문에 공로(公路)를 우회로 낼 수 없다는 이야기였다. 개인 의 가치와 공동체의 가치가 충돌하는 아주 비근한 예가 될 수 있을 것이다.

민주주의 정치체제에서는 개인중심이론과 공동체중심이론의 조화 문제가 언제나 논란의 대상이 되어 왔다. 개인중심이론은 개인이 민주정치의 주인이며, 개인의 권리를 민주주의 핵심가치로서 인정한다. 자유민주주의 정치체제는 개인의 정치적, 경제적, 시민적, 사적 권리를 보호할 수 있도록 설계되어야 한다는 것이다. 정부나 정치의 본질적인 목표는 개인의 권리와 자율성을 보호하는 데 있다.

반면에 공동체중심이론은 공공의 권리와 이익을 개인의 자율성이나 권리보다 중요하게 강조해야 한다는 입장이다. 정치체제는 공동체의 권익을 보호하도록 설계되어야 하며, 정부는 전체 국민의 안녕을 우선적으로 고려하여 국민전체에게 봉사해야 한다. 공동체의 이익이 개인의 자유와 권리에 우선한다는 입장이다.

개인의 자유와 권리나 공동체의 안녕과 번영은 어느 하나도 무시할 수 없는 중요한 가치임에 틀림없다. 공동선을 고려하지 않고 개인의 권리를 무제한 보장하는 것은 무정부상태의 위험성이 있으며, 개인의 권리를 무시한 공동선만의 강조는 개인의 자유를 파괴하게 된다. 개인의 자유와 권리를 최우선으로 강조하여 공동체의 이익을 훼손하는 지나친 개인주의나 반대로 공동체의 이익과 권리를 앞세워 개인의 자유와 권리를 침해하는 극단적 집합주의는 안정적인 민주주의를 유지하는 데 장애가 된다. 두 가치는 민주정치체제가 실현해야 하는 과제지만 현실적으로 둘을 동시에 고려해야 할 상황이 발생할 때 고민이 된다. 양자택일은 간단한 문제가 아니다.

바로 평택의 미군기지 이전이 하나의 예가 될 수 있을 것이다. "난 안 나갈 거여. 죽어도 여기서 죽을 거여. 내 땅에서 내가 사는 게 죄여?"라는 시각은 개인중심 가치를 강조한 입장이다. "정든 고향을 떠나는데 어느 누가 미련이 남지 않겠나. 하지만 국책사업인데 떠나야지 별수 있어?"라는 시각은 공동체 가치를 인정한 입장이다. 두 입장 모두 수긍 가는 부분이 있다. 심정적으로는 전자의 정서가 우리 가슴에 와 닿는 것도 사실이다.

하지만 평택미군기지 이전 문제는 개인보다는 대한민국이라는 공동체의 이익을 보호한다는 차원에서 접근해야 할 것이다. "죽어도 여기서 죽겠다"는 개인주의적 입장은 국가안보를 위해서 일단 양보하는 것이 현명한 선택일 것이다. 또한 군사 철조망을 뚫고 군과 충돌하는 불법행위는 개인 가치나 공동체 가치 보호와 관계없는 공권력에 대한 도전이다. 군이 무력해지면 개인이나 공동체 가치를 보호할 수 있는 안보장치가 없어진다는 사실을 명심해야 할 것이다.

(2006. 5. 12. Konas)

미국인의 반한감정 우려된다

한 · 미 간 첨예한 현안이 부각된 가운데 14일 워싱턴에서 한 · 미 정상회담이 열린다. 이번 정상회담에 국민적 관심이 쏠리고 있는 것은 다름 아닌 전시작전통제권, 북한 핵 문제, 자유무역협정(FTA) 등 국익과 관련된 민감한 쟁점들이 놓여있기 때문이다. 유럽을 순방 중인 노무현 대통령은 6일 열린 루마니아 동포 간담회에서 한 · 미 관계를 탈 없이 조정하고 돌아가겠다고 밝혔다. 듣던 중 얼마나 반가운 소리인가. 이번 한 · 미 정상회담에서 공동선언이나 공동성명뿐만 아니라 간단한 공동언론발표문도 없다는 등 상황은 썩 좋지 않지만 대통령의 공개적인 약속을 믿고 싶다.

한 · 미 정상회담을 통해 양국 간의 미묘한 현안이 잘 해결되는 것이 우선적으로 중요하다. 하지만 미국 사회에서 싹트고 있는 반한감정에 대해 우려하지 않을 수 없다. 1980년~1990년대 중반까지는 미국 대학의 정치학 강의에서 교수들은 한국을 자본주의 발전의 가장 성공적인 모델이라고 예로 들면서 유일하게 '양키 고 홈' 소리를 하지 않는 나라라고 치켜세우는 일이 많았다. 최단기간 내 한강의 기적을 이룩한 한국의 경제발전을 성공적인 모델로 예시한 것이다.

하지만 이제 그런 강의를 들을 수 없다고 한다. 잘 나가던 한국이 국제통화기금(IMF)의 구제금융을 받았다. 유일하게 '양키 고 홈' 소리가 나지 않는다면 한국에서 반미감정이 날로 격화되면서 주한미군 철수가 공개적으로 요구되고, 억울하게 빼앗긴 작전통제권을 자주와 주권회복 차원에서 되찾겠다고 한다. 세계 유례없는 주한 미군기지 난입 사건과 평택이전 반대 시위가 벌어지고, 이따금 성조기가 훼손되기도 한다. 이런 상황에서 한국을 발전모델로 삼자는 주장은 더 이상 기대하기 어렵게 되었다.

미국의 지식인이나 일반 시민을 만나보면 누구나 빼놓지 않고 묻는 말이 한국의 반미감정은 어느 정도 수준인가, 동조하는 국민이 많은가, 북한의 핵개발 문제를 한국인은 어떻게 보고 있는가? 등등으로 집약된다. 심지어 한국전쟁 때 공산화를 막아주고, 한국이 경제적으로 최빈국 상황일 때 많은 지원을 아끼지 않았는데, 이제 한국도 살만하니 미국을 적대시 하는 것이 아닌가 싶다는 의견을 조심스럽게 피력하는 사람도 있다. 현재 미국인의 한국에 대한 좋지 못한 감정은 그 어느 때보다도 높은 것을 알 수 있다.

이렇게 발전된 지는 오래되지 않았다. 미군 장갑차에 치어 사망한 여중생 사건과 반미 촛불시위, 그리고 소위 반미 자주파의 집권이 직접적인 계기가 된 것 같다. 또한 북한의 핵개발과 장거리 미사일 실험, 북한의 인권과 식량 문제 등도 한국에 대한 이미지를 동반 실추시키는 데 한몫한 것 같다.

인간관계에서 내가 상대를 싫어한다고 공개적으로 밝히는데도 불구하고 그래도 나는 네가 너무 좋다는 바보는 없을 것이다. 국제관계는 더 실리적이고 냉혹하다. 미국뿐만 아니라 다른 우방국이 반한감정을 갖게 된다면 국익에 무슨 보탬이 되겠는가. 예를 들면 전시작전통제권 환수 이후, 만의 하나라도 한반도에 전쟁이 났을 때 미국정부가 수십만 명의 군을 파견하려면 국민여론을 살필 것이다. 더구나 세계 최강의 미군은 다른 나라 군대의 지휘를 받거나 보조역할을 수행하지 않는다는 불문율이 있다. 미국인의 반한감정이 싹트는 상황에서 한국이 뭐가 예뻐서 수십만 명의 자식들을 위험한 전쟁터로 보내려고 하겠는가?

한·미 간 갈등의 골이 깊어만 가는 현 시점에서 정상회담을 통해 외교현안을 조정하는 것은 쉬운 일이 아닐 것이다. 더구나 한국 내 반미감정을 누그러뜨리는 것이 어렵듯이 미국 내에서 꿈틀대는 반한감정을 완화시키는 것은 보통 일이 아니다. 국가 간의 관계는 감정을 앞세우기보다 장기적 안목에서 국익을 우선해야 한다는 기본원칙이 얼마 전부터 훼손된 것 같아 매우 안타깝다.

(2006. 9. 14. 기호일보)

미 핵우산에서 한국 삭제 요청이 사실이라면

세 상을 살다보면 어처구니없는 일도 있고, 기가 막힌 일도 있게 마련이다. 정도에 따라서 느끼는 강도가 다를 뿐 바람직한 현상은 아니다. 모 월간지 8월호에 보도된 내용을 보고 어처구니없고 기가 막히지 않을 수 없었다. 모 월간지는 미 국방부 아태담당 부차관직에서 지난 7월 6일 물러난 리처드 P. 롤리스(Richard P. Lawless)와 10시간 독점 인터뷰에서 한미동맹의 진실을 밝히는 가운데 "노(盧) 정부, 북(北) 핵보유 선언 후 미(美) 핵우산에서 한국 삭제 요청"이라는 보도를 접했기 때문이다.

이 문제는 2006년 10월 이미 모 언론에 일부 보도된 바 있으며 사실과 다르다는 정부의 반박도 있었다. 2005년 10월 제37차 한미연례안보협의회(SCM)와 관련된 2년전 이야기지만 롤리스와의 인터뷰에서 비로소 사실로 확인된 것이다. 지난 일이지만 인터뷰 내용이 사실이 아니길 바란다. 차라리 오보(誤報)이길 바라는 것이 솔직한 심정이다. 북한이 핵을 보유했는데 무슨 꿍꿍이로 미국의 핵우산에서 벗어나려고 했는지 궁금하지 않을 수 없다. 북한 핵이 미국을 겨냥하기보다는 한국에 직접적인 위협이 된다는 것은 삼척동자도 다 아는 사실이다. 그런데 한국은 북한의 핵 공격에 대한 미사일방호체제 구축 등 대책이 전무한 상황에서 미국의 핵우산에서 해방되겠다고 하니 어처구니없고 기가 막히지 않을 수 없는 노릇이다. 물론 주권국가의 안보를 타국의 핵우산에 맡기는 것도 자존심 상하는 일이다. 이를 달가워 할 국민은 없을 것이다. 하루빨리 타국의 핵우산에서 벗어나야 하는 것은 중요한 과제임에 틀림없다.

하지만 핵 선제공격에 대응하기 위해서는 핵 보복공격만이 최선의 전략이라는 것은 너무나 상식적인 이야기다. 북한이 만의 하나 핵을 사용하여 한국을 선제공격 했을 경우 어떻게 대응한다는 것인지 도무지 알 수 없다.

북한이 한국에 대한 핵 선제공격을 절대로 하지 않는다는 보장이나 확신이 있는가? 만일 있다면 그 근거는 무엇인가? 핵무기가 없는 한국 입장에서 핵우산을 치워달라고 요청하는 것은 납득하기 어려운 발상이다.

북한의 핵 폐기를 위한 6자회담이 진행되고 있다. 국민 누구나 6자회담이 성공하여 북한 핵이 완전 폐기되고 한반도의 비핵화와 항구적 평화정착에 기여하길 바라고 있다. 하지만 6자회담의 합의대로 영변 핵시설에 대한 폐쇄, 봉인, 불능화 단계를 거치더라도 북한이 이미 보유하고 있을 핵무기가 완전 폐기된다는 보장이 없다. 북한은 이미 보유한 핵무기는 기정사실로 인정받아 핵보유국의 지위를 확보하면서 더 이상 핵무기를 개발하지 않는 선에서 북핵 폐기를 위한 합의를 이행하려는 속셈이 아닌가 하는 의구심을 갖고 있다.

오는 10월 제2차 남북정상회담을 앞두고 핵문제는 양 정상 간 의제가 될 수 없다고 공공연하게 주장하는 여권 인사도 있었다. 통일부 장관은 정상회담은 6자회담의 진전과 보조를 같이하면서 한반도의 비핵화를 위해 함께 가겠다고 밝혀 의구심은 약간 해소되었다. 북한의 핵무기가 한국의 국가안보에 심각한 위협이 되고 있다는 것은 너무나 분명한 사실이다. 북한의 핵개발은 남북한뿐만 아니라 국제사회의 최대현안이 되고 있는 상황에서 핵문제가 정상회담의 의제가 될 수 없다고 주장하는 사람들 입장에서는 핵우산 삭제 요청은 어찌 보면 대수롭지 않은 일인지 모르겠다.

하지만 보통사람의 상식으로는 대안이 없는 상황에서 핵우산 삭제를 요청한 것을 이해하기 어렵다. 아무리 미국이 싫고 미국의 영향력으로부터 벗어나고 싶어도 현실을 무시할 수 없는 노릇이다. 북한이 핵무기를 보유했다고 선언한 이상 완전하게 폐기되지 않으면 한반도 비핵화는 공염불이 될 것이다. 북한의 핵 공격에 속수무책인 상황에서 핵우산 한국 삭제를 요청한 배경이 궁금하다. 한국의 국가안보를 북한의 핵우산에 맡길 심산이었던가? 그렇지 않길 바란다.

(2007. 8. 30. Konas)

08 핵보유 선언에도 놀라지 않는 한국

진보세력의 약진과 안보정책

17대 국회의원 선거가 끝났다. 총선결과 한마디로 엄청난 변화를 가져왔다. 63%에 달하는 초선의원 당선자, 13%의 여성의원 배출, 43%에 달하는 30~40대의 젊은 의원의 입성 등으로 국회의 물갈이가 그 어느 때보다도 대폭적으로 이루어졌다. 그뿐만 아니라 44년 만에 진보정당인 민주노동당이 제도권에 진입하였다. 또한 진보성향의 시민단체에서 활동했던 당선자의 비율이 14.8%에 이르고, 학생·노동운동 을 주도했던 소위 '운동권' 출신이 67명으로 전체의원의 22%를 차지했다고 한다.

17대 국회의원 당선자에 대한 모 일간지와 방송사의 이념성향과 정책노선에 대한 설문조사에서 그동안 보수성향이 지배했던 국회가 보-혁으로 팽팽하게 맞서는 것으로 나타났다. 17대 총선결과 보수 세력은 약화되고 진보세력은 약진하였다. 국가보안법에 대하여 15%정도가 유지해야 한다는 입장인 반면에 나머지는 개정 대체 폐지를 지지하는 입장을 보였으며, 이라크 추가파병에 대하여 열린우리당은 70%가 철회를, 한나라당은 90%가 파병 찬성을, 그리고 민주노동당은 전원 파병을 반대하는 것으로 조사되었다. 민주노동당 대표는 지난 23일 17대 국회 개원 즉시 이라크 파병철회 동의안을 제출하겠다고 한다.

17대 국회의 대폭적인 물갈이, 진보성향 의원의 대거 당선, 진보정당의 제도권 진입 등으로 국가안보 정책에 커다란 변화가 예상된다. 특히 정당간 국가안보 정책에 대하여 현저한 시각차를 보일 것이 확실시 된다. 같은 당내에서도 실용파와 이념파, 대북관 변화파와 옹호파 등 정체성 논란이 한창인 데 진보적 성향의 의원이 많은 열린우리당이나 민주노동당과 중도와 중도보수 성향이 많은 한나라당 간 안보정책에 대한 견해차를 조정하는 것이 쉬울 것 같지는 않다.

진보세력이 국회에 다수 등장한 시대적 변화는 누구도 거역할 수 없을 것이다. 그동안 한국사회를 지배해 온 보수세력이 약화되고 진보세력이 강화되는 이념적 성향의 교체가 이루어진 것은 시대적 산물이요, 국민의 선택이기 때문에 존중해야 할 것이다. 하지만 무엇보다도 상대방의 이념적 성향을 자신의 이념 못지않게 중요하다는 사실을 인정해야 할 것이다. 자기의 입장이나 주장은 절대 옳고 상대방의 것은 틀렸다고 인식한다면 이는 민주사회의 필수요건인 다양성을 무시하는 것이다. 또한 반대자나 다른 이념의 소유자를 관용해야 하는 민주시민의 기본 덕목을 저버리는 위험한 발상이라고 볼 수 있다.

새는 좌우의 날개로 날 듯 보수와 진보가 상호 균형과 견제를 이룰 때 사회가 발전할 수 있다. 조지 레이커프(G. Lakoff)는 「도덕의 정치」에서 보수주의자의 세계관을 '엄격한 아버지(strict father) 모델'에 진보주의자를 '인자한 부모(nurturant parent) 모델'에 비유했다. 새가 한 쪽 날개만 성하고 다른 날개가 약하다면 제대로 날 수 없다. 엄격한 아버지나 인자한 부모 모델 중 어느 한쪽 모습만 보여도 자녀가 올바로 자랄 수 없다. 이념적으로 양극화되거나 한쪽으로 편향된 정책은 사회의 균형발전에 결코 도움이 되지 못할 것이다. 특히 안보정책에 관하여 의원 상호 간, 정당 간 지나치게 경도된 이념성향이나 극단적 대립은 국가이익에 결코 보탬이 되지 않을 것이다. 예컨대 대북한 경제지원에 있어서 한국이 엄격한 아버지 노릇만 해서도 또는 인자한 부모 노릇만 해서도 안 될 것이다.

17대 국회가 개원되면 이라크 추가파병 철회동의안 처리문제, 국가보안법 개폐문제, 북한 핵개발 해법, 북한경제의 지원, 대미외교 등에 대한 다양한 시각차가 나타날 것으로 예상된다. 국가의 생존과 직결된 안보정책에 있어서 극단적인 보수색체나 진보성향의 접근보다는 조화로운 입장을 취하는 것이 좋을 것이다. 정파적 이해나 개인의 이념적 성향보다는 국익과 국가의 장래를 우선적으로 고려해야 하기 때문이다. 안보정책에 관한한 감상적 이상주의적 접근보다는 합리적 현실적 접근이 요구된다. 엄격한 아버지와 인자한 부모 간 건전한 정책대결을 기대한다.

(2004. 5. 3. Konas)

헷갈리는 안보환경

최근 국가안보와 관련하여 너무 대조적인 현상이 동시에 일어나고 있어 안보환경에 대하여 혼란스러워 하지 않을 수 없다. 무엇보다 한미동맹의 균열이란 불안한 징후가 구체화되고 있다. 금년 1월 어떤 여론조사에서 한국 안보에 가장 위협적인 국가로 미국이 1위(39%)를 차지했다고 한다. 반면에 지난해 4월 미국 폭스 뉴스의 여론조사에서 미국의 가장 위협적인 국가로 북한 (54%)을 꼽았다고 한다. 한미동맹 관계가 삐걱대는 이유 중에 북한의 위협에 대한 한미 간에 현저한 인식 차를 들 수 있을 것이다.

미국은 주한미군 1개 여단의 이라크 차출과 1만 2천 명을 내년 말까지 철수한다는 계획을 일방적으로 통보했다. 주한미군의 예상보다 빠른 감축안에 대하여 솔직히 놀라지 않을 수 없다. 이에 대하여 해외주둔 미군의 재배치검토(GPR)의 일환으로 한국 안보에는 문제될 것이 없다는 낙관론과 안보 공백을 우려하는 현실론이 맞서 있으나 솔직히 갑작스런 미군 감축에 대한 대비책이 소홀한 것은 인정해야 할 것이다. 또한 영원한 혈맹으로 여겼던 한미관계에 금이 가고 있는 것도 사실이다. 한국은 미국의 해외미군기지의 1순위인 전력전개근거지(PPH)에서 그 아래 등급인 주요작전기지(MOB) 수준으로 하향 조정되면서 미국의 동북아 주축기지가 일본으로 바뀌고 '신애치슨라인'이 설정되었다고 보아야 할 것이다.

문제는 갑작스런 미군감축 이후 안보 공백을 충분하게 메울 수 있을지, 협력적 자주를 통하여 대북 억지력을 확보할 수 있을지, 64조 원이나 든다는 전력증강 계획은 제대로 추진될 수 있을지, 미국계를 중심으로 한국에 투자한 외국자본을 컴퓨터 마우스 클릭 한번으로 하루 이틀 사이에 빼간다고 가정했을 때 대비책은 있는지, 한미동맹 관계는 진짜 이상이 없는 것인지 등등 걱정이 한두 가지가 아니다. 미군에게 나가지 말라고 바짓가랑이

잡아도 소용없으니 신경 쓰지 않아도 된다는 것인지, 간다는데 굳이 붙잡을 필요 없다고 강 건너 불 보듯 해도 되는 것인지 걱정이다.

이와는 대조적으로 남북한 간에는 긴장이 완화되고 국가안보를 걱정하지 않아도 될 것 같은 움직임이 나타나고 있다. 남북정상회담 4주년을 맞이하여 김대중 전 대통령의 대북 특사문제가 거론되고, 김정일 국방위원장의 9~10월 답방설이 흘러나오고 있다. 15일부터 인천에서 열린 우리민족대회에 참석하기 위해서 북측 대표단 110명이 서울에 왔다. 또한 남북 장성급 회담 1차 실무접촉 합의내용에 따라 서해 북방한계선(NLL) 인근 해상에서 남북 함정들 간에 무선통신과 깃발 신호 등을 통한 시험통신이 성공적으로 이루어졌다. 이는 1953년 정전협정 체결 이후 처음으로 무력충돌을 방지하기 위한 교신훈련으로 그 의미가 대단히 크다. 이와 함께 군사분계선 지역의 확성기·전광판·돌글씨·입간판 등 상대방을 겨냥한 모든 선전물을 철거키로 하고, 42년 만에 대북 고별방송을 했다고 한다. 남북한 간에 긴장이 완화되고 화해와 협력의 분위기가 조성되어 국가안보에 대한 불안감이 해소되는 것은 정말 잘된 일이다. 이를 반기지 않을 사람이 누가 있겠는가.

한쪽에서는 미군의 조기 감축 통보로 안보 공백, 한미동맹 균열, 경제적 파장 등을 우려하고, 다른 쪽에서는 북한과 화해무드가 형성되고 있다. 국가안보에 관하여 위기를 느끼다가 안심하고 또 불안해하다가 안도하는 상황이 늘 반복되고 있다. 반세기가 넘는 분단 상황에서 숱한 안보관련 사건·사고 덕분에 이제는 안보불감증과 불안면역증이 생겼기 때문에 웬만해서는 그리 놀라지 않는 것 같다. 4년 전 서해교전으로 국군장병이 피를 흘리고 쓰러질 때 동해에서는 금강산 관광선이 뜨는 어처구니없는 상황까지 목격한 국민은 이까짓 것 별것 아니라고 치부할 수 있을지 모른다. 하지만 전방에서 조국을 지키는 국군장병들은 헷갈리는 안보 환경을 어떤 시각에서 바라보고 있을까.

(2004. 6. 18. Konas)

속 썩이는 자식과 북한의 비유

미국의 북한인권법 발효, 부시 대통령 재선, 그리고 강성 라이스 국무 장관의 지명 등으로 북한 핵개발 저지를 위한 군사적 옵션에 대한 우려의 목소리가 높았던 것은 사실이다. 하지만 칠레 산티아고에서 열린 아시아·태평양경제협력체(APEC) 한·미정상회담에서 북핵 해결의 주도적 역할을 한국이 떠맡고, 6자회담 틀 속에서 평화적·외교적 해법을 찾기로 재확인함으로써 일단 한반도 긴장은 사라진 것처럼 보인다.

한국이 주도적 역할을 맡은 이상 남북정상회담이나 대북 특사 파견 등 북한과 직접 대화를 통하여 핵개발 포기를 설득해야 하는 큰 짐을 안게 되었다. 하지만 그리 쉬운 일은 아닐 것이다. 왜냐하면 핵개발 포기 대가로 북한이 원하는 안전보장과 에너지 지원을 포함한 경제적 보상을 해주지 않는 한 해결 전망은 밝은 편이 아니기 때문이다. 미국은 북한의 안전보장은 몰라도 선경제보상을 제공할 의사가 없는 것으로 알려져 자칫하면 보상 문제는 한국 몫이 될 공산도 크다. APEC 정상회담에서 북핵 문제가 주요의제가 되어 국제사회의 초미의 관심사가 되고 있으며, 부시 미국 대통령도 "매우 중요한(vital) 이슈"라고 분명하게 밝혔다. 한국은 민족공조와 한미공조 중 어느 것을 우선적으로 고려해야 하는지 솔직히 진퇴양난에 처하여 한·미 간 인식 차와 불편한 관계를 보이고 있음도 사실이다.

한국 입장에서는 북한을 다루는 것이 속 썩이는 자식과 똑같은 측면이 있다고 비유해 본다. 자식이 말썽을 피우면 부모 입장에서는 정말 속이 상한다. 자식이 속을 썩이면 윽박지르기도 하고 꾸중도 하고 회초리도 들어보고 별의별 수단을 다 써 본다. 그래도 말을 안 듣고 부모 뜻을 계속 거역하면 자식을 포기할 수 없기 때문에 타이르고 비위를 맞추는 지경으로 발전한다. 자식이 아무리 속을 썩이고 말썽을 피워도 부모와 자식의 인연을 끊을 수도 없고 그렇다고 조건 없이 감싸고 돌 수도 없는 안타까운 것이 자식을 잘못 둔 부모들이 겪는 고충이다. 속 썩이는 자식에 대한 해결책이 없어 딜레마에 빠지는 것이 부모들의 처지다.

북한 핵에 대하여 노무현 대통령은 LA에서 북한의 입장을 대변하는 듯한 발언을 했지만 한국이 1차적인 타깃으로 직접적인 위협이 된다는 것은 부인할 수 없을 것이다. 북한은 대량살상무기 개발을 추진하여 국제사회의 비난의 대상이 되고 있다. 북한은 핵개발을 하지 말래도 막무가내다. 어쩌면 미국의 민주당 대통령 후보였던 케리 상원의원이 TV토론에서 밝힌 바와 같이 수개의 핵무기를 이미 보유하고 있는지도 모른다. 그렇다면 예삿일이 아니다. 북한이 설마 같은 민족에 대하여 핵무기를 사용하지는 않을 것이라고 낙관할 수만은 없기 때문이다.

북한이 핵개발로 남한의 입장을 난처하게 만드는 모습이 부모의 애간장을 녹이는 자식과 흡사하다. 미국의 경우는 북한과 다른 민족이기 때문에 자신들의 국가안보나 국가이익을 위해서 무슨 일이든 할 수 있을 것이다. 하지만 한국은 같은 민족 같은 동포이기 때문에 미국과 사정이 다르다. 그렇다고 '민족의 핵' 운운하면서 방치하거나 묵인할 수도 없다. 핵개발을 평화적·외교적 노력으로 중단시키지 못하고 북한이 끝내 고집을 부린다면 어찌해야 할 것인가? 정말 골치 아픈 자식을 둔 부모의 입장과 조금도 다를 바 없는 상황이 될 것이다. 자식을 포기할 수도 그렇다고 무조건 사랑으로 감쌀 수도 없는 처지에 놓일 것이다.

하지만 자식이 아무리 귀여워도 속으로 귀여워해야 한다는 옛 어른들의 가르침을 참고해야 할 것이다. 자식 이기는 부모가 없다고 하지만 속 썩이는 자식에게 마냥 오냐오냐하면서 질질 끌려 다닐 수만은 없다. 결국 자식 신세를 망치는 일이 될 것이기 때문이다. 버르장머리 없이 굴고, 속 썩이고, 부모입장 난처하게 만드는 자식을 방치하는 것은 자식을 못 쓰게 만드는 결과를 가져올 것이 뻔하다. 아무리 자식이라고 하더라도 따끔하게 꾸짖을 때는 꾸짖고 버릇을 고칠 때는 고쳐서 올바른 길로 인도해야 할 것이다.

(2004. 11. 25. Konas)

주적 삭제, 현실적으로 접근해야

이 번에 발간될 「국방백서」에서 북한에 대한 주적개념을 삭제하고 '북한의 실체적 군사위협'을 적시할 것으로 알려졌다. 국방백서에서 주적개념이 사라지는 것은 10년 만의 일이다. 2000년 남북정상 회담이후 북한은 주적개념 삭제를 계속 요청해 왔으며, 정부도 이를 수용하려고 했으나 거센 찬반논쟁이 일자 실행에 옮기지 못하였다. 오히려 주적개념 삭제문제에 대한 시비 때문에 입장이 난처해진 국방부는 백서 발간을 아예 중단할 정도였다.

오랫동안 추진하려던 주적개념 삭제는 올 것이 왔다고 보아야 할 것이다. 왜냐하면 윤광웅 국방장관이 "군사정책은 국가의 외교안보 정책의 하위개념이다. 주적 문제도 그렇다. 그동안 국방부가 왜 주적 개념을 표현했는지 이해가 되지 않는다", "주적개념을 적용하면 남북 간의 관광이 가능하겠느냐. 국방부 본부에서 국방정책을 마련하는 요원들이 융통성이 없어서 주적을 설정했다. 국방부가 주적을 표현한 건 언어도단이다"라는 말을 했을 때 이미 예상됐던 일이다.

주적개념을 삭제하자는 주장에 일리가 있는 것 같아 보인다. 한마디로 시대가 바뀌고 상황도 달라졌으니 전향적으로 접근해야 한다는 것이다. 예를 들면 남북한 정상회담이 이미 열렸고, 또한 11월 부산 APEC에 김정일 초청이 보도되는 상황이다. 남북관광이 이루어지고 개성공단 조성과 생산품이 직반입되고 있다. 최근 북한 수역에서 침몰된 우리 선박 구조를 위해서 우리 경비정의 북한 수역 진입을 허용한 사실도 예로 든다. 남북 간 활발한 경제협력과 교류 그리고 화해가 이루어지고 있는 상황에서 북한을 주적으로 간주하는 것은 앞뒤가 맞지 않는다고 주적개념 삭제의 명분을 찾는다. 그뿐만 아니라 세계 어느 나라도 대외공개문서에 특정세력을 지적해 '적'이라는 표현을 쓰지 않는다고 하면서, 1995년 국방백서에 주적개념을 도입했을 때도 국민적 합의과정을 거치지 않았다고 한다. 이는 국민여론과 관계없이 국방부에서 주적개념을 일방적으로 삭제해도 문제될 것이 없다는 말처럼 들린다.

남북관계는 동일민족이면서 동서독과 달리 처절한 전쟁을 경험한 분단국이라는 특수성이 있다. 남북이 대치한 상황이 아니면 다른 나라와 같이 주적개념이 필요 없다. 오직 잠재 적국만이 존재할 뿐이다. 동족인 북한을 주적으로 간주하고 싶은 사람은 하나도 없을 것이다. 남북 화해와 협력을 바탕으로 한반도의 평화와 번영기반이 조성된다는데 누가 이를 반대하겠는가. 하지만 국가 안보문제는 경험과 분리해서 접근해야 할 것이다.

주적개념이 국방백서에 등장할 당시의 안보상황이 호전되어 주적개념을 삭제해도 문제가 없다고 평가하기 어렵다. 1994년 3월 판문점에서 열린 제8차 남북실무접촉에서 '서울 불바다' 발언이 있었고, 북핵문제가 악화되어 주적개념이 등장한 것이다. 북한이 서울 불바다 발언을 사과한 적도, 또한 불바다를 만들 뜻도 능력도 전연 없음을 밝힌 적이 없다. 대남적화 통일 노선에 변화가 없으며, 오히려 대량살상무기를 개발하여 직접적으로 한반도의 평화와 안정을 위협하고 있는 것이 현실이다.

북핵문제 해결은 남북한은 물론 국제사회의 중요 어젠다로 부상하였다. 특히 미국의 부시 제2기 행정부는 북핵 문제를 6자회담을 통하여 외교적·평화적으로 해결하려고 노력하겠지만 실패하면 당근보다는 채찍을 들 가능성이 그 어느 때보다 높은 상황이다. 미국은 폭정의 전초기지의 하나로 간주한 북한의 자유 확대를 위해서 정권전환(regime transformation)을 시도할 것으로 보인다. 앞으로 6~7개월이 한반도는 폭풍 전야가 될 것이라고 우려하기도 한다. 국제사회는 북핵 해결을 위하여 다양한 외교수단을 동원할 것으로 예상되는 가운데 주적개념을 삭제하는 것이 현실성이 있는지 묻고 싶다.

북핵 문제로 한반도 정세가 불안정하고, 북한은 주적개념 삭제를 '눈 감고 아웅 하는 놀음'이라면서 무조건 백서 발간을 중단할 것을 요구하는 상황에서 일방적으로 주적개념을 삭제하는 것은 대국민 설득력이 약하다는 사실을 유념하기 바란다.

(2005. 1. 31. Konas)

핵보유 선언에도 놀라지 않는 한국

한국은 외국사람들 눈에 불가사의한 나라로 비처지지 않을까 생각해 본다. 왜냐하면 최단 시일 내 한강의 기적을 이룩하여 절대빈곤을 타파한 것도 그렇고 비록 변증법적이긴 하지만 우여곡절 끝에 민주화의 대장정도 성공적으로 진행시키고 있기 때문이다. 그뿐만 아니라 초유의 외환 위기를 맞아 국가부도 직전에서도 일어섰다. 가진 자의 흥청망청 과소비 때문에 나라가 결딴 날 것 같아도 끄떡없다. 노사 간의 전투적 대결로 회사가 곧 문을 닫을 것 같은데도 잘 버텨나간다. 정치도 벼랑 끝에서 위기와 불안의 악순환을 거듭하면서 너 죽고 나 살자는 이전투구에도 그냥 굴러간다. 북한이 핵을 보유했다고 선언해도 놀라지 않는다. 정말 불가사의한 일이 아닐 수 없다.

북한 외무성이 지난 달 10일 핵보유를 선언했고 김정일 국방위원장도 처음으로 그 사실을 시인했다. 북한이 핵무장을 했다면 예삿일이 아니다. 북한 핵무기의 첫 번째 타깃은 아무래도 한국이 아니겠는가. 하지만 정부나 국민은 동요하거나 불안해하는 기색이 없다. 오히려 주변국인 중국, 러시아, 일본은 말 할 것도 없이 미국, 영국, 프랑스, 국제원자력기구(IAEA) 등에서 깊은 우려를 나타내고 있다. 주한 미 제2사단에는 이동식 미사일 발사대와 전차 등 움직이는 목표물을 '족집게 공격'하는 '지능형 자탄(子彈)'을 장착한 지대지 미사일 수십 발을 배치했다는 보도도 있다. 만일의 북한 도발사태에 대비하려는 조치가 아닌가 싶다.

하지만 정부나 국민은 핵무기 보유 파장으로부터 해방된 듯한 느낌마저 줄 정도로 태연하고 여유 있는 모습 같다. 핵폭탄이 가공할 만한 대량살상무기라는 사실을 모르지 않을 텐데 강 건너 불 보듯 하니 정말 놀랄 일이다. 그 이유가 무엇인지 궁금하지 않을 수 없다.

첫째, 북한이 설마 핵무기를 보유했을까 하는 의구심 때문일 것이다. 북한이 핵 카드를 써 먹는 것이 어제 오늘의 일이 아니며, 외교적 협상 지렛대로 활용하고 있을 것이라고 치부하면서 핵보유 사실을 믿지 않기 때문일 수도 있다. 또한 먹고 살기조차 어려운 북한의 경제사정 때문에 핵무기를 개발할 능력이 있겠느냐는 것이다. 한마디로 북한의 핵무기 보유 선언을 어디까지나 핵 공갈로 보는 것이다.

둘째, 북한의 핵무기 보유를 기정사실로 인정하기 때문일 것이다. 그래 북한이 핵무기를 가졌다고 무엇이 문제될 것이냐는 시각이다. 강대국들도 다 갖고 있는 핵무기를 한국이 갖지 못한 것을 탓해야지 북한 핵무기가 뭐가 문제가 될 수 있느냐는 생각 때문일 것이다. 오히려 북한이 강대국들의 저지 노력에도 굴하지 않고 핵무기를 개발한 것은 같은 민족으로서 정말 잘한 일이라는 시각일 수 있다.

셋째, 북한이 설사 핵 무장을 했더라도 같은 민족인 한국을 상대로 써 먹지 않을 것이란 생각 때문일 것이다. 북한의 핵무기는 결국 한국이 아닌 세계적 패권국가를 겨냥하여 자위수단으로 개발했을 것이라고 보는 시각 때문일 것이다. 북한은 미국으로부터 심각한 안보위협을 느끼고 있으며, 악의 축이니 폭정의 전초기지니 하면서 자극하는 데 누군들 가만히 있겠느냐고 이해하는 입장 때문일 것이다. 노 대통령도 북한 핵이 자위수단이라는 주장에 일리가 있다고 인정한 바 있다.

북한이 핵을 보유했다고 해도 조금도 겁 내지 않는 이유가 첫 번째라면 몰라도 나머지 두 가지 때문이라면 진짜 어떻게 설명해야 할지 난감해진다. 북한이 핵을 보유했다면 우리도 그에 필적할만한 대응무기 개발을 추진하거나 핵 억지전략을 세워야 할 것이다. 양치는 아이가 재미삼아 오지 않은 늑대가 나타났다고 거짓말하다가 진짜 늑대가 나타나도 믿지 않는 일이 벌어지는 일은 없어야 할 것이기 때문이다. 국제정치에서 국가안보에 관한한 이상주의보다는 현실주의가 보다 적실성이 높은 것이 사실 아닌가.

(2005. 3. 9. Konas)

끌려 다니는 대북사업은 더 이상 안 된다

북 한 조선아시아태평양평화위원회는 지난 10월 20일 현대그룹의 대북 사업을 전면 검토하고 재조정하겠다는 담화를 발표하였다. 현대그룹 의 대북사업을 전담하던 김윤규 부회장의 해임을 비난하면서 밝힌 내용이 다. 현대의 대북사업에 관심을 갖게 되는 것은 북한과 사기업 간의 관계지 만 남북관계에 직간접적으로 영향을 미치는 동시에 북한의 대외행태를 엿 볼 수 있는 중요한 계기가 되기 때문이다. 현대와 북측과 조만간 대화가 성 사되어 금강산 관광 등 대북사업이 정상화될 것으로 전망되어 다행스러운 일이지만 이번 기회에 몇 가지 꼭 짚고 넘어가야 할 것이 있다.

첫째, 북한이 한국의 인사문제에 개입하는 모습을 더 이상 용납해서는 곤란하다. 김 부회장 해임 때문에 현대의 대북사업을 재검토한다는 것은 사 기업에 대한 노골적인 인사개입이다. 사기업은 그렇다고 치더라도 장충식 대한적십자사 총재, 홍순영 통일부장관, 조성태 국방부장관 등이 재임 중 북한으로부터 해임요구 내지는 공격을 받았다. 우연의 일치인지 모르지만 얼마 후 그들은 자리를 물러났다. 상대방이 기피하는 인물은 협상 성사에 걸림돌이 될 수 있기 때문에 전략상 교체할 수 있지만 납득할 수 없는 이 유로 해임을 요구했을 때 받아들이는 것은 간섭을 촉발하고 스스로 자존심 을 팽개치는 것이나 다름없다.

둘째, 현대의 대북사업에 대한 북한의 보복적 행태는 쌍방 간 합의서도 이해관계에 따라서 언제든지 일방적으로 파기할 수 있다는 것을 보여주는 것으로 북한을 신뢰하기 어렵다는 것을 확인시켜 주는 것이다. 현대는 지금 까지 북한에 약 1조 5000억 원을 투자한 것으로 알려졌다. 현대가 자금압박 을 받은 주된 이유는 북한에 대한 과잉투자로 적자를 보았기 때문이라는 것은 널리 알려진 사실이다. 남북경협 관련 시민단체인 남북포럼은 '그동안 대북사업에 참여한 1천여 개의 회사가 부도가 났거나 중도포기로 멍들어 회사 간판만 유지하는 상황'이라는 성명을 발표했다. 그동안 대북 사업은 수익성이 약하기 때문에 현대를 제외하고 타 기업에서는 일반적으로 투자를 꺼린 것이 사실이다. 몇몇 대기업은 정부로부터 대북사업을 권고 받았으나 채산성 때문에 포기한 것으로 알려졌다. 하지만 유독 현대만이 밑 빠진 시루에 물 붓듯 대북사업에 열중했다. 고(故) 정주영 회장은 '내 전 재산을 북한에 주어도 아깝지 않다'고 할 정도로 대북사업에 강한 집념을 보였다. 현대는 2000년 8월 북한의 아태평화위원회와 '7대 경협합의서'를 체결하여 30년간 사업의 독점권을 보장받았다. 쌍방 간 합의서를 특정인에 대한 인사 문제를 빌미삼아 일방적으로 무효화시킨다면 앞으로 누가 북한을 믿고 투자하겠는가?

셋째, 현대와 북한간 사이가 벌어진 것이 인사 불만이 아닌 또 다른 이유가 있다면 이를 밝히는 것이 건전한 대북사업의 토대가 될 수 있을 것이다. 한나라당 이방호의원이 국회 통일외교안보분야 대정부 질문에서 북한이 현대중공업에서 건조 중인 해군 잠수함 설계도를 요구한 것을 현대의 현정은 회장이 거부했기 때문에 관계가 나빠졌다고 한다면 예삿일이 아니다. 정부는 이를 유언비어 수준의 이야기로 아무런 근거가 없다고 일축하지 말고 사실을 밝혀야 할 것이다. 뜬소문이길 바라지만 만의 하나 사실이라면 대북사업을 추진하는 과정에 북한의 실체를 똑바로 인식해야 하기 때문이다.

북한주민은 우리와 같은 민족이기 때문에 껴안고 가야 한다. 헐벗고 굶주리는 북한주민을 동포애를 발휘하여 도와주어야 한다. 이를 반대하는 사람은 많지 않을 것이다. 가난한 사람을 도와줄 때 도움 받는 사람의 체면을 생각해서 지나치게 생색을 내거나 자존심을 상하게 해서는 안 된다. 대북사업도 마찬가지로 북한의 자존심을 배려하는 것이 필요하다. 하지만 북한에 질질 끌려 다니는 대북사업은 더 이상 안 된다. 현정은 회장이 '국민 여러분께 올리는 글'에서 밝힌 "비굴한 이익보다는 정직한 양심을 택하겠다"는 말을 대북사업의 금과옥조로 삼아야 할 것이다.

(2005. 4. 29. Konas)

분단의 비극은 언제까지 지속 될 것인가?

6 · 25 동란을 치른 지 55년이 지났다. 8월이면 남북이 분단된 지 60년이 된다. 하지만 아직도 분단의 비극은 계속되고 있다. 막 끝난 제15차 장관급 회담의 합의 내용을 보면 남북문제가 금방 풀릴 것 같은 인상을 주지만 북한이 핵개발을 호락호락 포기할 것 같지 않기 때문에 낙관할 수 없는 상황이다.

19세기와 20세기를 거치면서 20여개의 분단사례가 있었으며, 세계 제2차 대전 이후 분할이나 분단된 국가는 예멘, 독일, 오스트리아, 베트남, 한국, 팔레스타인, 중국 등 7개국이라고 한다. 중국과 한국만이 아직도 분단 상태를 유지하고 있는 셈이다. 중국과 대만 관계는 대만의 독립문제 등 불씨가 여전히 살아 있지만 남북한 관계처럼 국제적인 이목이 집중되고 앞날을 내다보기 어려운 상황은 아닌 것 같다.

꼭 55년 전 37개월 동안 계속된 6 · 25동란으로 450만 명이 죽거나 다쳤다고 하니 감히 피비린내 나는 동족상잔이었다고 하지 않을 수 없다. 그 이후 남북관계는 긴장, 대결, 교전, 화해, 협력 등의 악순환을 거듭하면서 오늘에 이르고 있다. 분단의 비극과 상처는 한민족에게 가혹하리만큼 처절했고 견디기 힘든 고통이었으며 아직도 풀릴 기미를 보이지 않는다. 그동안 천문학적으로 지불한 안보비용, 고귀한 인명 희생, 감내할 수 없는 1천만 이산가족의 한 등등 일일이 열거할 수 없을 정도로 분단의 고통은 컸다. 분단사는 한마디로 처절한 한민족의 눈물사라고 해도 과언이 아닐 정도로 많은 사람들을 오열시켰고 실신시켰다. 분단국 국민으로서 누구나 분단의 비극을 뼈에 사무치게 느끼고 있다.

가깝게는 3년 전 서해교전 당시 북방한계선을 사수하다 희생된 6명의 바다영웅도 분단의 희생자가 아닐 수 없다. 최전방 GP(감시초소)에서 총기 난사 사건이 발생하여 8명의 젊은 대한의 아들들이 희생된 것도 직접적인 책임은 김 일병 개인에게 있지만 원인(遠因)은 분단에서 찾을 수 있을 것이다. 최전방 병사들이 교도소보다도 좁디좁은 침실에서 포개 자야 하는 현실도 분단 때문이 아닌가? 분단극복의 돌파구를 찾을 수 없는 것인가. 분단의 비극을 종식시킬 대안은 존재하지 않는가, 정말 답답할 뿐이다.

더욱더 마음을 무겁게 하는 책이 출간되었다. 「남과 북 뭉치면 죽는다」고 하니 이게 사실이란 말인가. 독일 통일 이후에 감상적 통일론이나 통일지상주의는 다소 누그러진 것이 사실이다. 막대한 통일비용과 통일 후의 여파를 우려하기 때문이다. 세계 2위의 국제경쟁력을 자랑하던 서독도 통일 후 15위로 곤두박질치고, GNP도 1만 달러나 감소했다고 한다. 통일독일의 현실을 바라보면서 우리에게 '민족을 잊으라'고 충고하는 상황이다. 이를 반민족적·반통일적·수구적 주장이라고 매도할 수 없는 것이 솔직한 현실이다.

최근 미국의 비영리 연구단체인 랜드연구소가 작성한 '북한의 역설: 한반도 통일의 상황, 비용, 결과'라는 보고서는 예기치 않은 상태에서 통일이 되었을 때 그 비용은 500~6,700억 달러(약 50조~670조 원)가 소요될 것이라고 예측했다. 독일 통일비용보다 비싸다는 것이다. 아직도 천문학적인 안보비용을 기약 없이 지불하고 있으며 분단의 고통에 시달리고 있는 상황에서 통일이 되면 남북한 주민들끼리 헐뜯을지 모르고 또한 수십조 원에서 수백조 원에 이르는 통일비용이 든다니 이 또한 비극이 아닐 수 없다. 이것이 한민족의 숙명인 것 같아 한스럽기만 하다.

GP에서 발생한 비극적인 총기난사 사건에 경악하면서 그리고 울분과 분노의 6·25동란을 되돌아보면서 아무리 통일비용이 많이 들어도 분단은 하루빨리 종식되어야 한다는 사실을 새삼 느끼지 않을 수 없게 되었다. 언제까지 분단의 비극을 맛보고 살아야 하는지 답답하다. 해법은 북한의 선택에 달려 있다. 지금 당장 핵개발을 포기하고 분단의 비극을 종식시키는 데 동참해야 할 것이다. 정부도 북한의 핵개발에 대하여 보다 단호한 입장을 취해야 할 것이다.

(2005. 6. 28. Konas)

주체성이 없으면 깔본다

방명록 서명 내용이 또 논란이 되고 있다. 2001년 북한 김일성 주석 생가를 방문한 강 아무개 교수가 '만경대 정신 이어받아 통일위업 달성하자'고 적은 것이 말썽이 된 적이 있다. 최근 북한을 방문한 민주노동당 대표가 애국열사능을 참배하면서 '당신들의 애국의 마음을 길이길이 새기겠다'는 서명 내용이 논란이 되고 있다. 누굴 위한 애국인지, 민주노동당의 정체성은 무엇인지 의구심을 불러오고 있다.

기념관이나 전시장 등을 방문하면 입구에 소감을 적는 방명록이 놓여 있다. 문안을 미리 준비하지 않은 상태에서 갑자기 방명록에 서명할 기회와 마주치면 당황하게 된다. 더구나 뒤에 줄을 서서 기다리는 방문객이 많을 경우 더욱더 그렇다. 방명록에 글을 적을 때는 일반적으로 비판적인 내용보다는 좋은 인상을 표현하거나 앞으로의 발전 등을 기원하는 경우가 대부분이다. 방명록에 소감을 적는 것은 그 장소를 방문하거나 행사에 참석한 의의나 소감을 가장 짧게 그러나 함축적으로 전달하는 것이 일반적인 현상이다.

하지만 아무리 즉석에서 방명록을 작성하더라도 신중해야 할 때와 장소가 있다. 그것이 기록으로 남는 것은 물론이고, 짧은 문장이지만 자신의 정체성이나 이념성향이 그대로 나타나기 때문이다. 서명 후 구구하게 해명하는 사태가 벌어진다면 신중하지 못한 표현이었음을 자인하는 꼴이 된다. 특히 북한의 기념관이나 전시장 등을 방문할 때는 공인의 입장에서는 국가체제, 헌정질서, 정치이념 등 미묘한 문제로 오해의 소지가 있기 때문에 더욱더 신중해야 한다. 남북한 간 화해·교류·협력 분위기가 조성되고 있으며 앞으로도 더욱더 발전되어야 한다는 데 이의가 없지만 남북이 대치하고 있는 현실에서 그리고 서로의 가슴에 총부리를 겨눈 전쟁 때문에 많은 희생자가 발생한 상황에서 북한을 방문할 때는 조심해야 한다.

지난 8·15민족대축전에 참가한 북한 대표단이 분단 이후 처음으로 국립현충원을 방문한 경우를 참고할 수 있을 것이다. 6·25전쟁에 대한 공식적인 사과 없는 현충원 방문을 반대하는 시위도 있었다. 헌화와 분향을 생략하고 약 5초간 묵념으로 대신했지만 그 의미나 상징성을 부정하는 사람은 많지 않을 것이다. 대표단은 '조국광복을 의해 투쟁하고 돌아가신 분' 때문이라고 의미를 부여하면서, 6·25 희생자에 대한 참배가 아니라고 했다. 더구나 '참배'가 아닌 '참관'이라고 했다. 방명록에 서명도 없었다. 북한 대표단이 묵념을 하면서 무슨 생각을 했는지 알 수 없지만 국립묘지를 참배한 것은 엄연한 사실이다. 체제와 이념문제가 걸리고 남북한 자존심에 관련된 의식(儀式)에 신중을 기하고 주체성을 지키려는 북한 대표단의 모습은 다른 것은 몰라도 의전상 평가할 부분이 있다.

방명록 서명 논란이 일고 있는 상황에서 주체성과 관련된 일이 생각난다. 오래전 중국 연변에서 남북한 학자들이 동시에 참가한 학술회의가 있었다. 한국의 젊은 학자들 중에는 아침에 만나면 우리 측 원로교수들에게는 눈인사도 하지 않으면서 북한 학자들에게는 허리를 숙이고 깍듯하게 예의를 차리는 모습에 놀란 적이 있었다. 그뿐이 아니었다. 저녁자리에서 만난 북한 학자는 '주체성이 없는 남조선 젊은 학자가 더러 있다'고 털어 놓았다. 혹시 북한의 주체사상과 연결시켜 이야기하는 것이 아닌가 싶어 왜 그러느냐고 물어 보았더니 남한 학자들이 찾아와 자기 나라를 욕하고 북한을 찬양하면 좋아할 줄 알지만 그렇지 않다고 했다. 왜냐하면 '주체성이 없기 때문'이라고 했다.

방명록의 서명 내용은 상대방을 배려하고 찬양하며 최대한의 호의를 베풀고 예의를 표시하려는 의미도 있을 것이다. 그러나 공인으로서 북한의 주요 기념물을 방문하여 서명할 때는 신중한 모습을 보여야 할 것이다. 과공(過恭)이나 지나친 찬양은 자칫하면 자신의 주체성을 훼손하여 얕잡아 보이는 빌미를 제공할 수도 있기 때문이다. 주체성을 잃으면 깔보이는 법이다.

(2005. 8. 31. Konas)

대북지원은 국민동의가 필요하다

2년여 간에 걸친 협상 끝에 지난 9월 19일 북핵문제 해결을 위한 6개항에 합의한 공동성명이 발표되었다. 북 핵의 평화적 해결에 합의한 것은 국민 모두가 반겨야 할 것이다. 늦었지만 6자회담의 극적 타결을 진심으로 환영한다. 한반도의 비핵화와 북한의 핵 포기, 그리고 미국의 북한 공격 및 침공의사가 없음을 확인함으로써 한반도의 냉전체제 해체와 평화정착에 대한 기대를 갖게 한다.

6자회담의 극적 타결 이후 대내외적인 관심은 합의문의 성공적인 이행 여부에 쏠리고 있다. 낙관론과 비관론이 팽팽한 가운데 합의문이 제대로 이행되길 진심으로 바라는 것은 국민의 한결같은 마음이라고 볼 수 있다. 공동성명 채택 이후 이행과정에 있어서 북한의 핵 포기 후 경수로 지원이냐, 핵 포기와 경수로 지원 동시 병행이냐 하는 선후 문제를 갖고 북·미간 한 차례 기선 다툼이 있었다. 6자회담 미국 측 수석대표인 크리스토퍼 힐 차관보는 9월 28일 북한이 해야 할 다음 조치는 핵 관련 시설 장소를 공개하는 것이라고 밝혔다. 11월 제5차 6자회담을 앞두고 샅바싸움이 시작된 것 같은 인상이다.

한국의 입장에서는 북 핵의 평화적 해결을 간절하게 바라면서도 핵 포기 대가로 지불해야 할 경비에 대한 걱정이 이만 저만이 아니다. 1994년 제네바 합의에 의하여 북한의 경수로 건설사업비를 한국이 떠맡다시피 했을 때 시중에 떠돌던 말이 생각난다. 북한과 미국은 고급 요정에서 비싼 양주를 마시면서 즐기는데 한국 대표는 동석도 못하고 술값만 내는 신세가 되었다는 내용이었다. 한국은 건설이 중단된 경수로 비용으로 이미 1조 3000억 원을 지원했다. 엄청난 국민의 혈세가 낭비된 셈이다.

그런데 이번 6자 회담의 공동성명대로 핵 포기 대가로 신경수로를 제공해야 할 상황이다. 신경수로 건설비를 한국이 도맡을 것으로 예상된다. 그뿐만 아니라 6자회담 공동성명 3항에 한국은 200만KW의 전력을 공급하기로 되어 있다. 6자회담의 협상 지렛대로 활용할 수 있는 한국의 전력공급 카드를 통일부장관이 6월 17일 북한 김정일 국방위원장 면담 때 먼저 제안한 것 때문에 발목이 잡힌 측면도 있다. 신 경수로 건설지원과 송전비용 등으로 약 60억 달러(6조 원) 이상이 소요될 것으로 추산하고 있다. 예상비용도 정부와 산출기관에 따라서 들쑥날쑥이다. 앞으로 수년간 한국은 국민의 혈세로 수조 원을 지불해야 할 상황이다. 북한 핵 포기 때문에 소요되는 수조원의 경비에 대한 성격도 통일비용이니 분단비용이니 하면서 엇갈린 해석을 하고 있으나 국민적 부담이 클 것이 분명하다. 적자재정이 만성화되고 국내총생산(GDP) 대비 국가채무 비율이 30%(국민 1인당 500만 원)가 되는 심각한 상황에서 대북 퍼주기 논란은 재연될 것이 뻔하다.

여기에서 분명하게 되새겨 볼 것이 있다. 극히 상식수준의 이야기지만 '민주국가에서는 대내외 주요 정책결정에 국민의 동의가 필수적'이라는 것이다. 국가의 주요 대내외 정책을 결정하는 과정에 일일이 국민 의사를 직접 묻는 것이 불가능하기 때문에 대의기관인 국회의 동의를 받는다. 미국 의회는 대의기관으로서 행정부의 대외정책을 입법화를 통하여 견제한다. 행정부의 일방적인 대외정책결정에 제동을 걸고, 또한 대외정책 방향을 제시하기 위해서 법률을 제정한다. 북한의 인권단체에 대한 예산지원과 탈북자 망명 허용 등 4년간 1억 달러의 예산을 배정한 「북한인권법」이 하나의 예가 될 수 있을 것이다.

대북 퍼주기 논란을 없애기 위해서 국민 동의 절차를 밟도록 해야 할 것이다. 「남북교류협력에관한법률」에 의한 「남북협력기금법」은 기금의 설치, 운영·관리, 용도 등에 있어서 통일부장관의 재량권이 너무 크다. 기금 조성액의 상한선도 없으며, 국회 동의 절차도 법제화되어 있지 않다. 매년 협력기금 운영 형식으로 국회의 심의를 받지만 대형사업별로, 예컨대 「대북전력지원특별법」 등을 제정하여 간접적인 국민동의 절차를 거치도록 해야 할 것이다.

(2005. 10. 7. Konas)

드러난 친북 성향의 실체와 국가안보

북한의 무모한 미사일 발사가 대한민국 국민에게 선사한 아주 귀중하고 값진 선물이 하나 있다. 무슨 뚱딴지같은 소리냐고 깜짝 놀라는 분들이 많을 것이다. 특히 코나스 네티즌 입장에서는 더욱더 그럴 것이다.

국민은 정부의 위기관리 리더십이나 대북 정보수집 능력 등에 의구심을 제기하면서 국가 안보에 대하여 매우 불안해하고 있다. 만의 하나 미국의 전격적이고 선별적인 대북 군사행동으로 한반도가 대리전장(代理戰場)이 되는 것이 아닌가 걱정이 앞선다.

북한의 미사일 발사는 한반도는 물론 동북아의 안정을 뒤흔들고 일본의 재무장을 부추기는 결과를 가져왔다. 한국전쟁 이후 두 번째로 유엔 안전보장이사회가 만장일치로 대북 제재 결의문을 채택하는 등 국제사회의 대북 압박이 지속되고 있다. 이런 상황에서 귀중한 선물이라니 말이 되는 소리냐고 따지려 들 것이다. 혹시 청와대나 정부 여당의 안보정책을 담당하는 고위 인사들의 말이 아닌가 의구심을 제기할 수 있을 것이다.

하지만 북한의 미사일 발사를 통하여 정부가 국민에게 분명하게 확인시켜 준 것이 있다. 바로 노무현 정부의 친북성향의 실체다. 그동안 막연하게 짐작하고 추측했던 일들이 증명된 것이다. 시중에 북한 김정일 국방위원장의 기분이 많이 상해 있다는 우스갯소리가 떠돌았다. 왜냐하면 자기보다 더 붉은 색깔의 정부가 남한에 있기 때문이라는 것이다.

항간에는 이런 말이 떠도는 수준에서 노무현 정부의 친북성향에 대하여 의구심을 표시했던 것이다. 많은 국민들은 정부의 친북 실체에 대하여 심증은 갖고 있었지만 북한의 미사일 발사 전후 노무현 정부가 보인 태도를 통하여 사실을 확인하게 된 것이다. 구체적 물증이 나타난 것이다.

정부의 친북성향의 실체에 대한 반신반의가 확신으로 바뀌게 된 이유는 간단하다. 북한의 미사일 발사는 우리나라 국가안보에 치명적인 위해가 될 수 있는 위협적인 도발사건이라는 사실을 삼척동자도 다 아는 일인데도 불구하고 정부는 국가안보는 뒷전이고 오히려 북한 입장만을 대내외에 대변하면서 북한을 두둔하고 편들고 있기 때문이다. 북한보다 더 북한 입장을 옹호하는 듯한 인상을 주기 때문이다. 미사일을 발사하여 긴장을 조성하고 국가 안보를 위협하는 북한에 대하여 분노하기 보다는 침묵하고 자국의 이익 때문에 대북제재를 서두르는 미국이나 일본을 오히려 비판의 주된 표적으로 삼는 모습을 보이기 때문이다.

북한을 감싸고 편들고 입장을 대변한 구체적인 실례는 일일이 열거하기 어려울 정도로 많다. 북한의 미사일 발사 움직임을 인공위성이나 자위수단이라고 북한과 똑같은 입장을 보였다. 미사일이 발사된 날 늦장 대응하는 정부의 위기관리시스템을 보면서 북한과 사전 은밀한 정보교환이 있었던 것이 아닌가 의구심을 낳게 했다.

미사일이 발사된 날도 대북 지원 식량의 선적을 중단하지 않았다. 미사일 발사는 대한민국에 직접적인 위협이 아니라고 했다. 부산 남북장관급 회담도 취소해야 한다는 여론을 무시하고 강행하다가 "응당의 대가를 받을 것", "북한의 선군(先軍)이 남측의 안전을 도모한다"는 등의 정말 어처구니없는 말만 듣는 망신을 당했다. 일본의 대응에 대하여 "야단법석"이니 "물러서려야 설 수 없는 상황"이라고 본질을 외면한 채 화살을 엉뚱한 곳으로 돌렸다. 미국의 제재 움직임에 대하여 "선참후계(先斬後啓)"라고 하면서 추가적 경제 제재 조치의 추진과 관련하여 "과도하게 대응해 불필요한 긴장과 대결국면을 조성하는 일각의 움직임은 문제 해결에 도움이 되지 않는다"고 반대 입장을 분명히 밝혔다. 누가 봐도 북한을 대변하는 모습이 역력하다.

북한의 미사일 발사 전후 노무현 정부의 맹목적이고 대책 없는 북한 편들기를 목격하면서 친북성향의 실체를 확인하는 계기가 되었다. 국가안보에 관한한 정부를 더 이상 믿기 어려운 것이 아닌가하는 의구심을 갖게 만들었다. 정말 불안하다. 국민 각자의 확고한 안보관을 재정립하는 기회로 삼아야 할 것이다. 결국 나라는 국민이 지켜야 한다는 사실을 깨닫게 되었다.

(2006. 7. 25. Konas)

한국의 북한 핵 딜레마

지난 9일 북한은 핵 실험을 성공했다고 발표했다. 사실이라면 북한은 사실상 9번째의 핵보유국가가 된 것이나 다름없다고 봐야 할 것이다. 그동안 북한이 핵을 보유했다고 누차 강조해도 세상 사람들은 놀라기는커녕 믿지 않았다. 직접적인 이해 당사자인 한국은 미동도 하지 않았다.

북한은 핵을 보유했다고 해도 인정해 주지 않고 장거리 미사일 발사에 대하여 국제사회가 각종 제재를 구체화 하는 등 압박을 가하자 핵 실험을 통하여 행동으로 보여준 것이다. 노무현 대통령의 말과 같이 북한은 이제 자위수단을 확보한 셈이다. 소위 일부 자주파의 논리대로 민족의 핵을 보유한 것이나 다름없게 되었다.

북한의 핵 실험의 성공발표는 핵 공격을 당한 것 이상 충격을 안겨주고 있다. 국민의 안보 불안감이 팽배해 있다. 한반도에 전쟁이 일어나는 것 아닌지 미국 현지 분위기를 묻는 전화가 걸려온다. 북한의 핵실험에 대한 경악과 정부의 안일한 안보정책에 분노를 금하지 않을 수 없다.

이제 와서 북한의 핵보유를 어찌 보면 직접적으로 도와준 김대중 정부의 햇볕정책이나 포용정책, 노무현 정부의 친북정책을 비판한들 무슨 소용이 있겠는가. 국가안보를 이야기하거나 일방적인 대북 퍼주기를 문제 삼으면 반민족·반통일 수구꼴통세력이라고 매도하던 일부 자주파들을 원망한들 해법이 있겠는가.

민족자주를 내세워 동맹을 내팽개치고 주한미군 철수나 작통권 조기 인수의 필요성을 전가의 보도처럼 휘두르던 철없는 당국자를 탓할 만큼 한가하지 않은 상황이 된 것이다. 북한의 핵개발에 대한 아무런 정보나 대책도 없이 민족공조라는 미명 아래 감상적 대북정책을 추진했던 정부를 원망할 단계는 지났다. 이제 활은 시위를 떠났기 때문이다.

문제는 한국이 북한의 핵 인질이 된 지금부터다. 북한이 같은 민족에게 설마 핵무기를 사용하겠느냐는 망상은 떨쳐야 한다. 이런 생각을 하는 것은 북한의 핵개발을 묵인하고 도와준 것 이상으로 커다란 오류를 범하는 일이 아닐 수 없기 때문이다. 북한은 국제사회가 목을 죄면 최후에는 생존전략으로 한국에 대한 핵 공갈 카드를 커낼 것이다.

북한은 핵보유이전에도 남북협상 테이블에서 막말을 했듯이 수가 틀리면 언제든지 서울을 불바다로 만들겠다고 협박할 것이다. 남북한 간 군사균형이 완전하게 깨져 국가안보의 주도권을 북한이 쥔 상황에서 한국은 언제나 당할 수밖에 없는 초라한 신세로 전락한 것이다.

가공할 만한 대량살상무기를 보유하고 있는 북한과 재래식 무기로 무장한 한국군의 군사력을 수평 비교할 수 없는 안타까운 현실에서 국가와 민족의 생명과 재산을 어떻게 보호해야 하는가? 보통 일이 아니다. 한국은 북한의 핵 딜레마에 빠진 상황이다. 이러지도 저러지도 못하는 진퇴양난에 빠지게 되었다.

첫째, 한국형 미사일 방호체제를 구축하는 것을 고려할 수 있다. 만의 하나 핵 공격에 대비하여 북한의 탄도미사일을 도중에 요격하는 방호체제를 구축하는 것이다. 하지만 한반도는 전장(戰場)이 짧아 요격시간도 충분하지 않을 뿐만 아니라 결국 요격지점도 태평양이 아닌 한반도 상공이 될 것이기 때문에 실효성에 한계가 있다.

둘째, 1991년 이후 철수한 미군의 전술핵무기를 다시 한반도에 배치를 고려할 수 있다. 문제는 한미동맹관계가 거의 금이 간 상황에서 미국이 한국의 안보를 위해서 재배치를 고려할 수 있을지, 만의 하나 재배치되면 한국은 미국의 핵우산에 항구적으로 의존할 수밖에 없는 처지가 된다. 또한 민족자주노선을 금과옥조로 생각하는 현 정권의 노선과 정면 배치된다.

마지막으로 한국도 핵 무장을 고려할 수 있다. 핵무기를 대체할 수 있는 무기는 핵밖에 없기 때문이다. 이론적으로 북한이 핵을 보유했다면 핵 무장 이외는 대안이 없다. 핵 억제력을 확보하여 공포의 균형을 통한 한반도의 안정을 유지하는 방법이유일한 길이다. 하지만 한국의 핵 무장에 대한 국제사회의 압력을 버틸 만한 능력이 있는지, 또한 일본의 재무장 등 핵 확산 도미노 현상에 어떻게 대응해야 할지 어려움에 직면하게 된다.

　어쩌다가 북한의 핵무기 앞에 이것도 저것도 선택할 수 없는 핵 딜레마에 빠지는 신세가 되었는지 정말 안타깝다. 늦었지만 정부는 북한의 실체를 똑바로 인식하고 국제공조에 적극 동참해야 할 것이다.

(2006. 10. 11. Konas)

누구를 위한 친북 의식화 교육인가

전교조 서울지부 통일위원장을 지낸 서울 강동구 어느 중학교의 현직 교사가 학생을 가르칠 때 쓸 친북 의식화 참고자료를 소지하고 있다가 경찰에 압수당했다고 한다. 압수된 자료는 어린 제자들에게 친북의식을 세뇌시키기 위한 30문 30답 형식의 교사용 교재라고 한다. 한 가지 예를 들면 '북한의 선군정치가 뭔가요?'라는 학생들의 가상 질문에 '전쟁을 하자는 정치가 아니라 오히려 전쟁을 막고 전 민족의 자주권을 지키기 위한 것'이라는 답변 예시가 있었다고 한다. 분명하게 사실과 다른 내용이다.

공교육 현장에서 그리고 아직도 사리분별력이 미숙한 어린 제자들에게 사실과 다른 친북정향(orientation)을 길러주려는 극히 일부 교사들에게 몇 가지 묻고자 한다.

첫째, 자신의 자녀에게도 친북 의식화 지침서 내용을 주저 없이 가르칠 수 있는가? 일반인들은 절대 그렇지 못할 것이라고 답변할 것이다. 교사 개인의 편향적이고 당파적인 견해를 남의 자식이기 때문에 무책임하게 일방적으로 주입시키려는 것이 아닌가 의구심을 갖게 될 것이다. 남의 자식은 다름 아닌 대한민국의 장래를 짊어지고 나갈 미래의 희망이자 보배들이다.

둘째, 교사는 사실과 전혀 다른 내용을 어린 제자들에게 학습시킬 수 있는 권한이 있다고 보는가? 대한민국은 교사들에게 그런 권한을 준 사실이 없다. 그것은 전문직으로서 교사가 행사할 수 있는 고유한 교수권의 자율성 범위를 벗어나는 것이다. 결과적으로 학생들의 학습권에 대한 일종의 침해 행위라고 볼 수 있다.

교사의 기본 책무는 객관적인 사실에 입각해서 가치중립적으로 학생들을 가르치는 것이다. 교사의 기본적인 사명은 학생들에게 사실을 사실대로 전달하고 객관적 관찰에 근거하여 가치를 판단할 수 있는 잠재능력을 계발시키는 데 있다. 특히 감수성이 예민하고 사리판단 능력을 형성하는 과정에 있는 초등학교나 중학교의 어린 학생들에게 균형 감각을 키워주고 합리적 의사결정 능력과 비판력을 길러주어야 한다는 것은 교육의 기본적인 상식이다.

셋째, 어린 제자들에게 왜곡된 내용을 가르치고 편향된 시각을 심어주는 데 대하여 죄의식을 느끼지 못하는가? 대다수 국민들은 문제된 교사들은 친북 세뇌교육 지침서 내용을 사실로 믿고 있기 때문에 전혀 죄의식을 느끼지 못할 것이라고 인식할 것이다. 만약 죄의식이 없고 지침서 내용이 사실이라고 확신한다면 전문직 교사로서 북한에 대한 인지적 정향을 형성하는 과정에 사실관계의 객관적 검증과 확인절차를 밟아 옳다고 믿게 되었는지 재차 묻지 않을 수 없을 것이다.

넷째, 어린 제자들의 의식형성에 미치는 교사의 영향력은 어느 정도라고 보는가? 문제된 교사들은 물론 일반국민 누구나 교사의 영향력이 엄청나다는 데 동의할 것이다. 맞는 말이다. 대학 신입생 면접 때 수험생들에게 전공 선택 이유를 물으면 그 과목 선생님이 너무 좋았기 때문이라는 응답이 의외로 많은 것을 보면 교사가 학생들에게 미치는 영향력이 매우 큰 것을 알 수 있다. 일반국민들은 학생들에게 미치는 교사의 영향력이 크다는 사실을 너무 잘 알기 때문에 어린 제자들에 대한 친북 의식화 교육에 심각한 우려를 나타내는 것이다.

다섯째, 어린 제자들에게 친북의식을 세뇌시키는 궁극적인 목적이 무엇인가? 같은 민족을 바로 알고 통일을 앞당기는 데 기여하자는 취지라면 사실에 입각한 정확한 정보를 전달해야 한다. 제자들이 북한을 고무 · 찬양하는 태도를 갖기를 원한다면 누구를 위한 친북인지 곰곰이 생각해 보아야 할 것이다. 만일 친북의식을 길러 조국에 대한 적대감을 키워주는 것이 목적이라면 자기 나라의 정체성을 부정하라는 공교육을 시키는 나라가 이 지구상 어디에 존재하는지 묻지 않을 수 없다. 대한민국의 앞날이 정말 걱정된다.

(2007. 1. 24. Konas)

북한의 핵 놀음은 잃을 것이 없다

지난 달 13일 베이징에서 열린 6자회담에서 북한 핵 폐기를 위한 합의문이 타결·발표되었다. 영변 핵시설 포기를 전제로 불능화(disablement) 조치를 취하면 중유 등 에너지 및 경제지원을 하기로 합의한 것이다. 북한은 안보와 에너지를 제공받는 대가로 군사적인 프로그램의 불능한 조건을 수용한 것이다.

그 후 북한의 김계관 부상이 미국을 방문하여 극진한 예우를 받았고, 마카오 방코델타아시아(BDA)의 북한 동결 자금 2,500만 달러가 해제되었으며, 북·미 수교 회담 및 남북정상회담 추진 등 구체적인 움직임이 감지되고 있다. 6자회담의 2·13합의로 북한의 핵개발을 막을 수 있고 한반도에 비핵화가 이루어진다면 얼마나 다행스런 일인가? 또한 북·미관계가 개선되어 북한이 세계체제(world system)로 편입되고 평양시민이 코카콜라와 맥도널드 햄버거 맛을 보면서 개방화가 이루어진다면 동북아 평화를 위해서 바람직한 일이 아닐 수 없다. 이에 반대할 사람은 하나도 없을 것이다.

문제는 2·13합의 이후에 지속적으로 제기되고 있는 북한이 가지고 있을 기존 핵무기를 어떻게 완전 폐기할 것인가에 있다. 북한 핵을 폐기하는 과정의 초기 조치로 핵시설의 폐쇄 및 불능화를 설정했으나 핵무기 폐기 단계까지 가는 길은 요원하다고 볼 수 있다. 북한은 핵무기는 논의의 대상이 아니라고 분명하게 밝히고 있다. 천영우 외교부 한반도평화교섭본부장은 20일 "핵무기는 폐기 대상이지 불능화 대상이 아니다"라고 하면서 "하나의 핵무기라도 남겨 둔다면 완전한 비핵화가 아니다"라고 말했다. 전적으로 맞는 말이다. 하지만 북한이 기존의 핵무기를 완전 폐기할 것인가? 그렇지 않다고 보아야 할 것이다. 북한이 핵무기를 개발하기 위해서 노력한 과정이나 핵무기 보유 목적 등을 종합해 보면 갖고 있는 핵무기를 완전 폐기하리라고 기대하는 것은 너무 어리석고 순진한 발상이다.

　핵무기를 개발하는 과정에 유엔을 비롯하여 미국 등 국제사회로부터 얼마나 강력한 압력에 시달리고 많은 시련을 겪었는가. 체제 생존의 직접적인 위협까지 받았다. 북한은 타국의 국가원수로부터 '악의 축'이라는 정말 자존심 상하는 말까지 들어가면서도 조금도 굴하지 않고 개발한 핵무기를 쉽사리 폐기하리라고 기대하는 것은 지나친 낙관론이다. 북한의 6자회담 마지막 카드는 기존의 핵무기를 폐기하지 않고 앞으로 더 이상의 핵무기를 절대 개발하지 않는다는 선에서 마무리 짓고자 할 것으로 전망된다. 북한이 미국을 상대로 핵전쟁 놀음을 하지 않을 바에는 더 이상의 핵무기가 필요 없을지 모른다. 군사적 측면에서 몇 기의 재래식 핵무기만으로도 최소한 북한 체제의 안정과 생존에 필요한 장치는 마련되었다고 판단할 것이다. 한국이나 일본의 군사적 위협으로부터 해방된 것이다.

　미국 입장에서도 북한이 핵탄두를 장착할 수 있는 장거리 미사일을 개발하지 않고 재래식 핵무기만 보유하는 것은 솔직히 미국본토에 대한 직접적인 위협이 되지 않을 것이기 때문에 끝까지 폐기를 주장하지는 않을 것이다. 단지 북한의 핵무기가 테러리스트들의 손에 넘어가지 않는다는 보장을 받는다면 눈 감아 줄지 모른다. 북미 수교를 통하여 주(駐)평양 미국공관에 성조기를 날리면서 외교관을 상주시키고 양국 관계를 개선하고 북한을 달래고 감시하는 선에서 양보할 가능성이 높다.

　문제는 6자회담에서 북한의 핵무기를 완전하게 폐기하는 데 실패한다면 핵을 보유한 북한을 상대해야 하는 한국의 안보상황에 있다. 북한의 핵 인질이 되어 사사건건 질질 끌려 다닐 한국의 안보 처지가 딱하게 될 것 같다. 만의 하나 북한이 한국에 대하여 은근히 핵 위협을 가하는 상황이 온다면 어떻게 맞설 수 있을지 걱정이다. 대량살상무기 앞에 재래식 병기는 너무 왜소하기 때문이다.

(2007. 3. 26. Konas)

조국 분단이 낳은 기구한 팔자

두 가지 북한관련 보도가 관심을 끈다. 하나는 24년 전 아웅산 테러의 주범으로 미얀마 수용소에서 최장수 외국인 범죄자로 생활하고 있는 강민철이 남북한 어디에도 가기 싫다는 반응을 보였다는 것이다. 다른 하나는 북한 이탈주민이라는 용어의 부정적 이미지와 거부감 때문에 그들을 '새터민'이라고 부르고 있는데 그 명칭 사용을 중단해 달라는 북한민주화위원회(위원장 황장엽)의 요청을 통일부가 거부했다는 것이다.

아웅산 테러범과 새터민 문제는 본질적으로 다르지만 두 가지 모두 조국 분단이 낳은 기구한 팔자와 관련이 있다는 생각이 든다. 특히 스스로 북한을 탈출하여 한국에 살고 있는 새터민이나 망명자 문제를 다시 한번 더 생각해 보는 기회를 갖는 것이 좋을 것 같다. 아주 오래전에 미국에 있을 때 어느 목사님은 자신도 북한 실향민의 한 사람이라고 하면서 미국에 이민 와서 살고 있는 재미동포들 중 북한 출신이 많다는 이야길 들려주었다. 그 분에 의하면 북한이 싫어 월남했고 한국에서 살다보니 그것도 아니다 싶어 낯설지만 결국 이민의 길을 선택할 수밖에 없었다는 취지였다.

북한이 싫어 탈북하거나 망명하고 월남하여 한국에 정착하고 있는 북한 출신 동포들이 그들의 새로운 삶에 대하여 얼마나 만족해하고 있을까? 죽음을 무릅쓰고 배고프고 자유가 없는 동토(凍土)를 떠나 상대적으로 자유롭고 물질이 풍부한 희망의 나라라고 동경하던 한국에 살면서 얼마나 행복한 삶을 누리고 있을까? 1만 명이 넘는 것으로 알려진 새터민들의 한국생활은 북한과 비교할 때 물질적으로나 정신적으로 얼마나 행복하고 보람된 삶을 살고 있는지 궁금하다. 새터민 중에는 한국사회에 잘 적응하면서 안정된 직장도 구하고 결혼도 하여 자녀를 낳아 기르면서 새로운 세계에서 새롭게 펼쳐지는 새로운 삶을 새롭게 꾸려가는 데 성공한 사례도 매우 많을 것이다. 설사 그리운 사람들을 북한에 두고 떠났지만 한국생활에 만족해하면서 탈북을 후회하지 않는 경우도 많을 것이다.

그와는 정반대로 언론에 왕왕 보도되는 것처럼 새터민들의 한국 생활이 반드시 성공한 것으로 볼 수 없는 부분이 많은 것 같다. 북한체제를 거부하고 자유를 찾아 한국에 온 새터민으로서 자본주의사회에 잘 적응하지 못하고 오히려 헐벗고 굶주리던 북한생활을 그리워하면서 탈북한 림일 씨가 쓴 "평양으로 다시 갈까?"의 책 제목처럼 후회하는 경우도 많을 것이다. 림일 씨가 고백한 것처럼 한국사회의 어둡고 무서운 소식을 접할 때마다 "이거 정말, 잘못 온 거 아닌가?" 하는 안타까운 마음을 갖고 있는 분들도 많을 것이다. 꿈과 희망을 안고 기회의 땅을 찾은 새터민의 대략 75% 정도가 일용직 근로자 또는 비정규직에 종사하는 소득 수준이 낮고 일반인과 교류가 적은 것으로 알려졌다. 정말 안타깝고 가슴 아픈 일이 아닐 수 없다.

앞서 언급한 어느 재미 한인 목사님의 이야기가 사실일 것 같다는 느낌이 자꾸 든다. 성공하지 못한 새터민의 입장에서는 못 사는 북한을 떠나 한국에서 잘 살아보겠다고 사선(死線)을 넘는 모험을 했으나 이 또한 길이 아니었다는 결론에 도달했을 때 얼마나 가슴이 쓰리겠는가? 한국에서 성공하지 못한 새터민들이 겪고 있는 기구한 팔자와 고통의 본질은 분단에 있을 것이다. 하지만 이제 와서 분단을 탓한들 무슨 소용이 있겠는가?

정부가 새터민이 다시 평양으로 돌아가고 싶은 생각이 들지 않도록 종합적인 대책을 마련하는 것이 중요할 것이다. 하지만 보다 더 근본적인 문제는 북한이 정치, 경제, 사회, 문화적으로 발전하여 평양을 떠나고 싶지 않도록 잘 사는 사회를 건설하여 동남아 이곳저곳을 떠돌아다니는 탈북자나 새터민이 생기지 않도록 하는 데 있다고 본다. 실향의 설움 없이 행복하게 사는 것이 상팔자가 아닌가 싶다.

(2007. 4. 27. Konas)

· 저자 ·

홍득표

○ 충북 청원 출생
○ 청주고(42회), 청주대 행정학과, 연세대 행정대학원(행정학석사), 미국 Fordham University(정치학석사), 미국 University of Hawaii(정치학박사) 졸업
○ 청주대 교수, 인하대 교수(현), 미국 University of Southern California 방문학자, 미국 Florida State University 초빙교수, 인하대 신문사 주간·대외협력실장·교육연구소장·중등교육연수원장·사무처장·사범대학장·교육대학원장(현)
○ 한국정치학회 이사, 한국NGO학회 상임이사, 한국국민윤리학회 부회장, 전국사립사범대학장협의회 회장, 한국매니페스토실천본부 자문위원(현), 한국민주시민교육학회 회장(현)
○ 해병장교 복무
○ 「한국정당개혁론」, 「현대정치과정의 이해」 등 단독 저서 5편, 「미국외교정책」 등 공저 5편
○ 중앙 및 지방 일간지 등 칼럼 200여회 기고 및 방송 30여회 출연

와서는 안 될 것이 왔다

· 초판 인쇄	2008년 4월 10일
· 초판 발행	2008년 4월 10일
· 지 은 이	홍득표
· 펴 낸 이	채종준
· 펴 낸 곳	한국학술정보㈜ 경기도 파주시 교하읍 문발리 513-5 파주출판문화정보산업단지 전화 031) 908-3181(대표)·팩스 031) 908-3189 홈페이지 http://www.kstudy.com e-mail(출판사업부) publish@kstudy.com
· 등 록	제일산-115호(2000. 6. 19)
· 가 격	19,000원

ISBN   978-89-534-8492-4 93070 (Paper Book)
       978-89-534-8493-1 98070 (e-Book)